雷峰藏經

浙江省博物館 編著

文物出版社

圖書在版編目（CIP）數據

雷峰藏經 / 浙江省博物館編著. — 北京：文物出版社，2011.9

ISBN 978-7-5010-3249-5

Ⅰ. ①雷　Ⅱ. ①浙　Ⅲ. ①佛經②佛教考古－杭州－2000～2002　Ⅳ. ①B94②K872.551

中國版本圖書館CIP數據核字（2011）第167591號

雷峯藏經

浙江省博物館 編著

裝幀設計　劉遠
責任印制　梁秋卉
責任編輯　李縉雲

出版發行　文物出版社
地　　址　北京市東直門内北小街2號樓
郵　　編　100007
網　　址　http://www.wenwu.com
E-mail:web@wenwu.com
制版印刷　北京聖彩虹制版印刷技術有限公司
開　　本　787毫米×1092毫米　1/8
印　　張　27.5
版　　次　2011年9月第1版
印　　次　2011年9月第1次印刷
書　　號　ISBN 978-7-5010-3249-5
定　　價　460.00元

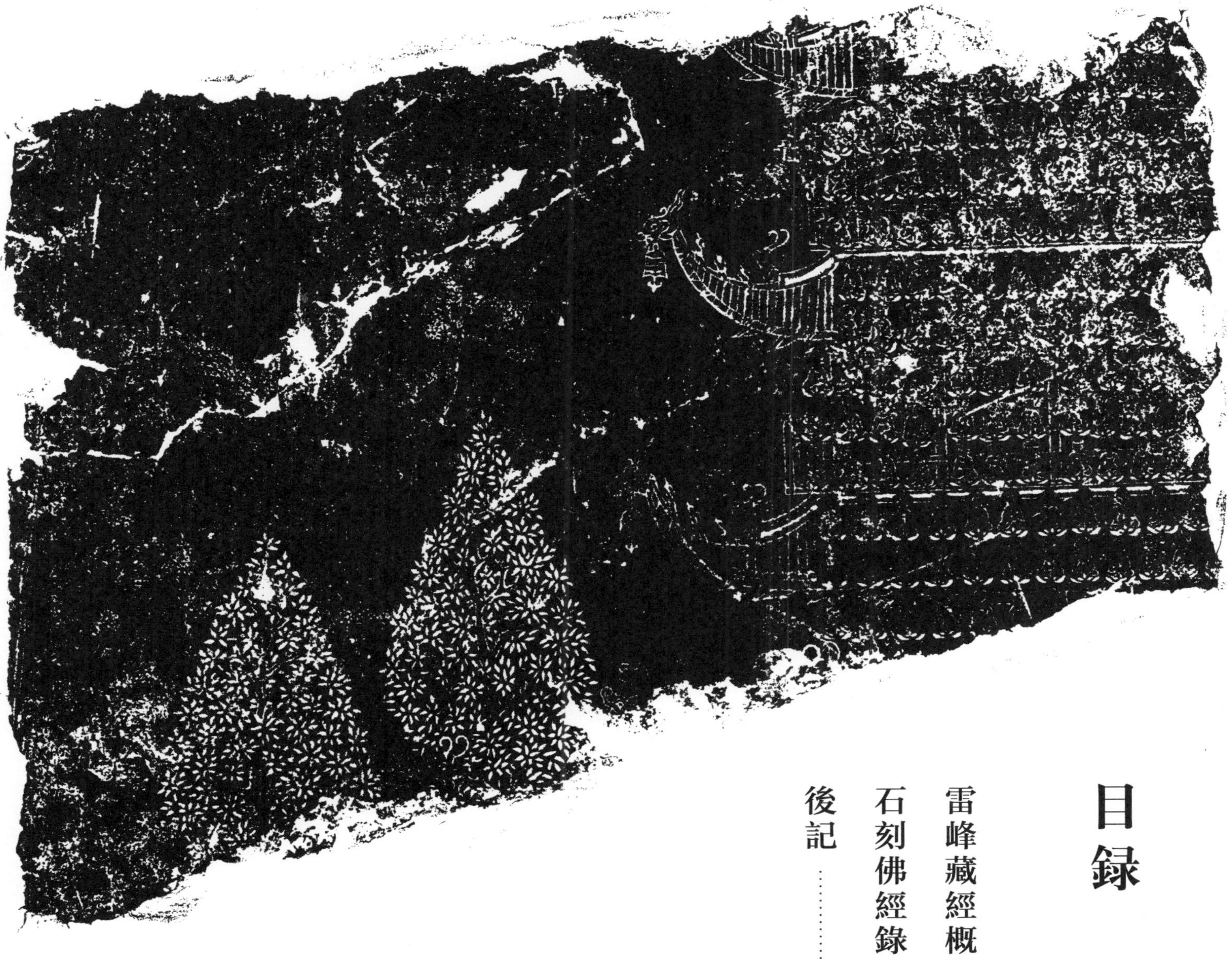

目録

雷峰藏經概說

黎毓馨（浙江省博物館）

一

九、十世紀之交，在平定黃巢起義中形成的強藩重鎮，以武力相對抗，唐王朝分崩離析。從後梁開平元年（九〇七年）朱溫篡唐至北宋建隆元年（九六〇年）趙匡胤代周，僅半個多世紀，南北再次分裂，北方中原地區兵革重興，梁、唐、晉、漢、周五代走馬燈般更替，國祚短促。與此同時，在南方及山西地區，還出現過十個獨立政權，或稱帝，或建國。吳越國便是這一時期東南沿海地區極為重要的地方政權，杭州鄉人錢鏐創立，唐乾寧三年（八九六年）並兩浙，領鎮海、鎮東節度。後梁龍德三年（九二三年）封吳越國王，正式建國。錢氏吳越國定都杭州，歷三世五王，保境安民，善事中原王朝和契丹，在十國中立國最長。其版圖以今浙江省為中心，最盛時有十三州一軍八十六縣之地，北起蘇州，南抵福州，宋太宗太平興國三年（九七八年）末代吳越國王錢俶納土歸宋。

在中國佛教史上，五代十國時期呈衰微之勢，國家限制佛教發展，後梁有禁佛之議，後周有滅佛之舉。東南一隅，錢氏諸王，篤信三寶，尤以錢俶為甚，自王室至民間，境內佛教盛極一時，在舉國上下崇佛氛圍中，吳越國成了名副其實的『東南佛國』。

錢弘俶，字文德，後唐明宗天成四年（九二九年）八月二十五日生於杭州，錢鏐之孫，第二代吳越國王錢元瓘之子。後漢天福十二年（九四七年）歲末，其兄錢弘倧被廢，乾祐元年（九四八年）正月，錢弘俶繼位吳越國王。建隆元年（九六〇年），宋太祖趙匡胤禪周建宋，錢弘俶為避其父趙弘殷諱，改稱錢俶。太平興國三年（九七八年），錢俶赴東京（今河南開封）朝覲宋太宗時納土獻地，羈留北土。端拱元年（九八八年）八月二十四日卒于鄧州府署，時年六十，被追封『秦國王』，謚為『忠懿王』。端拱二年（九八九年）葬於洛陽北邙山。

錢俶奉佛至誠至虔，自謂『口不輟誦釋氏之書，手不停披釋氏之典』，墓誌中稱他『思輔仁壽之化，頗尊天竺之教，浮休內達，惻隱兼濟』（一）。統治兩浙三十年間，建寺起塔，開龕塑像，刻經造幢，禮遇高僧，尋求佛籍，復興天台宗。杭州成為五代佛教遺跡保存最多的地區，有靈隱寺、淨慈寺、六和塔、保俶塔、閘口白塔、梵天寺等寺塔經幢，煙霞洞、石屋洞、慈雲嶺、天龍寺、飛來峰等窟龕造像。在吳越國境內發掘的杭州雷峰塔、金華萬佛塔、東陽中興寺塔、蘇州虎丘塔、黃岩靈石寺塔、龍泉雙塔中，出土了眾多造像、阿育王塔、經卷等禮佛精品，極具時代、地域特色。

始于唐代的雕版印刷手工業，在五代亂世中偏安東南的吳越之地，得到了急劇發展。據張秀民統計（二），錢弘俶與高僧延壽所印佛教經像、咒語，有數字可考者，竟達六十八萬二千卷，數量之巨，在中國印刷史上可說是空前的，後來也是少見的。留存至今的雕版印刷品均為佛經，足見吳越崇佛之盛。目前所見最早的雕版印刷品，發現于湖州飛英塔，為後周廣順元年（九五一年）吳越國順德王太后吳漢月舍入天台山廣福金文院的刻本《妙法蓮華經》，經折裝大字本，經前刻有精美版畫。吳越國王錢（弘）俶開官府大規模刻經之先河，於顯德三年丙辰歲（九五六年）、乙丑歲（九六五年）、乙亥歲（九七五年），三次雕印《一切如來心秘密全身舍利寶篋印陀羅尼經》各八萬四千卷，卷軸裝，藏於銅、鐵阿育王塔及雷峰塔內，數量巨大，在中國印刷史上影響深遠（三）。

錢俶鐫《大方廣佛華嚴經》、《金剛般若波羅蜜經》等石刻佛經圍繞雷峰塔八面，藏八萬四千卷雕版印經《一切如來心秘密全身舍利寶篋印陀羅尼經》于磚孔並砌藏雷峰塔塔身，藏經方式世間獨有，久負盛名的皇妃塔（入宋後改稱雷峰塔）成了錢俶祈求國泰民安、以期佛法永駐的象徵。為奉安『佛螺髻髮』，錢俶于西湖南岸夕照山上動工建塔，歷時六年，完工於納土歸宋前一年（太平興國二年，九七七年）。

據《吳越備史・今大元帥吳越國王》、《宋史・吳越錢氏》、《十國春秋・忠懿王世家》等文獻記載，宋開寶八年（九七五年）末，錢俶出兵助宋攻滅南唐。開寶九年（九七六年）三月，錢俶與夫人孫氏、世子錢惟濬到北宋首都東京（今開封）朝覲宋太祖，朝廷賜孫氏為吳越國王妃，此時南方諸國大多被宋朝武力平定，宋太祖異乎尋常的封妃盛典只是恩威並施的一種手段。同年十月趙匡胤突然去世，其弟趙光義繼位，不逾年即改元為太平興國元年，十一月，歸杭州不久的吳越國王妃孫妃亦辭世，次年（太平興國二年，九七七年）二月，宋太宗『敕遣給事中程羽來歸王妃之賵，謚王妃曰皇妃』，適逢雷峰塔落成，錢俶『因名之曰〝皇妃〞』，是為了紀念去世不久的王妃孫氏及感恩北宋朝廷的封妃、謚妃之舉。所有史書均對孫氏的謚號諱莫如深，實因謚號過顯而犯諱。雷峰塔遺址出土的錢俶手書《華嚴經跋》殘碑清楚記載，雷峰塔初名『皇妃塔』（圖一）。

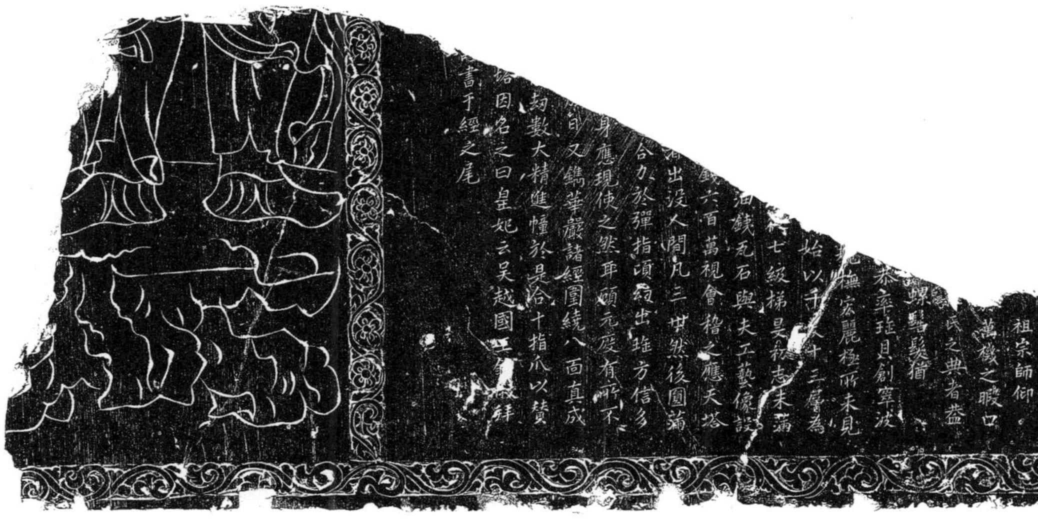

圖一
雷峰塔遺址出土的
錢俶手書《華嚴經跋》殘碑拓片

自北宋至清代，雷峰塔遭受了兩次大劫。第一次毀于宋徽宗宣和三年（一一二一年）方臘起義的兵火，塔身的木構簷廊被焚，南宋定都杭州後，于孝宗乾道七年（一一七一年）至寧宗慶元元年（一一九五年）的二十多年間，僧俗出資重修，雷峰塔煥然一新。第二次破壞發生在明末嘉靖三十四年（一五五五年），雷峰塔被倭寇焚毀，僅存磚砌塔芯。清末民初，曾在塔身四周砌石牆保護。民國十三年（一九二四年）九月二十五日，失修近四百年的雷峰塔轟然倒塌，作為『西湖十景』之一的『雷峰夕照』景觀名存實亡。雷峰塔遺址即是倒塌後形成的廢墟堆積。

為配合杭州雷峰塔重建工程，經國家文物局批准，浙江省文物考古研究所組建雷峰塔遺址考古隊，於二〇〇〇年二月開始對遺址實施搶救性發掘，至二〇〇一年七月結束。揭露面積近四千平方米，基本搞清了塔的形制、結構，表明雷峰塔的塔基、地宮保存基本完好，磚砌塔身底層保存較好，規模為同時期磚塔之最，塔基四周砌石須彌座，塔身為套筒式回廊結構。地宮中出土了鎏金銀阿育王塔、鎏金銀器、金銅造像、玉器、銅鏡、漆木器、玻璃瓶等七十多件珍貴文物，當為吳越國王室的供奉品，反映了吳越國高超的工藝製作水準。遺址中出土了《大方廣佛華嚴經》等殘石經一一〇四件，還發現了大量建築構件和銘文磚，許多磚上模印有『壬申』（宋開寶五年，九七二年）等紀年，是瞭解雷峰塔建造年代的直接證據，在塔基周邊還發現了南宋時期重修的道路、踏步、散水、僧堂等建築遺跡，有助於瞭解五代、南宋時期以佛塔為主要建置的寺塔佈局。雷峰塔遺址的發掘填補了中國五代十國時期佛塔遺址考古的空白（四）。

二

雷峰塔落成之初，塔壁八面圍砌《大方廣佛華嚴經》等石刻佛經。清光緒年間丁丙輯南宋施諤《淳祐臨安志》而成的《淳祐臨安志輯逸》卷五、南宋度宗朝潛說友《咸淳臨安志》卷八十二記載此事：

『諸宮監尊禮佛螺髻髮，猶佛生存，不敢私秘宮禁中，恭率寶貝創窣波於西湖之滸以奉安之。規橅宏麗，極所未見，極所未聞……塔之成日，又鐫《華嚴》諸經圍繞八面，真成不思議劫數大精進幢。於是合十指爪以讚歎之，塔因名之曰「皇妃」云，吳越國王錢俶拜手謹書於經之尾。』

埋于土中的雷峰塔石刻佛經，在明代被發現。清翟灝《湖山便覽》卷七《南山路》、清際祥《淨慈寺志》卷十三《山水》均這樣記載：

『雷峰塔，吳越王妃黃氏建，以藏佛螺髻髮……始以千尺十三層為率，以財力未充，姑建七級。後復以風水家言，止存五級。塔內以石刻《華嚴經》圍砌八面，歲久沉土。明人有劚得者，小楷絕類歐陽率更書法。』

一九二四年雷峰塔倒塌，石刻佛經一併遭劫，篆刻家童大年（一八八四～一九五五）收得若干，拓裱成冊，以《大方廣佛華嚴經》之經文校勘連綴，刻經間多有題記，並對保存現狀、經文在佛經中的卷次和位置等作了詳盡考證。為傳佈之需，西泠印社金石學家又以童大年之石經原拓，製成石拓本印刷出版（五），裝訂成冊，開本豁大，裝幀精美，發行於世，廣為流傳（圖二、三）。書前有吳昌碩篆題名《雷峰塔〈華嚴經〉殘石真形》，並附題贊：『黃妃千年一朝僕，雷峰之名等煙霧。華嚴佛說難劫逃，片石流傳禪一悟。甲子歲十一月，吳昌碩篆，年八十一。』（圖四）書後有胡韞玉尾題，對石經的發現評價甚高：『甲子八月秋，雷峰忽然倒。古經出其中，年月悉可考。心翁多古意，搜羅極幽渺。殘石得一角，字畫皎然好。欣欣寢食忘，書史資探討。雷回證已確，黃王辨亦了。嗜古人所同，爭購以為寶。經卷斯世多，刻石人間少。白雲石雖存，已有漫漶兆。不如茲石堅，玩之足忘老。心安先生得雷峰石刻盛經發匣抽書考證極確，為題百字記之。甲子冬安吳胡韞玉造句命女淵書。』（圖五）

浙江省博物館收藏有當年發現石經的原拓（藏品號023895），大小十八紙，前題『碑在杭州西湖南山淨慈對面，雷峰夕

圖二
《雷峰塔〈華嚴經〉殘石真形》之一

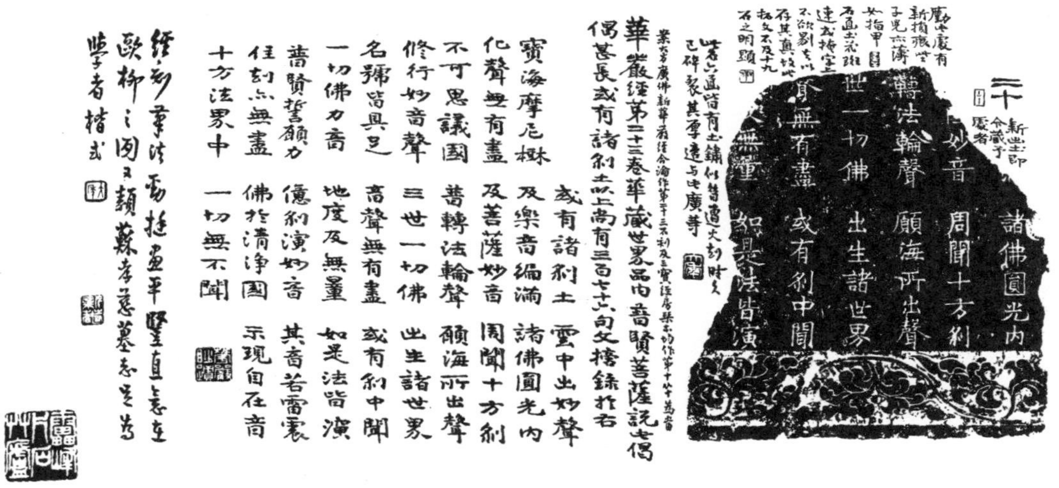

圖三
《雷峰塔〈華嚴經〉殘石真形》之二

雷峰塔華嚴經殘石真形

圖四
《雷峰塔〈華嚴經〉殘石真形》之三

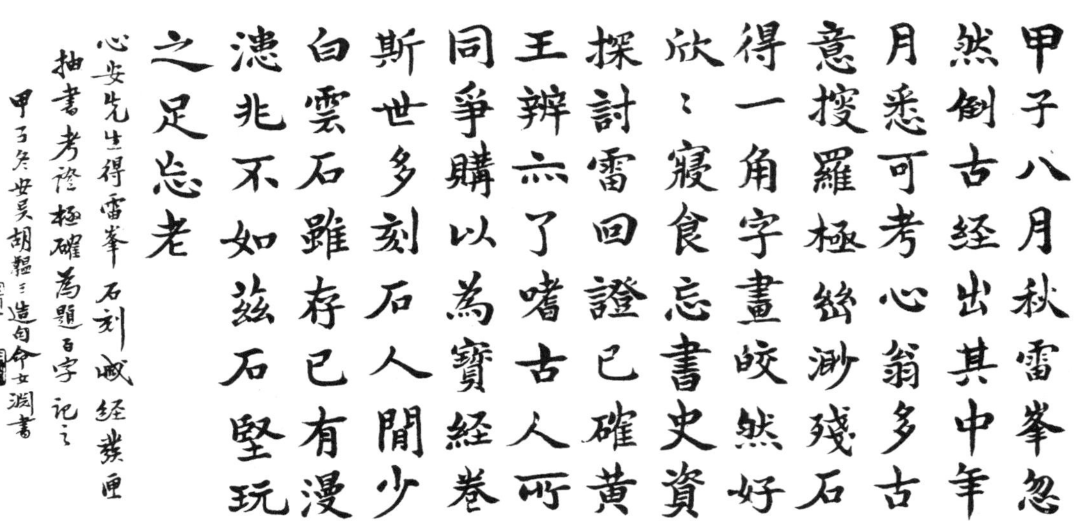
甲子八月秋雷峯忽然倒古经出其中年月悉可考心翁多古意搜羅極縱渺殘石得一角字畫皎然好欣欣寢食忘書史資探討雷回證已確黃王辨六了嗜古人所同爭購以為寶經卷斯世多刻石人間少白雲石雖存已有漫漶兆不如茲石堅玩之足忘老

圖五
《雷峰塔〈華嚴經〉殘石真形》之四

照寺之上，碑破十八塊，名《雷峰華嚴經殘石真形》，此本精拓』（圖六）。其中的兩張拓片上有沙孟海批註，一處題『此石第二行第五字寶字已泐』（圖七），另一處題『此石已裂為兩塊』（圖八）。

對於雷峰塔倒塌後發現的石經，在中國古代書法藝術上的意義，童大年評價甚高：『經刻筆法勁挺，畫平豎直，意在歐柳之間，又類《蘇孝慈墓誌》，足為學者楷式。』

中國書法史上五代時期的作品極其罕見。但在南方的吳越國，卻保留了一些珍貴的書法遺存，除手跡外，更有一些石刻，可補充此期書法史研究資料的匱缺。浙江攝影出版社景迪雲撰《五代吳越國時期的書法》一文（六），概括了雷峰塔刻經在書法史上的兩點重要價值：

第一，五代十國時期書法凋零，雖有楊、李數子，但均為墨蹟，流傳至今，漫漶毀損處較多；雷峰塔經刻為長篇刻石，又是近代出土，拓墨新好，字口清晰。隋、唐时期，佛教開始在南方盛行，至五

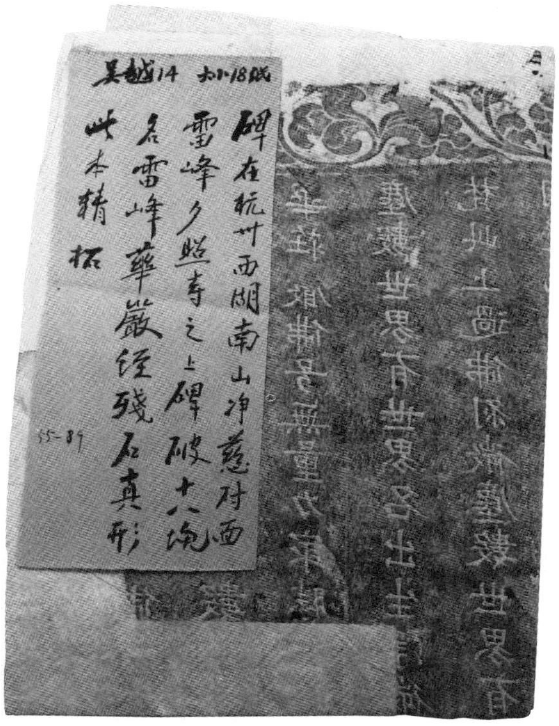

圖六
浙江省博物館收藏有當年發現石經的原拓
（藏品號 023895）之一

圖八
浙江省博物館收藏有當年發現石經的原拓
（藏品號 023895）之三

圖七
浙江省博物館收藏有當年發現石經的原拓
（藏品號 023895）之二

代達到鼎盛，吳越國對中國文化的一大貢獻就是雕版印刷，其中主要是版刻佛經，但摩崖未見，石刻至今亦僅見此雷峰塔經刻，有填補空白之功。

第二，雷峰塔經刻的書法意義尤其重大。它處在唐末五代書法衰落之時，卻有隋朝書法的從容、寬博、沉謹和淳厚，十分罕見。唐末五代書法一般受顏、柳影響較大，筆劃趨肥厚，形態多長形，楊凝式、錢鏐和生於五代而成名于北宋的徐鉉等的作品可以佐證。雷峰塔刻經的濃烈古風足堪與楊凝式的特立獨行相媲美，以五代時期的書法代表視之，亦不為過。

雷峰塔經刻的書法特點，童大年認為在歐柳之間，景迪雲則認為歐的影響似乎更多些，細審它的『氵』、『種』、『上』、『光』等的寫法，幾乎是歐陽詢《九成宮》的翻版。它整體的氣息和儀態卻是隋朝書法的，正如童大年所說的，它還『類蘇孝慈墓誌』。它的筆劃繼承了歐體的峻爽快利，但結體卻將歐字的長形變方變寬，表現出書寫者從容、平和卻信念堅定的宗教心態。《蘇孝慈墓誌》書寫于隋朝，其風格處於北朝楷書向唐朝楷書的過渡階段，它既沒有智永的齊梁風氣，又不太像《龍藏寺碑》那樣接近唐人楷法，它沉謹從容，又包涵無窮變數。雷峰塔經刻的書法居然能超越五代，超越唐人，而臻淳古氣象，確實有些費解。或許，是虔誠的宗教精神淨化了心靈、提升了筆墨？

景迪雲還認為錢俶《華嚴經跋》的書法水準與正文不相上下，但風格很不相同。歐體的特點幾乎沒有，用筆起止明顯，一波三折，大有褚遂良的從容和瀟灑。結體亦較寬博，但與正文又有差異，正文是寬博中有沉謹，而跋文是寬博中見疏朗，可以看出顏真卿書法的風度。可以說，這是一件出入二王、頗具唐代書法規模的佳作。

三

除了書法史上的意義外，雷峰塔五代石刻佛經的大量出土，在我國佛教考古史上僅此一例，對研究五代十國時期佛經的傳播與校勘，意義同樣重大。

二〇〇〇年雷峰塔遺址考古發掘，於遺址底層塔身的回廊、門道填土中出土大小石經殘塊共一一〇四件，編一一〇四號，大者寬一、高〇・九米，質量一五〇～二〇〇千克，小者寬〇・一五、高〇・一米。石料為杭州本地出產的石灰岩。大多石面平整，保存較好，字跡、紋樣清晰，少量石面風化腐蝕嚴重，字跡已不可辨認，背面留有採石和加工鑿痕，有些並黏附石灰。《大方廣佛華嚴經》殘石在一一〇四件石刻中占十分之九，現存石刻只見『卷第三十四《十地品第二十六之一》』以前的內容。《金剛般若波羅蜜經》石刻約百件，四千餘字，約占《金剛經》全文的五分之四。

考古發掘揭露的雷峰塔塔身，現殘存其第一層的最底層部分，最高處僅存五米，形制為八角形，對徑二十五米，為套筒式回廊結構，由外套筒、回廊、內套筒、塔心室四部分組成，內、外套筒用塔磚實砌而成。外套筒之外壁邊長十米，每邊正中設一門，門道寬二・二、進深四・二米。外套筒的外壁面，自底部至高一・

二米處向外用磚砌出台座，方向與外套筒的外壁垂直，其寬度應大於承托石經須彌座的厚度，清理時發現殘痕。有跡象表明，發掘出土的這些石經原先放置在外套筒門道兩側的外壁面上，與文獻記載『圍繞八面』相符合。

整理石經以《大正新修大藏經》中所錄的于闐三藏實叉難陀新譯的八十卷唐譯本《大方廣佛華嚴經》為依據。經拼接、復原，『圍繞八面』的雷峰塔的石經，《大方廣佛華嚴經》共刻至少四十九大塊，殘存文字約五萬字，按經文的卷次現重新編號為石一~石四十九，缺失、隻字不見的石經有石八、石十七、石十八、石二十二、石二十四、石三十一、石三十二、石三十七、石三十八、石三十九共十大塊。雷峰塔外套筒為八邊形，每邊設一個門道，將兩側外套筒分隔成左、右兩個對稱的壁面。共八個門道，有十六個壁面，每個壁面放置三大塊石經，按上、中、下三層疊放，這樣，圍繞雷峰塔一周，可排布四十八大塊石經。完整的一塊石刻佛經通高〇・九、最寬二・四七、厚〇・一七米。石經頂蓋高度離地面約五米，每壁石經高二・七米，位於離地面一・七~四・四米的高度位置。每壁三大塊石經刻完《大方廣佛華嚴經》的兩卷經文，這樣，十六壁四十八大塊石經刻完前三十二卷經文。石經的上、下邊欄，其底邊或上口鑿出榫頭或卯口，便於疊放時套接牢固。石經下面原安放有石質束腰須彌座，須彌座寬〇・六二、上邊厚〇・二三、底邊厚〇・二四、高〇・五米。上口邊緣部位有寬四、高〇・六釐米向外突出的榫頭，口沿下、束腰部位雕刻仰覆蓮瓣紋（七）。石經最上面原有頂蓋。

每大塊石經，多由兩石拼合而成，四周有邊欄，邊欄刻花紋，經文分上、中、下三欄，欄間鑿刻花紋帶，每行鐫刻十七字，文中遇到五言或七言佛的頌言、偈語，每行刻七言頌言、偈語兩句，中間空三字（圖九），或每行刻五言頌言、偈語三句，每句中間空一字（圖一〇）。根據每卷經文的字數差異，每欄最多刻一三二~一三四行，少者刻七六~八〇行，邊上空白處刻菩薩、童

圖九
《大方廣佛華嚴經》殘石經拓片
——大方廣佛華嚴經卷第十五　賢首品第十二

圖一〇
《大方廣佛華嚴經》殘石經拓片
——大方廣佛華嚴經卷第十一　毗盧遮那品第六

子、花卉等圖案，每欄以刻九〇～一一〇行者居多。字體為陰刻的楷書，書體前後有較大差異。石面上殘留補刻痕跡，在錯字的石面位置上鑿出長方形淺槽，另嵌入相同大小的石片（圖一一）。石經左、右兩側邊欄的花紋，石十五之前鑿刻豎向的連續蓮荷紋，呈長條狀，中間為繁密的荷葉、蓮花、苞蕾，呈現蓬勃向上的氣象（圖一二）；石十五之後鑿刻豎向的連續相接的S形纏枝牡丹紋，花、葉相間（圖一三）。每塊石經的上、下邊飾和三欄文字間的上、下隔欄位置，陰線淺刻連續不斷呈S形的纏枝葡萄紋，葡萄之果、葉相間排列。一壁三層石經中，最上層石經的兩上角為完整的火焰壼門，為花紋的最上端（圖一四）；最下層石經的兩下角為圓拱形的圖案，作為花紋的最底端。疊放的三層石經中，底層石經的下側邊欄，又特意陰刻連續的呈S形的纏枝忍冬紋（圖一五）。上下邊欄寬四～五釐米，左、右邊欄寬七～八釐米，亦有寬至十釐米者。隔欄寬四釐米，上、中、下文字欄寬二五・五釐米。有部分石經四周邊欄或中

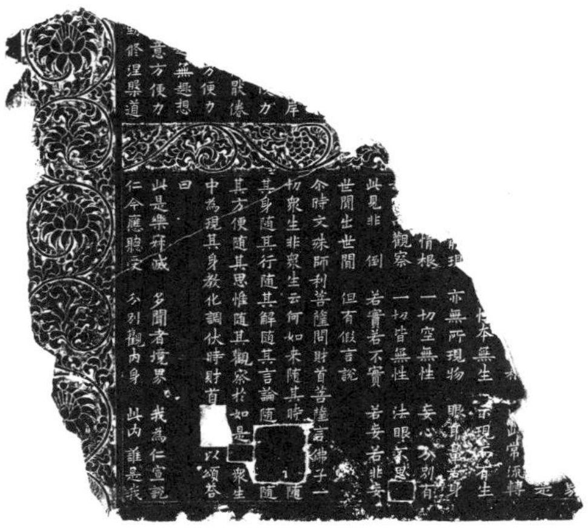

圖一一
《大方廣佛華嚴經》殘石經拓片
——大方廣佛華嚴經卷第十三　光明覺品第九

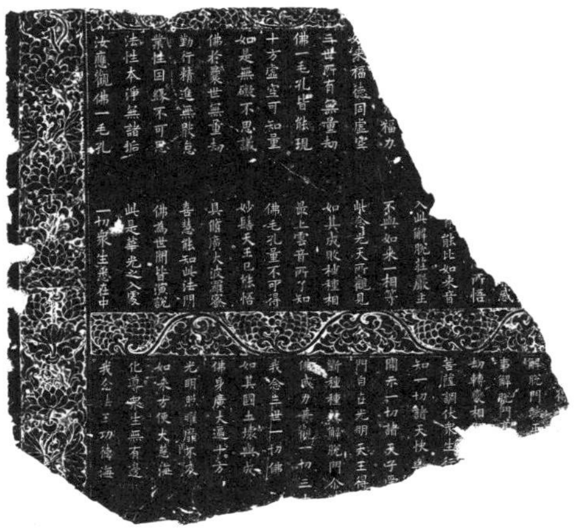

圖一二
《大方廣佛華嚴經》殘石經拓片
——大方廣佛華嚴經卷第二　世主妙嚴品第一

圖一三
《大方廣佛華嚴經》殘石經拓片
——大方廣佛華嚴經卷第十九　升夜摩天宮品第十九

圖一四
《大方廣佛華嚴經》殘石經拓片
——大方廣佛華嚴經卷第三十一　十回向品第二十五

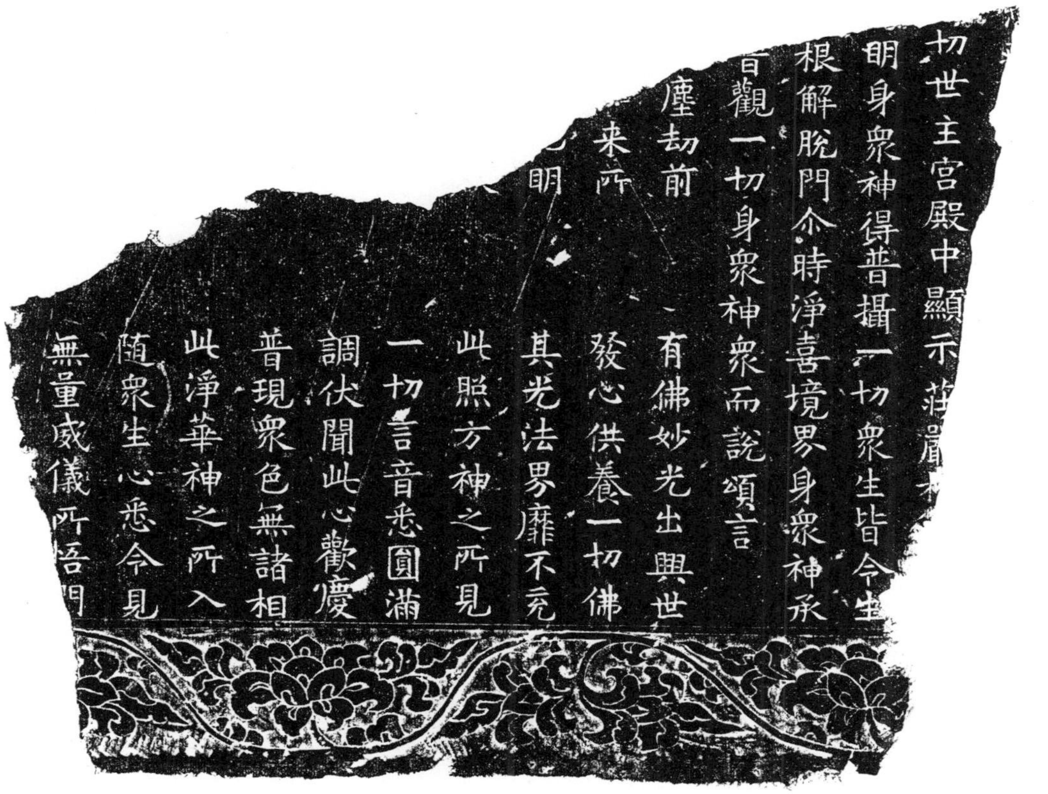

圖一五
《大方廣佛華嚴經》殘石經拓片
——大方廣佛華嚴經卷第四　世主妙嚴品第一

間隔欄只刻出邊框，沒刻花紋（圖一六），有些石面上未刻文字，表明石經的雕刻，因功德主錢俶納土歸宋而未全部完工。在石七、石八的位置，還發現文字有重複鑿刻的現象，但石塊的大小、形制、紋飾、字體及排列方式與整理後的四十九大塊石經大相徑庭，表明可能為後代補刻，但時代和緣由不明。石一為石經開首，有天冊金輪聖神皇帝武則天《大周新譯大方廣佛華嚴經序》殘文，刻字比正文略大，每行亦刻十七字（圖一七）。四十八石已圍雷峰塔底層一周。石四十九應是第二層的刻石。

《金剛般若波羅蜜經》共五小塊，總寬近四、厚〇・一米。第一塊缺失，第二塊殘存部分，第三塊保存基本完整，寬〇・七四、高一・〇一米，第四塊保存較為完整，寬〇・七五、高一・〇一米，第五塊殘缺，寬〇・七四、高一・〇二米，左側為著甲持劍站立的護法形象。隔欄高三釐米，上、中欄文字欄高二九・五釐米，下欄文字欄高三〇釐米，上下邊欄高三~四釐米。刻字比《華嚴經》略大，每行亦刻十七

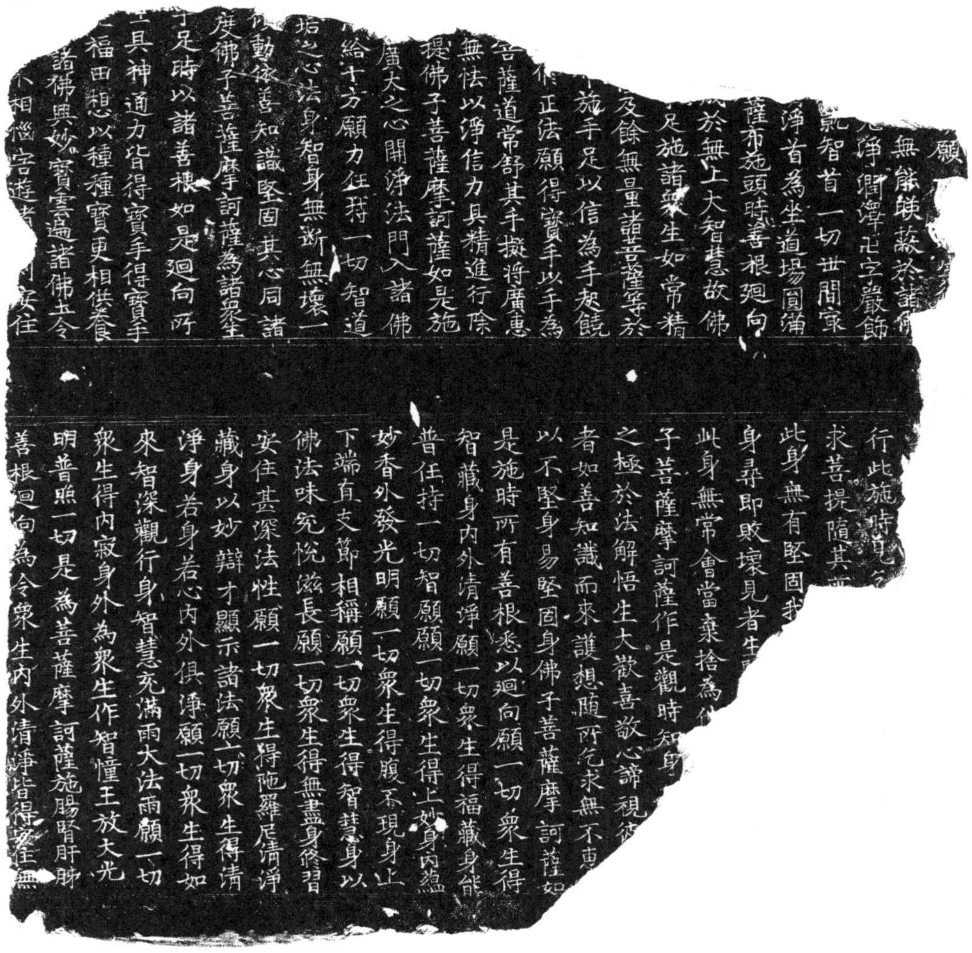

圖一六
《大方廣佛華嚴經》殘石經拓片
——大方廣佛華嚴經卷第二十七　十回向品第二十五

圖一七
《大方廣佛華嚴經》殘石經拓片
——大周新譯大方廣佛华嚴經序天册金輪聖神皇帝制

字，為十六國時期姚秦三藏鳩摩羅什譯本（圖一八）。下欄還刻《大悲咒》的部分經文和咒語（圖一九）。第五塊下欄為吳越國王錢俶所作跋文，十八行，每行殘存四～十五字，共一六二字，字體為行楷書，此跋文為錢俶親書的手跡，彌足珍貴。《金剛經》石刻不知放於何處位置？厚度比《華嚴經》薄，有吳越國王錢俶跋，與《華嚴經》

圖一八
《金剛般若波羅蜜經》殘石拓片
——金剛般若波羅蜜經殘卷之一

圖一九
《金剛般若波羅蜜經》殘石拓片
——金剛般若波羅蜜經殘卷之二

武后序對應，應放在底層位置。《華嚴經》四十八大塊已圍砌塔身一周，《金剛經》或砌於塔的內套筒壁面，與六和塔南門內套筒《金剛經》相同？

經整理、拼接後較為完整的《華嚴經》石經有兩大塊，分別為石二十七和石四十一，以石四十一為例，由左、右兩石拼合而成，總寬二・四七米。左石寬一・三四、左邊欄寬〇・一米。右石寬一・一三、右邊欄寬〇・〇八米。高〇・八九米。

編號石一~石四十九的《華嚴經》石刻佛經的基本情況見附表。

四

石刻佛經，又稱石本佛籍，最常見的是唐開元以後大量出現的經幢，清末葉昌熾收集六百餘通經幢拓片，悉心研究，撰《語石》一書（八），卷四有八則關於經幢的論述，極為精簡深辟。臺灣『中央研究院』劉淑芬著有《滅罪與度亡》一書

（九），分《佛頂尊勝陀羅尼經》與唐代尊勝經幢的建立、經幢的形制、性質、來源和墓幢三章，集經幢研究之大成。

國內最早的石刻佛經，發現在甘肅酒泉、敦煌和新疆吐魯番的北涼石塔上（一〇），這種石塔保留了較多印度覆鉢塔的特徵，如酒泉出土的高善穆石造像塔，有北涼承玄元年（四二八年）紀年。塔身所刻經文，內容皆為小乘佛教的《佛說十二因緣經》，鐫刻面積一般在三百平方釐米左右。這些石塔多出土於寺院內。從發願文可知，造塔刻經之目的，為現世報恩，來世成佛，尚無後世刻經以備法滅之用途。

北朝晚期末法思想極為流行，按《歷代三寶記》卷一佛涅槃之年（公元前六〇九年）推算，此時正處像法之末。末法來臨之際，佛教徒當以護法為本，而經像之保存即為護法內容之一。北朝時期的佛籍刻石，源于佛教徒怕佛經湮滅，刻在石頭上可以長久保存，它的出現和北魏曇曜在雲岡雕鑿石像的意義相同（一一）。經歷北魏太武帝滅佛，包括佛教界上層人物在內的統治階層，對佛教徒宣傳佛教中的末法思想極為重視，在末法時期如何保存佛教，特別是宣傳佛教的重要手段佛籍不遭滅亡，提倡把佛經刻在石頭上，使佛法永傳萬世。北魏熙平後及東魏、北齊，關東地區適於雕刻的石質，分佈地區較廣，於是石經就在北中國的東部興起，刻經活動在黃河中下游地區的山西、山東、河南、河北四省境內蓬勃開展。石經有三種形式，一是直接刻在山石面上，如山東泰山經石峪（一二）；一是刻在修治後的洞窟石壁上，石窟和刻經融為一體，如河北邯鄲北響堂南洞唐邕刻經。還有一種，是刻在石塊上，以碑板的形式傳佈。早期的刻經碑，碑陰多刻施主及發願文，碑陽刻經文，有的在經文上部開龕造像。

石窟中刻佛經最早發現于北魏洛陽龍門蓮花洞。東魏、北齊首都鄴城周圍的石窟，如安陽小南海、邯鄲響堂山等石窟，刊刻眾多佛籍，為隋唐以後大規模刻經開創了先例。基於末法危機而出現的佛教石經，始於北響堂石窟的北齊唐邕刻經（一三）。北響堂南洞《唐邕刻經記》說得十分明白：『縑緗有壞，簡冊非久，金牒難求，皮紙易滅，……殺青有缺，葦編有絕，一託貞堅，永垂昭晰』。

建德三年（五七四年）北周武帝滅佛，好像證實了佛教徒宣傳的末法思想，這件事給人們留下了深刻印象。靈裕（五一八～六〇五年）是隋文帝時期全國最著名、地位最高的僧人，親身經歷了北周武帝滅佛之難，痛感末法來臨，開皇九年（五八九年）在其常住的相州（今河南安陽）寶山造石龕一所，題名『大住聖窟』，窟內、外壁面鐫刻《大集經·月藏分》、《摩訶摩耶經》等講述末法的經典，在石經中直接地、顯著地宣揚末法來臨，號召佛教徒奮起護法。從隋大業九年（六一三年）起，作為靈裕思想與事業的繼承人，在煬帝皇后蕭氏及其弟蕭瑀的資助下，靜琬在幽州的涿鹿山（後改石經山）開雕石經，直至貞觀十三年（六三九年）去世，靜琬所刻碑板均鑲于雷音洞壁面上，藏於洞內的十九種經，與靈裕營造的大住聖窟刻經造像和靈裕的著作、行跡相同

（一四）。造經之目的，在他刻的碑記中這樣記載：『此經為未來佛（法）難時擬充經本，世若有經，願（勿）輒開』。『房山石經』在開元迄晚唐、聖宗至遼末形成兩次刻經高潮，鑿刻在碑板上，大小經板共一四二七四條，成為佛教藝術寶庫（一五）。

洞窟刻經在唐代四川地區仍然延續着（一六），著名的安岳臥佛院唐代刻經窟，『刻佛經約十七類（部），有的窟刻佛經一部的全部；有的僅刻了一部佛經的一部分』，『是佛教徒基於信仰而出資刻經，是為供養刻的佛經』。刻經之目的，不是備法滅。

唐代碑板式刻經，重要的有原存太原風峪口，今藏山西晉祠的華嚴石經，是首尾完整的滿鐫唐譯八十卷《大方廣佛華嚴經》的方柱形楷書石刻，每卷分卷之上、卷之下二石，共一六〇通。石經無蓋、無座、無雕飾。刻石大小以每卷字數多少而選定，多數為高一米以上的四面刻，有些上有武周新造字，有些刻題記。石經刻於武周聖曆三年至長安四年（七〇〇~七〇四年），神都洛陽剛翻譯完畢，便在北都晉陽（今山西太原）開雕（一七）。

《華嚴經》全稱《大方廣佛華嚴經》。大本《華嚴經》有兩個譯本，一是東晉佛陀跋陀羅翻譯的六十卷本，另一個是武則天時于闐僧人實叉難陀翻譯的八十卷本。雷峰塔遺址出土的石刻《大方廣佛華嚴經》屬於唐譯本，卷首有『于闐三藏實叉難陀新譯』題款，與山西太原晉祠藏華嚴石經，為相同譯本，文中已不見武周造新字。翻經者實叉難陀，唐智昇《開元釋教錄》（《大正新修大藏經》第五五冊）卷第九譯人傳記中有其人：

『沙門實叉難陀，唐云喜學，于闐國人。智度弘曠利物為心，善大小乘兼異學論。天后明揚佛日敬重大乘，以華嚴舊經處會未備，遠聞于闐有斯梵本發使求訪。并請譯人實叉與經同臻帝闕。以天后證聖元年乙未，於東都大內大遍空寺譯華嚴經。天后親臨法座煥發序文，自運仙毫首題名品。南印度沙門菩提流志沙門義淨同宣梵本，後付沙門復禮法藏等，於佛授記寺譯，至聖曆二年己亥功畢。又至久視元年庚子，於三陽宮內譯大乘入楞伽經，及於西京清禪寺東都授記寺譯文殊授記等經，前後總譯一十九部。……以景雲元年十月十二日，右脇累足終于大薦福寺，春秋五十有九。』贊寧《宋高僧傳》卷第二《唐洛京大徧空寺實叉難陀傳》記載略同（一八）。

錢俶圍繞雷峰塔刻華嚴石經，與五代兩浙地區刻經造幢的傳統有密切關係，同時期吳越境內十分流行建陀羅尼經幢（上刻《大佛頂陀羅尼經》和《大隨求陀羅尼經》等），錢俶在石經跋文中稱雷峰塔為『大精進幢』，即可見刻經之緣由與造幢同。乾德三年乙丑歲（九六五年）錢俶建西湖寶塔寺經幢二，即今之梵天寺雙經幢，建幢記文云：『竊以奉空王之大教，尊阿育之靈蹤，崇雁塔於九層，衛鴻圖于萬祀。梵剎既當於圓就，寶幢是鎮于方隅。遂命選以工人，鑿于巨石，琢鞭來之堅固，狀湧出自規儀，玉削霜標，花雕八面，勒佛頂隨求之嘉句，為塵籠沙界之良因。所願家國恒康，封疆永肅，祖世俱乘以多福，宗親常沐於慈恩，職掌官僚，中外寧吉，仍將福祉，遍及幽明。凡在有情，希沾妙喜。』開寶二年己巳歲（九六九年）又於家廟奉先寺，建造二經幢，後遷于靈隱寺天王殿的兩側，其《新建佛國寶幢願文》云：『勒隨求之梵語，刊佛頂之秘文，直指丹霄，雙分八面。伏願興隆霸祚，延遠洪源，受靈貺于祖先，助福禧于悠久。軍民輯睦，疆埸肅寧。宗族以之咸康，官僚以之共治。』

鑒於天台宗在唐會昌滅佛後一蹶不振，教籍被焚毀，後在吳越國王錢俶支持下，從海外搜羅佚失的天台宗教典，實屬不易。錢俶圍繞雷峰塔刻華嚴石經，在時代上或與周世宗顯德二年（九五五年）的滅法之舉有關，刻石以求佛法永駐。

或與吳越國王錢俶特崇《華嚴經》有關。圍砌《華嚴經》的雷峰塔，建造時間與福州大華嚴寺開寶四年（九七一年）興功，開寶九年（九七六年）功畢幾乎相同，不是巧合。《吳越史事編年》卷五『錢弘俶篇』中有兩處涉及福州寧德支提山華嚴寺的記載，一處是北宋太祖開寶四年（九七一年）條：『是歲，錢俶命起福州寧德縣廢寺為大華嚴寺。寧德縣先有寺，唐咸通間已廢。至是，錢俶舍金帛，命所司建精舍，仍鑄天冠菩薩，起為寺，號大華嚴。』另一處是北宋太祖開寶九年（九七六年）條：『福州大華嚴寺功畢，錢俶上慶寺疏于宋。寺興功於開寶四年，至是功畢，俶上慶寺疏，略云：「國家自辛未年中，爰舍金帛，命所司建精舍，仍鑄天冠菩薩。梵客斤斧功成，藻繪事就，謹舍銅金帛三百八十七千八百一十八文，建道場一，修設五千僧功德慶贊，兼舍本州鐵金帛二千緡充常生，供給常住，及差靈隱寺副寺主辨隆為寺主。數年挂意，今日啟工。」』（一九）。

杭州西泠印社現存民國時期建造的《華嚴經》石塔，表明吳越國刻經傳統的延續。

【注释】

（一）《大宋故安時鎮國崇文耀武宣德守道中正功臣武勝軍節度鄧州管內觀察處置等使開府儀同三司守太師尚書令兼中書令使持節鄧州諸軍事鄧州刺史上柱國鄧王食邑九万七千户食實封壹萬陸阡玖伯户賜劍履上殿書詔不名追封秦國王墓誌銘並序》，見陳尚君輯纂《舊五代史新輯會證》第十一冊，第四〇六七～四〇七一頁，復旦大學出版社，二〇〇五年。

（二）張秀民《五代吳越國的印刷》，《文物》一九七八年第十二期，第七四～七六頁，後收入張秀民著《中國印刷術的發明及其影響》第二三八～二四二頁，世紀出版集團·上海人民出版社，二〇〇九年。

（三）湖州市飛英塔文物保管所《湖州飛英塔發現一批壁藏五代文物》，《文物》一九九四年第二期，第五二～五六頁；吳越國王錢弘俶顯德三年丙辰歲（九五六年）雕印《一切如來心秘密全身舍利寶篋印陀羅尼經》請參見SOREN EDGREN《THE PRINTED DHARANI-SUTRA OF A.D.956》，Reprinted From《THE MUSEUM of FAR EASTERN ANTIQUITIES》Bulletin No.44，1972；吳越國王錢俶乙丑歲（九六五年）、乙亥歲

（九七五年）雕印《一切如來心秘密全身舍利寶篋印陀羅尼經》請參見浙江省博物館《天覆地載——雷峰塔天宮阿育王塔特展》，第四十～四一頁和第四五頁，中國文化藝術出版社，二〇〇九年；浙江省博物館《地湧天寶——雷峰塔及唐宋佛教遺珍特展》，第二七〇～二七八頁，中國文化藝術出版社，二〇一〇年。

（四）雷峰塔遺址考古發掘資料，可參看浙江省文物考古研究所《杭州雷峰塔五代地宮發掘簡報》，《文物》二〇〇二年第五期，第四～三二頁；黎毓馨《杭州雷峰塔遺址考古發掘及意義》，《中國歷史文物》二〇〇二年第五期，第四～十二頁。浙江省文物考古研究所《雷峰遺珍》，文物出版社，二〇〇二年；浙江省文物考古研究所《雷峰塔遺址》，文物出版社，二〇〇五年。

（五）杭州西湖博物館收藏，承蒙同意拍攝照片。

（六）景迪雲《五代吳越國時期的書法》，浙江省博物館編《東方博物》第十二輯，第五〇～五二頁，浙江大學出版社，二〇〇四年。

（七）線描圖見圖五二：束腰須彌石座（雷石刻一〇九八）平、剖面圖，浙江省文物考古研究所《雷峰塔遺址》，第四一頁，文物出版社，二〇〇五年。彩色照片見『國立歷史博物館』編《雷峰塔秘密與白蛇傳奇展》第一四三頁下圖，二〇〇五年。

（八）葉昌熾撰、柯昌泗評，陳公柔、張明善點校《語石·語石異同評》卷四，第二六九～二八〇頁，考古學專刊丙種第四號，中華書局，二〇〇五年。

（九）劉淑芬《滅罪與度亡——佛頂尊勝陀羅尼經幢之研究》，上海古籍出版社，二〇〇八年。

（一〇）宿白《涼州石窟遺跡和『涼州模式』》，《考古學報》一九八六年第四期，第四三五～四四六頁；王毅《北涼石塔》，《文物資料叢刊》一九七七年一期，第一七九～一八八頁。

（一一）宿白《漢文佛籍目錄》，第三三頁，宿白未刊稿系列，文物出版社，二〇〇九年。

（一二）賴非《山東北朝佛教摩崖刻經調查與研究》，科學出版社，二〇〇七年。

（一三）李裕群《北朝晚期石窟寺研究》之下篇《鄴城地區石窟與刻經研究》，考古新視野叢書，文物出版社，二〇〇三年。

（一四）羅炤《房山石經之源與靜琬的傳承》，《文物》二〇〇三年第三期，第八六～九二頁。

（一五）中國佛教協會《房山雲居寺石經》，文物出版社，一九七八年。

（一六）四川省文物考古研究院編《四川安岳臥佛院唐代刻經窟》，四川石窟寺大系，天地出版社，二〇〇九年；鄧磊、蔣曉春《四川太蓬山石窟佛教刻經初探》，《中國歷史文物》二〇一〇年第五期，第四～一〇頁。

（一七）黃征、宋富盛主編《晉祠華嚴石經石刻選》，山西人民出版社，一九九六年。

（一八）贊寧撰，範祥雍點校《宋高僧傳》上第三一～三二頁，中國佛教典籍選刊，中華書局，一九九六年。

（一九）諸葛計、銀玉珍編著《吳越史事編年》第三五七頁，三七八～三七九頁，浙江古籍出版社，一九八九年。

雷峰塔遺址出土《大方廣佛華嚴經》石刻佛經基本情況表

石經號	上欄行數	中欄行數	下欄行數	經文內容	殘存情況	花紋
門道外套筒側壁一						
石一	九一	九一	九一	武則天《大周新譯大方廣佛華嚴經序》、卷第一《世主妙嚴品第一之一》之前半部分	由兩石拼合而成，文字起自中欄第七行，止於上、中欄第九一行及左側邊欄。上欄第二九行文字右側、下欄第二八行文字左側有整齊的斷邊	花紋鑿刻完整，上下邊欄及隔欄為纏枝葡萄，右側邊欄殘缺，左側邊欄為豎向的蓮荷紋，左上角為完整的火焰壼門，為花紋的最上端
石二	九一	九一	九一	卷第一《世主妙嚴品第一之一》之後半部分和卷第二《世主妙嚴品第一之二》之前半部分	由兩石拼合而成，文字起自上欄第四一行，止於中、下欄第九一行及左側邊欄。中、下欄第六一行文字右側、下欄第六〇行文字左側有整齊的斷邊	花紋鑿刻完整，上下邊欄及隔欄為纏枝葡萄，右側邊欄殘缺，左側邊欄為豎向的蓮荷紋
石三	九一	九一	九〇	卷第二《世主妙嚴品第一之二》之後半部分	起自上欄第五五行、止於三欄第九一行。下欄第九一行為《大方廣佛華嚴經》卷第二，系卷第二的結尾部分。門道外套筒側壁一刻佛經的卷一、卷二	上下邊欄及隔欄為纏枝葡萄，右側邊欄殘缺，左側邊欄為豎向的蓮荷紋，左下角為花紋的最底端。下欄花紋為纏枝忍冬紋，寬大完整

門道外套筒側壁二						
石經號	上欄行數	中欄行數	下欄行數	經文內容	殘存情況	花紋
石四	一〇五	一〇四	一〇四	卷第三《世主妙嚴品第一之三》之前半部分	起自三欄第一行、止於上欄第七一行。上欄第一行為《大方廣佛華嚴經》卷第三，第二行為世主妙嚴品第一之三　于闐三藏實叉難陀新譯，為卷三的開頭部分	花紋鑿刻完整，上下邊欄及隔欄為纏枝葡萄，左側邊欄殘缺，右側邊欄為豎向的蓮荷紋，右上角為完整的火焰壼門，為花紋的最上端
石五	一〇五	一〇四	一〇四	卷第三《世主妙嚴品第一之三》之後半部分和卷第四《世主妙嚴品第一之四》之前半部分	起自三欄第一行、止於中欄第九七行	花紋鑿刻完整，上下邊欄及隔欄為纏枝葡萄，左側邊欄殘缺，右側邊欄為豎向的蓮荷紋
石六	一〇四	一〇四	一〇四	卷第四《世主妙嚴品第一之四》之後半部分	由兩石拼合而成，起自三欄第一行、止於上、中欄第一〇四行及左側邊欄。上欄第九四行文字右側有整齊的斷邊。門道外套筒側壁二刻佛經的卷三、卷四	上下邊欄及隔欄為纏枝雙葡萄紋，右側邊欄為豎向的蓮荷紋，右下角為花紋的最底端。左側邊欄雕刻菩薩像、帶蓮座的靈牌，菩薩周邊為飄逸的帔帛和折枝花卉。下欄花紋為纏枝忍冬紋，寬大完整

位置	石經號	上欄行數	中欄行數	下欄行數	經文內容	殘存情況	花紋
門道外套筒側壁三	石七	一〇〇	一〇〇	一〇一	卷第五《世主妙嚴品第一之五》之前半部分	起自下欄第一一行、止於上欄第八五行	上下邊欄及隔欄為纏枝葡萄。左、右邊欄殘缺
	石八	石經八缺失					
	石九	一〇一	一〇一	一〇一	卷第六《如來現相品第二》之後半部分	起自下欄第四五行、止於下欄第一〇一行。下欄第一〇一行為《大方廣佛華嚴經》卷第六，系卷第六的結尾題刻。門道外套筒側壁三刻佛經的卷五、卷六	花紋鑿刻完整，上下邊欄及隔欄為纏枝葡萄，左側邊欄完整，為豎向的蓮荷紋，左下角為花紋的最底端。右側邊欄殘缺。下欄花紋為纏枝忍冬紋，寬大完整
門道外套筒側壁四	石十	一〇二	一〇三	一〇五	卷第七《普賢三昧品第三》之全部經文和《世界成就品第四》之前半部分	起自上、下欄第一行，止於中欄第九二行。上欄第一行為《大方廣佛華嚴經》卷第七，為卷七的開頭部分	花紋鑿刻完整，上下邊欄及隔欄為纏枝葡萄，左側邊欄殘缺，右側邊欄為豎向的蓮荷紋，右上角為完整的火焰壼門，為花紋的最上端
	石十一	一〇五	一〇五	一〇五	卷第七《世界成就品第四》之後半部分和《大方廣佛華嚴經》卷第八《華藏世界品第五之一》之前半部分	由兩石拼合而成，文字起自三欄第一行、止於下欄第五九行。右石上、中欄第三五行、下欄第三六行左側、下欄第三七行右側有整齊的斷邊	花紋鑿刻完整，上下邊欄及隔欄為纏枝葡萄，左側邊欄殘缺，右側邊欄為豎向的蓮荷紋
	石十二	一〇五	一〇五	一〇六	卷第八《華藏世界品第五之一》之後半部分	起自三欄第一行、止於中欄第四七行。門道外套筒側壁四刻佛經的卷七、卷八	花紋鑿刻完整，上下邊欄及隔欄為纏枝葡萄，右側邊欄完整，為豎向的蓮荷紋，右下角為花紋的最底端。左側邊欄殘缺。下欄花紋為纏枝忍冬紋，寬大完整

石經號	上欄行數	中欄行數	下欄行數	經文內容	殘存情況	花紋
門道外套筒側壁五						
石十三	八五	八四	八六	卷第九《華藏世界品第五之二》之前半部分	僅存不相連的兩小塊。文字起自下欄第三行，止於中、下欄第八四行	只存部分隔欄，刻纏枝葡萄紋
石十四	八六	八六	八六	卷第九《華藏世界品第五之二》之後半部分和卷第十《華藏世界品第五之三》之前半部分	僅存不相連兩小塊。文字起自上欄第七七行，止於中欄第八六行及左側邊欄局部	只存部分隔欄和左側邊欄，刻纏枝葡萄紋
石十五	八六	八六	八三	卷第十《華藏世界品第五之三》之後半部分	僅存不相連的數小塊，文字起自下欄第一行、止於上、中欄第八六行及左側邊欄。門道外套筒側壁五刻佛經的卷九、卷十	左側邊欄花紋為連續的豎向纏枝紋樣，下欄花紋為纏枝忍冬紋，寬大完整
門道外套筒側壁六						
石十六	七六	七七	七七	卷第十一《毗盧遮那品第六》之前半部分	起自中、下欄第一行，止於中、下欄第一五行	右側邊欄和隔欄為連續的纏枝紋樣
石十七	石經十七缺失					
石十八	石經十八缺失					

門道外套筒側壁	石經號	上欄行數	中欄行數	下欄行數	經文內容	殘存情況	花紋
門道外套筒側壁七	石十九	一〇五	一〇八	一〇九	卷第十三《光明覺品第九》之全部經文和《菩薩問明品第十》之前半部分	僅存不相連的三塊。起自上欄第二八行，止於中一〇八、下欄第一〇九行及部分左側邊欄	下邊欄沒有鑿刻花紋。左側邊欄和隔欄為連續纏枝狀紋樣
	石二十	一〇九	一〇九	一〇九	卷第十三《菩薩問明品第十》之後半部分和卷第十四《淨行品第十一》之前半部分	由兩石拼合而成。起自上欄第七九行，止於中下欄第一〇九行及左側邊欄。上欄第八四行左側、第八五行右側有整齊的斷邊	上邊欄沒有鑿刻花紋。左側邊欄和隔欄為連續纏枝狀紋樣
	石二十一	一〇九	一〇九	一〇九	卷第十四《淨行品第十一》之後半部分和《賢首品第十二之一》之全部經文	起自上欄第五二行，止於三欄第一〇九行及左側部分邊欄。下欄第一〇一行為《大方廣佛華嚴經》卷第十四，系卷第十四的結尾。門道外套筒側壁七刻佛經的卷十三、卷十四	左、下及隔欄均鑿刻花紋。下欄花紋為纏枝忍冬紋，寬大完整
門道外套筒側壁八	石二十二	石經二十二缺失					
	石二十三	一一五	一一五	一一五	卷第十五《賢首品第十二之二》之後半部分、卷第十六《升須彌山品第十三》、《須彌頂上偈贊品第十四》之全部經文和《十住品第十五》之前半部分經文	起自上欄第七行，止於下欄第三四行	上、下邊欄及隔欄均鑿刻花紋，為連續纏枝單葡萄紋樣
	石二十四	石經二十四缺失					

門道外套筒側壁九		
石經號	石二十五	石二十六	石二十七
上欄行數	九八	一〇一	一〇二
中欄行數	一〇三	一〇二	一〇二
下欄行數	一〇二	一〇二	一〇三
經文內容	卷第十七《梵行品第十六》、《初發心功德品第十七》之前半部分經文	卷第十七《初發心功德品第十七》之後半部分經文和卷第十八《明法品第十八》之前半部分經文	卷第十八《明法品第十八》之後半部分
殘存情況	現僅存左石。起自中欄第二七行，止於下欄第九三行。中欄第二七行右側及上欄有整齊的斷邊。上欄全部和中欄局部石面沒有鑿刻文字	由兩石拼合而成。起自三欄第一行，止於上欄第一〇一行、中、下欄第一〇二行。中、下欄第七四行右側有整齊的斷邊	起自上、中欄第一行，止於下欄第一〇三行。上、中欄第六行左側、下欄第七行右側為整齊的斷邊。下欄第一〇三行為《大方廣佛華嚴經》卷第十八，系卷第十八的結尾。門道外套筒側壁九刻佛經的卷十七、卷十八
花紋	上、下、邊欄及隔欄均鑿刻花紋，為連續纏枝單葡萄紋樣。左邊欄刻纏枝花紋。上邊欄最右側沒有鑿刻花紋。寬一八一、高九〇釐米，左邊欄寬九釐米	四周邊欄、中間隔欄均有保留，上、下邊欄及隔欄為連續纏枝單葡萄紋樣。兩側邊欄為豎向連續纏枝紋樣	四周邊欄、中間隔欄均有保留，上、下邊欄及隔欄為連續纏枝單葡萄紋樣。兩側邊欄為豎向連續纏枝紋樣。下欄花紋為纏枝忍冬紋，寬大完整

門道外套筒側壁十

石經號	上欄行數	中欄行數	下欄行數	經文內容	殘存情況	花紋
石二十八	一〇四	一〇六	一〇五	卷第十九《升夜摩天宮品第十九》、《夜摩天宮偈贊品第二十》之全部經文和《十行品第二十一之一》之前半部分經文	起自三欄第一行，止於中欄一〇六行、下欄一〇五行。右上角上欄第一行為卷名—大方廣佛華嚴經卷第十九，第二行為篇名和翻經者—升夜摩天宮品第十九　于闐三藏實叉難陀新譯	右側邊欄、中間隔欄有保留，下邊欄及隔欄為連續纏枝單葡萄紋樣。右側邊欄為豎向連續纏枝紋樣。左側和上部邊欄殘缺
石二十九	一一一	一〇八	一〇九	卷第十九《十行品第二十一之一》之後半部分經文和卷第二十《十行品第二十一之下》之前半部分經文	起自中欄第四七行，止於上欄第一一一行、中欄第一〇八行及左側邊欄	左側邊欄沒刻花紋，只刻出邊框。上、下部邊欄局部有保存。上下邊欄和隔欄鑿刻連續纏枝單葡萄紋樣
石三十	一〇九	一〇七	一〇七	卷第二十《十行品第二十一之下》之後半部分	起自上欄第一行，止於中欄第一〇七行及左側邊欄局部。門道外套筒側壁十刻佛經的卷十九、卷二十	下欄花紋為纏枝忍冬紋，寬大完整。隔欄為連續纏枝單葡萄紋樣

位置	石經號	上欄行數	中欄行數	下欄行數	經文內容	殘存情況	花紋
門道外套筒側壁十一	石三十一	石經三十一缺失					
門道外套筒側壁十一	石三十二	石經三十二缺失					
門道外套筒側壁十一	石三十三	九二	九二	九二	卷第二十二《昇兜率天宮品第二十三》前半部分	起自下欄第一行，止於三欄第九二行。下欄第九二行為《大方廣佛華嚴經》卷第二十二，系卷第二十二的結尾。門道外套筒側壁十一刻佛經的卷二十一、卷二十二	兩側邊欄局部有保留，沒有鑿刻花紋，中間隔欄沒有鑿刻花紋
門道外套筒側壁十二	石三十四	一〇三	一〇三	一〇四	卷第二十三《兜率宮中偈贊品第二十四》之全部經文和《十回向品第二十五之一》之前半部分的經文	起自下欄第四行，止於下欄第八九行	隔欄及下欄沒有鑿刻花紋。兩側邊欄和上欄殘缺
門道外套筒側壁十二	石三十五	一〇六	一〇七	一〇八	卷第二十三《十回向品第二十五之一》之後半部分和卷第二十四《十回向品第二十五之二》之前半部分經文	起自下欄右側邊欄及第一行，止於上欄第一六行	右側邊欄和中間隔欄沒有鑿刻花紋，石面有補刻
門道外套筒側壁十二	石三十六	一〇八	一〇六	一〇七	卷第二十四《十回向品第二十五之二》之後半部分經文	起自上、下欄第一行，止於上欄第一〇行。門道外套筒側壁十二刻佛經的卷二十三、卷二十四	右側邊欄和上下邊欄沒有鑿刻花紋

位置	石經號	上欄行數	中欄行數	下欄行數	經文內容	殘存情況	花紋
門道外套筒側壁十三	石三十七	石經三十七缺失					
門道外套筒側壁十三	石三十八	石經三十八缺失					
門道外套筒側壁十三	石三十九	石經三十九缺失					
門道外套筒側壁十四	石四十	一〇一	一一一	一一一	卷第二十七《十回向品第二十五之五》之前半部分經文	起自三欄第一行，止於左側有整齊斷邊的上欄第七一行、中、下欄第七八行。由兩石拼合而成。右上角上欄第一行為大方廣佛華嚴經卷第二十七，第二行為十回向品第二十五之五，第三行為于闐三藏實叉難陀新譯	右、上、下側部分邊欄及保存較好，右側、下側邊欄沒有刻花紋，上側、隔欄刻簡易的纏枝花卉紋，如流雲狀，部分隔欄位置漏刻
門道外套筒側壁十四	石四十一	一〇九	一一四	一三二	卷第二十七《十回向品第二十五之五》之後半部分經文和卷第二十八《十回向品第二十五之六》之前半部分經文	由保存較為完好的兩石拼合而成。左石寬一三四、左邊欄寬一〇釐米。右石寬一一三、高八九釐米，右邊欄寬八釐米。起自中下欄第一行，止於中欄一一四行、下欄一三二行。總寬度為二四七釐米	四周邊欄及隔欄保存較好。邊欄、隔欄只刻出邊框，沒鑿花紋
門道外套筒側壁十四	石四十二	一三四	一三三	一三三	卷第二十八《十回向品第二十五之六》之前後部分經文	起自上欄第一行，止於上欄八八行，上、中欄七八與七九行之間為整齊的斷邊。門道外套筒側壁十四刻佛經的卷二十七、卷二十八	上邊欄、上隔欄沒有鑿刻花紋，下隔欄鑿出纏枝忍冬紋，下邊欄花紋為簡易的纏枝花卉紋，如流雲狀，寬大完整

門道外套筒側壁十五

石經號	上欄行數	中欄行數	下欄行數	經文內容	殘存情況	花紋
石四十三	八〇	八〇	八〇	卷第二十九《十回向品第二十五之七》之前半部分經文	起自下欄第三〇行，止於下欄第四四行	只保留部分下邊欄，鑿刻纏枝花卉紋樣
石四十四	八〇	八〇	八〇	卷第二十九《十回向品第二十五之七》之後半部分和卷第三十《十回向品第二十五之八》之前半部分經文	起自下欄第四二行，止於下欄四九行	只保留部分上邊欄、下隔欄，鑿刻纏枝花卉紋樣
石四十五	八一	八一	八一	卷第三十《十回向品第二十五之八》之後半部分經文	起自上、中欄第四六行，止於中欄第六六行。門道外套筒側壁十五刻佛經的卷二十九、卷三十	只保留部分上下隔欄，鑿刻纏枝單葡萄紋樣

位置	石經號	上欄行數	中欄行數	下欄行數	經文內容	殘存情況	花紋
門道外套筒側壁十六	石四十六	八七	八九	八八	卷第三十一《十回向品第二十五之九》之前半部分經文	起自上、中欄第一行，止於下欄第三八行。右上角上欄第一行即為大方廣佛華嚴經卷第三十一，第二行為十回向品第二十五之九　于闐三藏實叉難陀新譯	右側邊欄鑿刻豎向纏枝牡丹紋，右上角為完整的火焰壼門，為花紋的最上端。隔欄鑿刻纏枝單葡萄紋樣。上邊欄只刻出邊框，沒鑿花紋
門道外套筒側壁十六	石四十七	九〇	九〇	九〇	卷第三十一《十回向品第二十五之九》之後半部分和卷第三十二《十回向品第二十五之十》之前半部分經文	存一小塊。起自中、下欄第一行，止於中欄第一一行。右側有整齊的斷邊	只保留部分下隔欄及下邊欄，鑿刻纏枝單葡萄紋樣
門道外套筒側壁十六	石四十八	八八	八八	八九	卷第三十二《十回向品第二十五之十》之後半部分經文	存一小塊。起自上欄第一〇行，止於上欄第一三行門道外套筒側壁十六刻佛經的卷三十一、卷三十二	只保留部分上邊欄，鑿刻纏枝單葡萄紋樣
	石四十九	九〇	九〇	九〇	卷第三十三《十回向品第二十五之十一》之前半部分經文	存一小塊。起自中欄第六九行，止於中欄第七五行	只保留部分下隔欄，沒有鑿刻花紋

石刻佛經錄文及拓片

所錄經文，黑色字體為殘存的刻文，金色字體依照《大正新修大藏經》補齊一欄。經文最後的阿拉伯數字代表行數，上、中、下代表欄次，如《大方廣佛華嚴經》第一石55中表示第一大塊《華嚴經》石刻中欄的第55行經文，《金剛般若波羅蜜經》27上二表示第二小塊《金剛經》石刻上欄的第27行經文。石刻佛經拓片均為原大的三分之一。

唐實叉難陀《大方廣佛華嚴經》

第一石

（大周新譯大方廣佛華嚴經序）1上
（天冊金輪聖神皇帝製）2上
半珠未窺全寶朕聞其梵本先在于闐國中 29上
遣使奉迎近方至此既覩百千之妙頌乃披 30上
十萬之正文粵以證聖元年歲次乙未月旅 31上
沽洗朔惟戊申以其十四日辛酉於大遍空 32上
寺親受筆削敬譯斯經遂得甘露流津預夢 33上
庚申之夕膏雨灑潤後覃壬戌之辰式開實 34上
相之門還符一味之澤以聖曆二年歲次己 35上
亥十月壬午朔八日己丑繕寫畢功添性海 36上
之波瀾廓法界之疆域大乘頓教普被於無 37上
窮方廣真筌遐該於有識豈謂後五百歲忽 38上
奉金口之言娑婆境中俄啟珠函之祕所冀 39上
闡揚沙界宣暢塵區並兩曜而長懸彌十方 40上

（大方廣佛華嚴經卷第一）44上
（世主妙嚴品第一之一于闐三藏實叉難陀新譯）45上

場眾會咸集其所以能出現諸佛光明不思 63上
議音摩尼寶王而為其網如來自在神通之 64上
力所有境界皆從中出一切眾生居處屋宅 65上
皆於此中現其影像又以諸佛神力所加一 66上
念之間悉包法界其師子座高廣妙好摩尼 67上
為臺蓮華為網清淨妙寶以為其輪眾色雜 68上

薩大精進金剛臍菩薩摩訶薩香焰光幢菩 7中
薩摩訶薩大明德深美音菩薩摩訶薩大福 8中
光智生菩薩摩訶薩如是等而為上首有十 9中
佛世界微塵數此諸菩薩往昔皆與毗盧遮 10中
那如來共集善根修菩薩行皆從如來善根 11中

行神栴檀樹光足行神蓮華光明足行神微 51中
妙光明足行神積集妙華足行神如是等而 52中
為上首有佛世界微塵數皆於過去無量劫 53中
中親近如來隨逐不捨 54中
復有佛世界微塵數道場神所謂淨莊嚴幢 55中
道場神須彌寶光道場神雷音幢相道場神 56中
雨華妙眼道場神華纓光髻道場神雨寶莊 57中
嚴道場神勇猛香眼道場神金剛彩雲道場 58中
神蓮華光明道場神妙光照耀道場神如是 59中
等而為上首有佛世界微塵數皆於過去值 60中
無量佛成就願力廣興供養 61中
復有佛世界微塵數主城神所謂寶峯光耀 62中
主城神妙嚴宮殿主城神清淨喜寶主城神 63中
離憂清淨主城神華燈焰眼主城神焰幢明 64中
現主城神盛福光明主城神清淨光明主城 65中
神香髻莊嚴主城神妙寶光明主城神如是 66中
等而為上首有佛世界微塵數皆於無量不 67中
思議劫嚴淨如來所居宮殿 68中
復有佛世界微塵數主地神所謂普德淨華 69中

樂主稼神離垢淨光主稼神如是等而為上 7下
首其數無量莫不皆得大喜成就 8下
復有無量主河神所謂普發迅流主河神普 9下
潔泉澗主河神離塵淨眼主河神十方遍吼 10下

復有無量主海神所謂出現寶光主海神成 15下
金剛幢主海神遠塵離垢主海神普水宮殿 16下
主海神吉祥寶月主海神妙華龍髻主海神 17下
普持光味主海神寶焰華光主海神金剛妙 18下
髻主海神海潮雷聲主海神如是等而為上 19下
首其數無量悉以如來功德大海充滿其身 20下
復有無量主水神所謂普興雲幢主水神海 21下
潮雲音主水神妙色輪髻主水神善巧漩澓 22下
主水神離垢香積主水神福橋光音主水神 23下
知足自在主水神淨喜善音主水神普現威 24下
光主水神吼音遍海主水神如是等而為上 25下
首其數無量常勤救護一切眾生而為利益 26下
復有無數主火神所謂普光焰藏主火神普 27下
集光幢主火神大光普照主火神眾妙宮殿 28下

雲幢音主方神髻目無亂主方神普觀世業 49下
主方神周遍遊覽主方神如是等而為上首 50下
其數無量能以方便普放光明恒照十方相 51下
續不絕 52下
復有無量主夜神所謂普德淨光主夜神喜 53下

華而作瓔珞堂樹樓閣階砌戶牖凡諸物像 69上
備體莊嚴寶樹枝果周迴間列摩尼光雲互 70上
相照耀十方諸佛化現珠玉一切菩薩髻中 71上
妙寶悉放光明而來瑩燭復以諸佛威神所 72上
持演說如來廣大境界妙音遐暢無處不及 73上
爾時世尊處于此座於一切法成最正覺智 74上
入三世悉皆平等其身充滿一切世間其音 75上
普順十方國土譬如虛空具含眾像於諸境 76上
界無所分別又如虛空普遍一切於諸國土 77上
平等隨入身恒遍坐一切道場菩薩眾中威 78上
光赫奕如日輪出照明世界三世所行眾福 79上
大海悉已清淨而恒示生諸佛國土無邊色 80上
相圓滿光明遍周法界等無差別演一切法 81上
如布大雲一一毛端悉能容受一切世界而 82上
無障礙各現無量神通之力教化調伏一切 83上
眾生身遍十方而無來往智入諸相了法空 84上
寂三世諸佛所有神變於光明中靡不咸覩 85上
一切佛土不思議劫所有莊嚴悉令顯現有 86上
十佛世界微塵數菩薩摩訶薩所共圍遶其 87上
名曰普賢菩薩摩訶薩普德最勝燈光照菩 88上
薩摩訶薩普光師子幢菩薩摩訶薩普寶焰 89上
妙光菩薩摩訶薩普音功德海幢菩薩摩訶 90上
薩普智光照如來境菩薩摩訶薩普寶髻花 91上

主地神堅福莊嚴主地神妙華嚴樹主地神 70中
普散眾寶主地神淨目觀時主地神妙色勝 71中
眼主地神香毛發光主地神悅意音聲主地 72中
神妙華旋髻主地神金剛嚴體主地神如是 73中
等而為上首有佛世界微塵數皆於往昔發 74中
深重願願常親近諸佛如來同修福業 75中
復有無量主山神所謂寶峯開華主山神華 76中
林妙髻主山神高幢普照主山神離塵淨髻 77中
主山神光照十方主山神大力光明主山神 78中
威光普勝主山神微密光輪主山神普眼現 79中
見主山神金剛密眼主山神如是等而為上 80中
首其數無量皆於諸法得清淨眼 81中
復有不可思議數主林神所謂布華如雲主 82中
林神擢幹舒光主林神生芽發耀主林神吉 83中
祥淨葉主林神垂布焰藏主林神清淨光明 84中
主林神可意雷音主林神光香普遍主林神 85中
妙光迴耀主林神華果光味主林神如是等 86中
而為上首不思議數皆有無量可愛光明 87中
復有無量主藥神所謂吉祥主藥神栴檀林 88中
主藥神清淨光明主藥神名稱普聞主藥神 89中
毛孔光明主藥神普治清淨主藥神大發吼 90中
聲主藥神蔽日光幢主藥神明見十方主藥 91中

眼觀世主夜神護世精氣主夜神寂靜海音 54下
主夜神普現吉祥主夜神普發樹華主夜神 55下
平等護育主夜神遊戲快樂主夜神諸根常 56下
喜主夜神出生淨福主夜神如是等而為上 57下
首其數無量皆勤修習以法為樂 58下
復有無量主晝神所謂示現宮殿主晝神發 59下
起慧香主晝神樂勝莊嚴主晝神香華妙光 60下
主晝神普集妙藥主晝神樂作喜目主晝神 61下
普現諸方主晝神大悲光明主晝神善根光 62下
照主晝神妙華瓔珞主晝神如是等而為上 63下
首其數無量皆於妙法能生信解恒共精勤 64下
嚴飾宮殿 65下
復有無量阿脩羅王所謂羅睺阿脩羅王毗 66下
摩質多羅阿脩羅王巧幻術阿脩羅王大眷 67下
屬阿脩羅王大力阿脩羅王遍照阿脩羅王 68下
堅固行妙莊嚴阿脩羅王廣大因慧阿脩羅 69下
王出現勝德阿脩羅王妙好音聲阿脩羅王 70下
如是等而為上首其數無量悉已精勤摧伏 71下
我慢及諸煩惱 72下
復有不可思議數迦樓羅王所謂大速疾力 73下
迦樓羅王無能壞寶髻迦樓羅王清淨速疾 74下
迦樓羅王心不退轉迦樓羅王大海處攝持 75下
力迦樓羅王堅固淨光迦樓羅王巧嚴冠髻 76下
迦樓羅王普捷示現迦樓羅王普觀海迦樓 77下
羅王普音廣目迦樓羅王如是等而為上首 78下
不思議數悉已成就大方便力善能救攝一 79下
切眾生 80下
復有無量緊那羅王所謂善慧光明天緊那 81下
羅王妙華幢緊那羅王種種莊嚴緊那羅王 82下
悅意吼聲緊那羅王寶樹光明緊那羅王見 83下

者欣樂緊那羅王最勝光莊嚴緊那羅王微 84下
妙華幢緊那羅王動地力緊那羅王攝伏惡 85下
眾緊那羅王如是等而為上首其數無量皆 86下
勤精進觀一切法心恒快樂自在遊戲 87下
復有無量摩睺羅伽王所謂善慧摩睺羅伽 88下
王清淨威音摩睺羅伽王勝慧莊嚴髻摩睺 89下
羅伽王妙目主摩睺羅伽王如燈幢為眾所 90下
歸摩睺羅伽王最勝光明幢摩睺羅伽王師 91下

我惟
親受筆削敬譯
庚申之夕膏雨
相之門還符一味
亥十月壬午朔八日
之彼潤廓法界之
窮方廣真筌暨
奉金口之

本先在于闐國中
百千之妙頌乃披
次乙未月採
于日於大遍空

善
大福
有十
毗盧遮
來善根
寶主
首其
復有
潔

神普水宮殿
主海神妙華龍髻主海神
海神寶燄華光主海神金剛妙
潮雷聲主海神如是等而為上
數無量悉以如來功德大海充滿其身
有無量主水神所謂普興雲幢主水神海
雲音主水神妙色輪髻主水神善巧漩澓
神離垢香積主水神福橋光音主水神
在主水神淨喜善音主水神普現威
吼音遍海主水神如是等而為上
常勤救護一切衆生而為利益
神所謂普光燄藏主火神普
光普照主火神衆妙宮

…寶王而為其網如来自在神通之
…所有境界皆從中出一切衆生居處屋宅
皆於此中現其影像又以諸佛神力所加一
念之間悉包法界其師子座高廣妙好摩尼
為臺蓮華為網清淨妙寶以為其輪衆色雜
華而作瓔珞堂榭樓閣階砌戶牖凡諸物像
備體莊嚴寶樹枝果周迴間列摩尼光雲…
…曜十方諸佛化現珠王一切
…光明而来瑩燭復以…

光明不思

復有佛世界微…
主城神妙嚴宮…
離憂清淨主城
現主城神盛福光
神香髻莊嚴主城
等而為上首有佛
思議劫嚴淨如来
復有佛世界微塵
主地神堅福莊
…放衆寶王

華燈燄眼主城神燄幢明
主城神清淨光明主城
神妙寶光明主城神如是
世界微塵數皆於無量不
居宮殿
主地神所謂普德淨華
地神妙華嚴樹主地神

…光明足行神
神積集妙華足行神如是等
佛世界微塵數皆於過去無量
来隨逐不捨
界微塵數道場神所謂淨莊嚴幢
妙寶光道場神雷音幢相道場神
神華纓光髻道場神雨寶莊
香眼道場神金剛彩雲道場
場神妙光照耀道場神如是
佛世界微塵數皆於過去值
力廣大…
數主城神所謂寶…
主城神青淨…寶主城神

…眼目無亂主方神普觀世業
周遍遊覽主方神如是等而為上首
其數無量能以方便普放光明恒照十方相
續不絕
復有無量主夜神所謂普德淨光主夜神喜
眼觀世主夜神護世精氣主夜神寂靜海音
主夜神普現吉祥主夜神普發樹華主夜神
平等護育主夜神遊戲快樂主夜神諸根常
喜主夜神出生淨福主夜神如是等而為上
首其數無量皆勤修習以法為樂
復有無量主晝神所謂示現宮殿主晝神發
起慧香主晝神樂勝莊嚴主晝神香花妙光
主晝神普集妙藥主晝神樂作喜目主晝神
普現諸方主晝神大悲光明主晝神善根光
主晝神妙華瓔珞主晝神如是等而為上
首其數無量皆於妙法能生信解恒共精
嚴飾宮殿
復有無量阿脩羅王所謂羅睺阿脩羅
摩質多羅阿脩羅王巧幻術阿脩羅王
廣阿脩羅王大力阿脩羅王遍照阿脩羅
堅固行妙莊嚴阿脩羅王廣大…

…世…遐暢無處不及
…座於一切法成最正覺智
入三世悉皆平等其身充滿一切世間其音
普順十方國土譬如虛空具含眾像於諸境
界無所分別又如虛空普遍一切於諸國土
平等隨入身恒遍坐一切道場菩薩眾中威
光赫奕如日輪出照明世界三世所行眾福
大海悉已清淨而恒示生諸佛國土無邊色
相圓滿光明遍周法界等無差別演一切法
…布大雲一一毛端悉能容受一切世界而
無障礙各現…神通之力教化調伏一切
眾生身遍十方而無來往…入諸相
…寂三世諸佛所有神變於光明中靡…
一切佛土不思議劫所有莊嚴悉令顯…有
…佛世界微塵數菩薩摩訶薩所共圍…其
名曰普賢菩…摩訶…普德最勝燈光照菩
薩摩訶薩普光師子…摩訶薩普寶焰
妙光菩薩摩訶薩普音功德海幢菩薩摩訶
薩普智光照如來境菩薩摩訶薩普寶髻花

…地神淨目觀時主…神妙…
…主地神…毛發光主地神悅意音聲主地
神妙華旋髻主…神金剛嚴體主地神如是
等而為上首有佛世…界微塵數皆於往昔發
深重願願常親近諸佛…來同修福業
復有無量主山神所謂寶…開華主山神華
林妙髻主山神高幢普照主…神離塵淨髻
主山神光照十方主山神大力光明主山神
威光普勝主山神微密光輪主山…普眼現
見主山神金剛密眼主山神如是…而為上
首其數無量皆於往昔…
復有不可…
…雲主
林神吉
淨光明
主林神
如是等
光明
栴檀林
主藥
復有…
主藥神清…
毛孔光明主藥…
聲主藥神蔽日光幢…

如是等而為上首其數無量悉已精…
…攝及諸煩惱
…復有不可思議數迦樓羅王所謂大速疾力
迦樓羅王無能壞寶髻迦樓羅王清淨速疾
迦樓羅王心不退轉迦樓羅王大海處攝持
力迦樓羅王堅固淨光迦樓羅王巧嚴冠髻
迦樓羅王普捷示現迦樓羅王普觀海迦樓
羅王普音…是等而為上首
不思議數
切眾生
復有無
羅王妙
…意
者所
妙華
眾妙
勤精
復有
王清
羅伽
歸摩

第二石

德天子普光明天子如是等而為上首其數41上
無量皆勤修習利益眾生增其善根42上
復有無量三十三天王所謂釋迦因陀羅天43上
王普稱滿音天王慈目寶髻天王寶光幢名44上
稱天王發生喜樂髻天王可愛樂正念天王45上
須彌勝音天王成就念天王可愛樂淨華光46上
天王智日眼天王自在光明能覺悟天王如47上
是等而為上首其數無量皆勤發起一切世48上
間廣大之業49上

天王善慧光明天王普雲音天王觀世言音75上
自在天王寂靜光明眼天王光遍十方天王76上
變化音天王光明照耀眼天王悅意海音天77上
王如是等而為上首不可稱數皆具大慈憐78上

大方廣佛華嚴經卷第一）14中
（大方廣佛華嚴經卷第二）15中
（世主妙嚴品第一之二 于闐三藏實叉難陀新譯）16中

佛於無邊大劫海　為眾生故求菩提61中
種種神通化一切　名稱光天悟斯法62中
復次可愛樂法光明幢天王得普觀一切眾63中
生根為說法斷疑解脫門淨莊嚴海天王得64中
隨憶念令見佛解脫門最勝慧光明天王得65中
法性平等無所依莊嚴身解脫門自在智慧66中
幢天王得了知一切世間法一念中安立不67中
思議莊嚴海解脫門樂寂靜天王得於毛孔68中

可愛樂法光明幢天王承佛威力普觀一切76中
少廣天無量廣天廣果天眾而說頌言77中

如是法性佛所說　智眼能明此方便89中
十方所有諸國土　悉在其中而說法90中
佛身無去亦無來　愛樂慧旋之境界91中

脫門甚深光音天王得觀察無盡神通智慧55下
海解脫門廣大名稱天王得一切佛功德海56下
滿足出現世間方便力解脫門最勝淨光天57下
王得如來往昔誓願力發生深信愛樂藏解58下
脫門爾時可愛樂光明天王承佛威力普觀59下
一切少光天無量光天極光天眾而說頌言60下
我念如來昔所行　承事供養無邊佛61下
如本信心清淨業　以佛威神今悉見62下
佛身無相離眾垢　恒住慈悲哀愍地63下
世間憂患悉使除　此是妙光之解脫64下
佛法廣大無涯際　一切剎海於中現65下
如其成壞各不同　自在音天解脫力66下
佛神通力無與等　普現十方廣大剎67下
悉令嚴淨常現前　勝念解脫之方便68下
如諸剎海微塵數　所有如來咸敬奉69下
聞法離染不唐捐　此妙音天法門用70下
佛於無量大劫海　說地方便無倫匹71下
所說無邊無有窮　善思音天知此義72下
如來神變無量門　一念現於一切處73下
降神成道大方便　此莊嚴音之解脫74下
威力所持能演說　及現諸佛神通事75下

音梵王得住一切法清淨相寂滅行境界解90下
脫門光耀眼梵王得於一切有無所著無邊91下

稱天王衆生
須弥勝音天王
天王智日眼天
是等而為上首
間廣大之業

等而為上首其
生增其善根
所謂釋迦因
目寶髻天王
生可愛樂

為衆生故求菩提
名稱光天悟斯法
得普觀一切衆
嚴海天王得
光明天王得
在智慧
立不
孔

我念如
如本信心
佛身無
世間
佛法廣
如其成壞各
佛神通力無
悉令嚴淨常

觀察無
生得一切佛功德海
力解脫門最勝淨光天
願力發生深信愛樂藏解
樂光明天王承佛威力普觀
量光天極光天衆而
承
佛威神
悲

方天王
海音天

國土

王得於一切有
淨相

聞法離染不
佛於無量大劫海
所說無邊無有窮
此妙音天
說他方便無倫匹
善思音天知此義
念現於一切處
此莊嚴音之解脫
諸佛神通

第三石

如來自在不可量　法界虛空悉充滿55上
一切眾會皆明覩　此解脫門華慧入56上
無量無邊大劫海　普現十方而說法57上
未曾見佛有去來　此主光天之所悟58上
復次善化天王得開示一切業變化力解脫59上
門寂靜音光明天王得捨離一切攀緣解脫60上
門變化力光明天王得普滅一切眾生癡暗61上
心令智慧圓滿解脫門莊嚴主天王得示現62上
無邊悅意聲解脫門念光天王得了知一切63上
佛無盡福德相解脫門最上雲音天王得普64上
知過去一切劫成壞次第解脫門勝光天王65上
得開悟一切眾生智解脫門妙髻天王得舒66上
光疾滿十方虛空界解脫門喜慧天王得一67上
切所作無能壞精進力解脫門華光髻天王68上
得知一切眾生業所受報解脫門普見十方69上
天王得示現不思議眾生形類差別解脫門70上
爾時善化天王承佛威力普觀一切善化天71上
眾而說頌言72上
世間業性不思議　佛為群迷悉開示73上
巧說因緣真實理　一切眾生差別業74上
種種觀佛無所有　十方求覓不可得75上
法身示現無真實　此法寂音之所見76上
佛於劫海修諸行　為滅世間癡暗惑77上
是故清淨最照明　此是力光心所悟78上
世間所有妙音聲　無有能比如來音79上

離諸魔業永無餘　光照天王所行道66中
一切眾會廣如海　佛在其中最威耀67中
普雨法雨潤眾生　此解脫門名稱入68中
復次釋迦因陀羅天王得憶念三世佛出興69中
乃至剎成壞皆明見大歡喜解脫門普稱滿70中
音天王得能令佛色身最清淨廣大世無能71中
比解脫門慈目寶髻天王得慈雲普覆解脫72中
門寶光幢名稱天王得恒見佛於一切世主73中
前現種種形相威德身解脫門發生喜樂髻74中
天王得知一切眾生城邑宮殿從何福業生75中
解脫門端正念天王得開示諸佛成熟眾生76中
事解脫門高勝音天王得知一切世間成壞77中
劫轉變相解脫門成就念天王得憶念當來78中
菩薩調伏眾生行解脫門淨華光天王得了79中
知一切諸天快樂因解脫門智日眼天王得80中
開示一切諸天子受生善根俾無癡惑解脫81中
門自在光明天王得開悟一切諸天眾令永82中
斷種種疑解脫門爾時釋迦因陀羅天王承83中
佛威力普觀一切三十三天眾而說頌言84中
我念三世一切佛　所有境界悉平等85中
如其國土壞與成　以佛威神皆得見86中
佛身廣大遍十方　妙色無比利群生87中
光明照耀靡不及　此道普稱能觀見88中
如來方便大慈海　往劫修行極清淨89中
化導眾生無有邊　寶髻天王斯悟了90中

門出現淨光天子得慈悲救護一切眾生令62下
現見受苦受樂事解脫門普遊不動光天子63下
得能持清淨月普現十方解脫門星宿王自64下
在天子得開示一切法如幻如虛空無相無65下
自性解脫門淨覺月天子得普為一切眾生66下
起大業用解脫門大威德光明天子得普斷67下
一切疑惑解脫門爾時月天子承佛神力普68下
觀一切月宮殿中諸天眾會而說頌曰69下
佛放光明遍世間　照耀十方諸國土70下
演不思議廣大法　永破眾生癡惑暗71下
境界無邊無有盡　於無量劫常開導72下
種種自在化群生　華髻如是觀於佛73下
眾生心海念念殊　佛智寬廣悉了知74下
普為說法令歡喜　此妙光明之解脫75下
眾生無有聖安樂　沈迷惡道受諸苦76下
如來示彼法性門　安樂思惟如是見77下
如來希有大慈悲　為利眾生入諸有78下
說法勸善令成就　此目光天所了知79下
世尊開闡法光明　分別世間諸業性80下
善惡所行無失壞　淨光見此生歡喜81下
佛為一切福所依　譬如大地持宮室82下
巧示離憂安隱道　不動能知此方便83下
智火大明周法界　現形無數等眾生84下
普為一切開真實　星宿王天悟斯道85下
佛如虛空無自性　為利眾生現世間86下

佛以一音遍十方　入此解脫莊嚴主 80上
世間所有眾福力　不與如來一相等 81上
如來福德同虛空　此念光天所觀見 82上
三世所有無量劫　如其成敗種種相 83上
佛一毛孔皆能現　最上雲音所了知 84上
十方虛空可知量　佛毛孔量不可得 85上
如是無礙不思議　妙髻天王已能悟 86上
佛於曩世無量劫　具修廣大波羅蜜 87上
勤行精進無厭怠　喜慧能知此法門 88上
業性因緣不可思　佛為世間皆演說 89上
法性本淨無諸垢　此是華光之入處 90上
汝應觀佛一毛孔　一切眾生悉在中 91上

我念法王功德海　世中最上無與等 91中

相好莊嚴如影像　淨覺天王如是見 87下
佛身毛孔普演音　法雲覆世悉無餘 88下
聽聞莫不生歡喜　如是解脫光天悟 89下
大方廣佛華嚴經卷第二 90下

法界虛空悉充
…時觀　此…慧入
無量無邊大劫海　普現十方而說法
未曾見佛有去來　此主光天之所悟
復次善化天王得開示一切業變化力解脫
門…普光明天王得捨離一切攀緣解脫
變化力光明天王得普滅一切眾生癡暗
令智慧圓滿解脫門莊嚴主天王得示現
無邊悅意聲解脫門念光天王得了知一切
佛無盡福德相解脫門最上雲…
知過去一切劫成壞次…
得開悟一切眾生智
光…滿十
…天王得舒
…門喜慧天王得一
精進力解脫門華光髻天王
…生業所受報解脫門普見十方
天王得示現不思議眾生形類差別解脫門
得知
爾時善化天王承佛威力普觀一切善化天
眾而說頌言
世間業性不思議　佛為群迷悉開示
…真實理　一切眾生差別業
…十…可得

一…
普…
復次…
乃至…
音天…
比解脫…
門寶光…
前現…

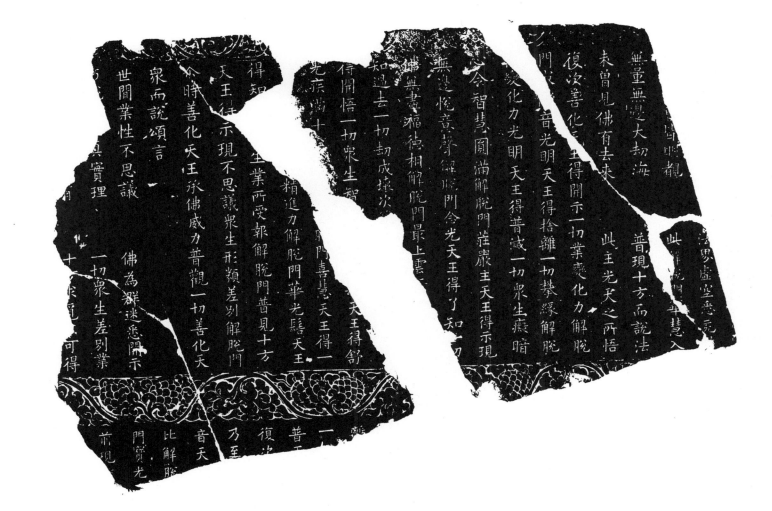

…天子得慈悲救…
受苦受樂事解脫門普…
能持清淨月普現十方解…
…在天子得開示一切法如幻…
自性解脫門淨覺月天子得…

感
所悟
福力　有能比如来音
入此解脫莊嚴王
來福德同虛空　不與如来一相等
三世所有無量劫　此念光天所觀見
佛一毛孔皆能現　如其成敗種種相
十方虛空可知量　最上雲音所了知
如是無礙不思議　佛毛孔量不可得
佛於曩世無量劫　妙髻天王已能悟
勤行精進無厭怠　具脩廣大波羅蜜
業性因緣不可思　喜慧能知此法門
法性本淨無諸垢　佛為世間皆演說
汝應觀佛一毛孔　此是華光之入處
一切衆生悉在中

解脫
於一切世主
得身解脫門發生喜樂髻
切衆生城邑宮殿從何福業生
解脫門端　念天王得開示諸佛成熟衆生
事解脫門真　音天王得知一切世間成壞
劫轉變相　成就念天王得憶念當來
菩薩調伏衆生行解脫門淨華光天王得了
知一切諸天快樂因解脫門智日眼天王得
開示一切諸天子受生善根俾無癡惑解脫
門自在光明天王得開悟一切諸天衆令永
斷種種疑解脫門令捨離目陀羅天王承
佛威力普觀一切三十三天衆而說頌言
我念三世一切佛　所有境界悉無等
如其國土壞與成　以佛威神皆得見
佛身廣大遍十方　妙色無比利群生
光明照曜靡不及　道普稱能觀
如來方便大慈海　修行極清淨
化導衆生無有邊　髻天王斯悟了
我念法王功德海　世中最上無與等

普
會而說頌曰
世間　照曜十方諸國土
演不思議廣大法　永破衆生癡惑暗
境界無邊無有盡　於無量劫常開
種種自在化群生　華髻如是觀於佛
衆生心海念念殊　佛智廣悉了知
普為說法令歡喜　此光明之解脫
衆生無有堅安樂　淪墜惡道受諸苦
如來示彼法性門　樂思惟如是見
如來希有大慈悲　為利衆生入諸有
說法勸善令成就　此目光天所了知
世尊開闡法光明　分別世間諸業性
善惡所行無失壞　淨光見此生歡喜
佛為一切福所依　譬如大
巧示離憂安隱　動能知此方便
智火大明周法界　現形無數等衆生
普為一切開真實　星宿王天悟斯道
佛如虛空無自性　為利衆生現世間
法雲覆世悉無餘
聽聞莫不生歡喜　如是解脫光天悟
大方廣佛華嚴經卷第二

第四石

大方广佛华严经卷第三 1上
世主妙严品第一之三　于阗三藏实叉难陀新译 2上
復次持國乾闥婆王得自在方便攝一切眾 3上
生解脫門樹光乾闥婆王得普見一切功德 4上
莊嚴解脫門淨目乾闥婆王得永斷一切眾 5上
生憂苦出生歡喜藏解脫門華冠乾闥婆王 6上
得永斷一切眾生邪見惑解脫門喜步普音 7上
乾闥婆王得如雲廣布普蔭澤一切眾生解 8上
脫門樂搖動美目乾闥婆王得現廣大妙好 9上
身令一切獲安樂解脫門妙音師子幢乾闥 10上
婆王得普散十方一切大名稱寶解脫門普 11上
放寶光明乾闥婆王得現一切大歡喜光明 12上
清淨身解脫門金剛樹華幢乾闥婆王得普 13上
滋榮一切樹令見者歡喜解脫門普現莊嚴 14上
乾闥婆王得善入一切佛境界與眾生安樂 15上
解脫門爾時持國乾闥婆王承佛威力普觀 16上
一切乾闥婆眾而說頌言 17上
諸佛境界無量門　一切眾生莫能入 18上
善逝如空性清淨　普為世間開正道 19上
如來一一毛孔中　功德大海皆充滿 20上
一切世間咸利樂　此樹光王所能見 21上
世間廣大憂苦海　佛能消竭悉無餘 22上
如來慈愍多方便　淨目於此能深解 23上
十方剎海無有邊　佛以智光咸照耀 24上
普使滌除邪惡見　此樹华王所入門 25上

其音清雅眾所悅　普行聞此心欣悟 1中
眾生逼迫諸有中　業惑漂轉無人救 2中
佛以大悲令解脫　無熱大龍能悟此 3中
復次毗沙門夜叉王得以無邊方便救護惡 4中
眾生解脫門自在音夜叉王得普觀察眾生 5中
方便救護解脫門嚴持器仗夜叉王得能資 6中
益一切甚羸惡眾生解脫門大智慧夜叉王 7中
得稱揚一切聖功德海解脫門焰眼主夜叉 8中
王得普觀察一切眾生大悲智解脫門金剛 9中
眼夜叉王得種種方便利益安樂一切眾生 10中
解脫門勇健臂夜叉王得普入一切諸法義 11中
解脫門勇敵大軍夜叉王得守護一切眾生 12中
令住於道無空過者解脫門富財夜叉王得 13中
增長一切眾生福德聚令恒受快樂解脫門 14中
力壞高山夜叉王得隨順憶念出生佛力智 15中
光明解脫門爾時多聞大夜叉王承佛威力 16中
普觀一切夜叉眾會而說頌言 17中
眾生罪惡深可怖　於百千劫不見佛 18中
漂流生死受眾苦　為救是等佛興世 19中
如來救護諸世間　悉現一切眾生前 20中
息彼畏塗輪轉苦　如是法門音主入 21中
眾生惡業為重障　佛示妙理令開解 22中
譬以明燈照世間　此法嚴仗能觀見 23中
佛昔劫海修諸行　稱讚十方一切佛 24中
故有高遠大名聞　此智慧王之所了 25中

業海廣大不思議　眾生苦樂皆從起 1下
如是一切能開示　此華幢王所了知 2下
諸佛神通無間歇　十方大地恒震動 3下
一切眾生莫能知　此廣大力恒明見 4下
處於眾會現神通　放大光明令覺悟 5下
顯示一切如來境　此威猛主能觀察 6下
復次大速疾力迦樓羅王得無著無礙眼普 7下
觀察眾生界解脫門不可壞寶髻迦樓羅王 8下
得普安住法界教化眾生解脫門清淨速疾 9下
迦樓羅王得普成就波羅蜜精進力解脫門 10下
不退心莊嚴迦樓羅王得勇猛力入如來境 11下
界解脫門大海處攝持力迦樓羅王得入佛 12下
行廣大智慧海解脫門堅法淨光迦樓羅王 13下
得成就無邊眾生差別智解脫門妙嚴冠髻 14下
迦樓羅王得莊嚴佛法城解脫門普捷示現 15下
迦樓羅王得成就不可壞平等力解脫門普 16下
觀海迦樓羅王得了知一切眾生身而為現 17下
形解脫門龍音大目精迦樓羅王得普入一 18下
切眾生歿生行智解脫門爾時大速疾力迦 19下

如來一一毛孔中　一念普現無邊行 28下
如是難思佛境界　不退莊嚴悉明覩 29下
佛行廣大不思議　一切眾生莫能測 30下
導師功德智慧海　此執持王所行處 31下
如來無量智慧光　能滅眾生癡惑網 32下

種種自在而調伏　嚴幢見此生歡喜 56上
神通應現如光影　法輪真實同虛空 57上
如是處世無央劫　此饒益王之所證 58上
眾生癡翳常蒙惑　佛光照現安隱道 59上
為作救護令除苦　可畏能觀此法門 60上
欲海漂淪具眾苦　智光普照滅無餘 61上
既除苦已為說法　此妙莊嚴之所悟 62上
佛身普應無不見　種種方便化群生 63上
音如雷震雨法雨　如是法門高慧入 64上
清淨光明不唐發　若遇必令消重障 65上
演佛功德無有邊　勇臂能明此深理 66上
為欲安樂諸眾生　修習大悲無量劫 67上
種種方便除眾苦　如是淨華之所見 68上
神通自在不思議　其身普現遍十方 69上
而於一切無來去　此廣面王心所了 70上
復次毗樓博叉龍王得消滅一切諸龍趣熾 71上

福海廣大深難測　妙目大王能悉見 62中
一切眾生憂畏苦　佛普現前而救護 63中
法界虛空靡不周　此是燈幢所行境 64中
佛一毛孔諸功德　世間共度不能了 65中
無邊無盡同虛空　如是廣大光幢見 66中
如來通達一切法　於彼法性皆明照 67中

大方廣佛華嚴經卷第三
世主妙嚴品第一之三
于闐三藏實叉難陀新譯

復次持國乾闥婆王得自在方便攝一切衆
生解脫門樹光乾闥婆王得普見一切功德
莊嚴解脫門淨目乾闥婆王得永斷一切衆
生憂苦出生歡喜藏解脫門華冠乾闥婆王
得永斷一切衆生邪見惑解脫
乾闥婆王得如雲廣布普蔭澤一切衆
脫門樂搖動美目乾闥婆王得現廣大妙好
身令一切獲安 脫門妙音師子幢乾闥
婆王得普散十方 切大名稱寶解 門普
施寶光明乾闥 得現一切大歡喜光明
清淨身解脫門金剛 華幢乾闥婆王得普
一切 見者 脫門普現莊嚴
乾闥 佛境界與衆 樂
解脫門爾時持國乾 闥婆王承佛威力 觀
一切乾闥婆衆而說頌言
諸佛境界無量門　一切衆生莫能入
善逝如空性清淨　普為世間開正道
一一毛孔中　功德大海皆
此樹

解
解脫
令住於
增長
力壞

生逼迫諸有
佛以大悲令解脫
復次毗沙門夜叉王得以無邊方便救護惡
衆生解脫門自在音夜叉王得普觀察衆生
方便救護解脫門嚴持器仗夜叉王得能資
益一切甚羸惡衆生解脫門大智慧夜叉王
稱揚一切聖功德海解脫門燄眼主夜叉
一切衆生大悲智解脫門金剛
種種方便利益安樂一切衆生
辟夜叉王得普入一切諸法義
軍夜叉王得守護一切衆
音解脫門富財夜叉王得
恆受快樂 門
憶念出生佛力智
叉王承佛威力
見佛

普行聞此心欣悟
業感漂轉無人救
無邊大龍能

業海廣大不
如是一切能
者佛神
一切衆生苦
霧於衆會
顯示一切
復次大速
觀察衆生
得普安住
迦樓羅
不退心莊
界解脫門
行廣大智
得成就無
迦樓羅王
迦樓羅王
觀海迦
形解脫
切衆

一切
世間廣大眞
如来慈愍多
十方刹海無
普使除除

見
消竭悉無餘
解

淨目於
佛以智光咸照
此樹華王所入門
修習大慈方便行
日能普入

目於
凝障蓋極堅密
幢王能演暢
差別等衆
如是觀
目

種種方便照世間
大智巧便無量門
入勝菩提眞實行
一念那中百千劫
安樂施群生
槃茶王得

佛爲群生
此金剛幢善觀察
力能□無所動
之解脫

復次
門龍主
門莊嚴
解脫門
光明所

鳩槃茶
幢鳩槃茶王得
益行鳩槃茶王得
解脫門可怖
愍

鳩槃茶王得
無畏道解脫門妙莊嚴鳩
切衆生愛欲海解脫門高
普現諸趣光明雲解脫門
得普放光明滅如山重障
眼鳩槃茶王得開示不退
大面鳩槃茶王得普見
時增長鳩槃茶
茶衆而說頌
爲物

茶慧□鳩槃茶王
勇健臂鳩槃茶
解脫門無邊淨華
轉大悲藏解脫門
諸趣流轉身解脫門
佛威力普觀一切鳩
成就忍力世尊師
衆難世間

合力解脫
門海解脫
生心所樂
清淨大
開

性
能令諸力
復次善慧塵
令衆生集
得使一切
勝慧
善思
見

一切衆生使
普使世間
世間所有
慧

是故十方皆出現
中演音
其聲所暨衆咸
一切甚深廣大義
如是教理等世間
邪道

衆生
業爲重障
明燈照世間
劫海修諸行
有高遠大名聞
心如空無有邊
辭以
譯
此

門所
子臆摩睺羅伽
生攝護主解脫門衆
得令一切衆生隨憶念
須彌暗摩睺羅伽

王得
解脫門燈
生令離黑暗怖
羅伽王得了知

普現
遍莊嚴悉明覩
切衆生莫能測
此執持王所行處
能滅衆生癡惑網
此是堅法所持說
種種無數量

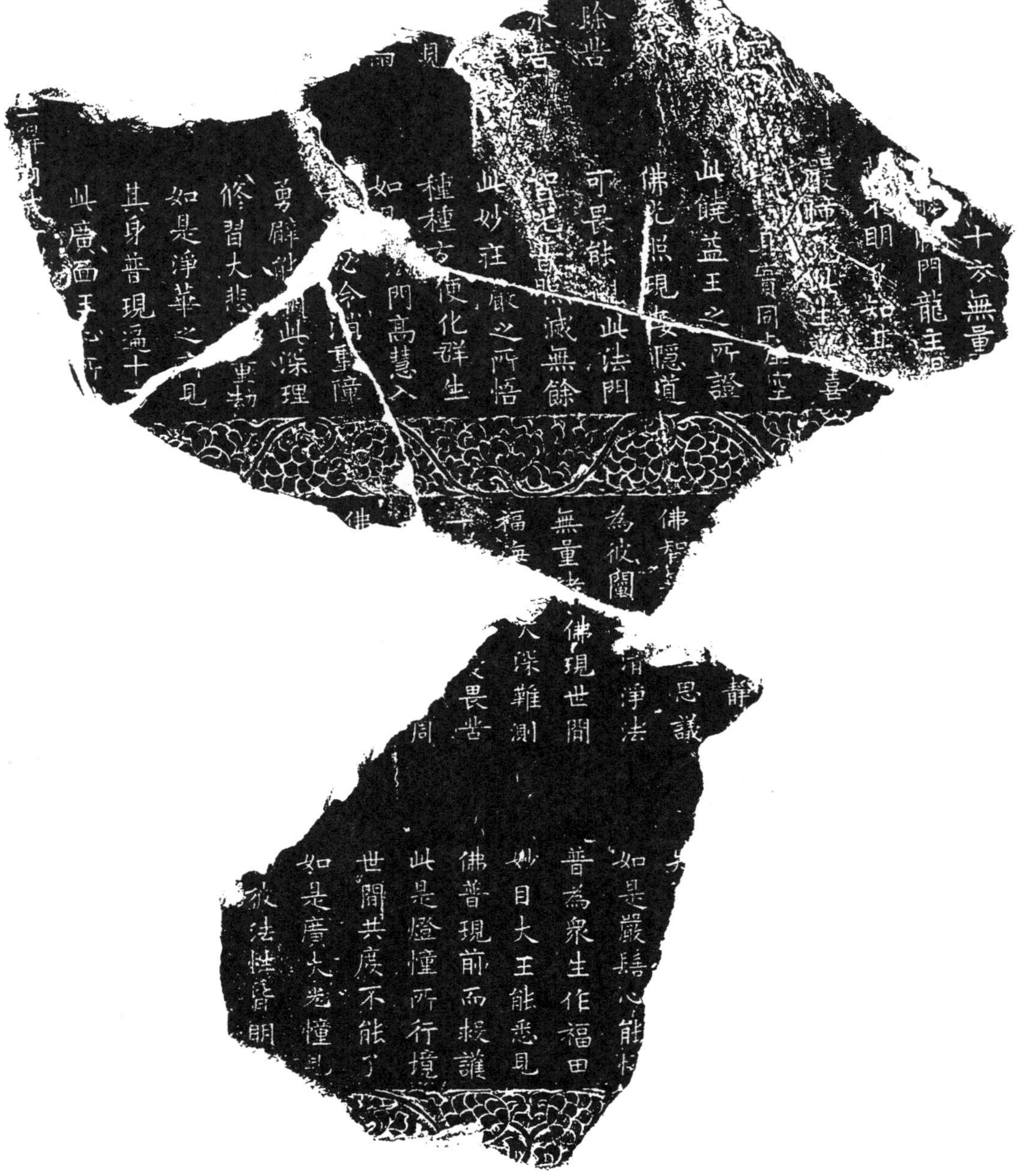
十方無量
門龍主
明如其
實同空
此饒益王之所證
佛光照現隱道
可畏能此法門
寶光普滅無餘
此妙莊嚴之所悟
種種方便化群生
如門高慧入
令消重障
勇此深理
除惱
眾苦
見
修習大悲重劫
如是淨華之見
其身普現遍十
佛智
為彼闡
無量
福海
靜
思議
清淨法
佛現世間
入深難測
畏苦
周
如是嚴飾心能
普為眾生作福田
妙目大王能悉見
佛普現前而擬讚
此是燈幢所行境
世間共度不能了
如是廣大光幢
彼法性皆明

第五石

悉令除滅一切苦　此解脫門悲力住 1 上
眾生闇覆淪永夕　佛為說法大開曉 2 上
皆使得樂除眾苦　大善光神入此門 3 上
如來福量同虛空　世間眾福悉從生 4 上
凡有所作無空過　如是解脫華瓔得 5 上
復次普德淨光主夜神得寂靜禪定樂大勇 6 上
健解脫門喜眼觀世主夜神得廣大清淨可 7 上
愛樂功德相解脫門護世精氣主夜神得普 8 上
現世間調伏眾生解脫門寂靜海音主夜神 9 上
得積集廣大歡喜心解脫門普現吉祥主夜 10 上
神得甚深自在悅意言音解脫門普發樹華 11 上
主夜神得光明滿足廣大歡喜藏解脫門平 12 上
等護育主夜神得開悟眾生令成熟善根解 13 上
脫門遊戲快樂主夜神得救護眾生無邊慈 14 上
解脫門諸根常喜主夜神得普現莊嚴大悲 15 上
門解脫門示現淨福主夜神得普使一切眾 16 上
生所樂滿足解脫門爾時普德淨光主夜神 17 上
承佛威力遍觀一切主夜神眾而說頌言 18 上
汝等應觀佛所行　廣大寂靜虛空相 19 上
欲海無涯悉治淨　離垢端嚴照十方 20 上
一切世間咸樂見　無量劫海時一遇 21 上
大悲念物靡不周　此解脫門觀世覩 22 上
導師救護諸世間　眾生悉見在其前 23 上
能令諸趣皆清淨　如是護世能觀察 24 上
佛昔修治歡喜海　廣大無邊不可測 25 上

莊嚴主風神得普生一切眾生善根令摧滅 1 中
重障山解脫門力能竭水主風神得能破無 2 中
邊惡魔眾解脫門大聲遍吼主風神得永滅 3 中
一切眾生怖解脫門樹杪垂髻主風神得入 4 中
一切諸法實相辯才海解脫門普行無礙主 5 中
風神得調伏一切眾生方便藏解脫門種種 6 中
宮殿主風神得入寂靜禪定門滅極重愚癡 7 中
暗解脫門大光普照主風神得隨順一切眾 8 中
生行無礙力解脫門爾時無礙光明主風神 9 中
承佛威力普觀一切主風神眾而說頌言 10 中
一切諸佛法甚深　無礙方便普能入 11 中
所有世間常出現　無相無形無影像 12 中
汝觀如來於往昔　一念供養無邊佛 13 中
如是勇猛菩提行　此普現神能悟了 14 中
如來救世不思議　所有方便無空過 15 中
悉使眾生離諸苦　此雲幢神之解脫 16 中

（大方廣佛華嚴經卷第三）31 中
（大方廣佛華嚴經卷第四）32 中
（世主妙嚴品第一之四于闐三藏實叉難陀新譯）33 中
興雲幢主水神承佛威力遍觀一切主水神 80 中
眾而說頌言 81 中
清淨慈門剎塵數　共生如來一妙相 82 中
一一諸相莫不然　是故見者無厭足 83 中

脫門不雜塵垢主海神得能竭一切眾生煩 1 下
惱海解脫門恒住波浪主海神得令一切眾 2 下
生離惡道解脫門吉祥寶月主海神得普滅 3 下
大癡暗解脫門妙華龍髻主海神得滅一切 4 下
諸趣苦與安樂解脫門普持光味主海神得 5 下
淨治一切眾生諸見愚癡性解脫門寶焰華 6 下
光主海神得出生一切寶種性菩提心解脫 7 下
門金剛妙髻主海神得不動心功德海解脫 8 下
門海潮雷音主海神得普入法界三昧門解 9 下
脫門爾時出現寶光主海神承佛威力普觀 10 下
一切主海神眾而說頌言 11 下
不可思議大劫海　供養一切諸如來 12 下
普以功德施群生　是故端嚴最無比 13 下
一切世間皆出現　眾生根欲靡不知 14 下
普為弘宣大法海　此是堅幢所欣悟 15 下
如来妙慧广大□　小智愚迷莫能睹 16 下
□□□永生煩惱　不杂垢神深悟喜 17 下
一切眾生煩惱覆　流轉諸趣受眾苦 18 下
為其開示如來境　普水宮神入此門 19 下
如來無上功德海　普現明燈照世間 83 下
一切眾生咸救護　悉與安樂無遺者 84 下
世尊功德無有邊　眾生聞者不唐捐 85 下
悉使離苦常歡喜　此是時華之所入 86 下
善逝諸力皆圓滿　功德莊嚴現世間 87 下

生…
承佛威…
汝等應觀佛
欲海無涯悉治淨
一切世間咸樂見
大悲念物靡不周
導師擁護諸世間
令諸趣皆清淨
…歡喜海

此解脫門悲力住
佛為說法大開曉
大善光神入此門
世間眾福悉從生
如是解脫華纓得
寂靜禪定樂大勇
得廣大清淨可
精氣主夜神得普
寂靜海音主夜神
門普現吉祥主夜
解脫門普發樹華
歡喜藏解脫門平
生令成熟善根解
…眾生無邊慈

莊嚴主風神得普生一切眾生善根令摧滅
重障山解脫門力能竭水主風神得能破無
邊惡魔眾解脫門大聲遍吼主風神得永滅
一切眾生怖解脫門樹杪垂髻主風神得入
一切諸法實相辯才海解脫門…行無礙主
風神得調伏一切眾生方便…種種
宮殿主風神得入寂靜…門滅極重愚癡
暗解脫門大光普照主…神得隨順一切眾
生行無礙力解脫門…無礙光明主風神
承佛威力普觀一切…神眾而說頌言
一切諸佛法甚…無礙方便普能入
所有世間常出現…無相無形無影像
汝觀如來於往昔…一念供養無邊佛
如是勇猛菩提行…此…見神能悟了
如來救世不思議…所…逼
…離諸苦

惱…
惱海解
生離惡音
大癡暗
諸
淨
光主海
門金剛妙
門海潮雷音
門爾時出
一切主海神
不可思…大劫海
普以功德施群生
一切世…皆出
普…和宣大法
…妙慧廣大
…眾生煩惱
如…

神得能竭一切眾生煩
浪主海神得令一切眾
吉祥…月主海神得普滅
…神得滅一切
…主海神得
華龍髻…
…脫門普持光味…
諸見愚癡性解脫門寶…
出生一切寶種性菩提心解脫
主海神得不動心功德海解脫
主海神得普入法界三昧解脫
…光主海神承佛威力普觀一
…說頌言
供養一切諸如來
是故端嚴最無比
眾生根欲靡不知
此是堅幢所欣悟
小智愚迷莫能覩
不離垢神深悟喜
流轉諸趣受眾苦
…宮神入此門

佛於往昔修諸行
大悲利眾生
生心解脫門
解脫門生

無差別自在
觀世業主方神得觀察一切
光明周遍遊覽主方神
生歡喜解脫
切主方神
出世間　教化
所令悟入　悉使
無量等眾生　隨其
皆蒙出離苦
於暗障眾生海
光普照無不見
足世間種種音
眾生聽者煩惱滅
一切世間所有
悉使眾生
若有
菩

神所觀見
相無形遍十方
此福光神善觀察
心廣遍等眾生
門知足了
坐於座
入

主
來一妙相
諸無厭足
如來

佛
悉
佛
廣
如

常現前
諸惑惱
大智海
解悉從生
來觀世起慈心

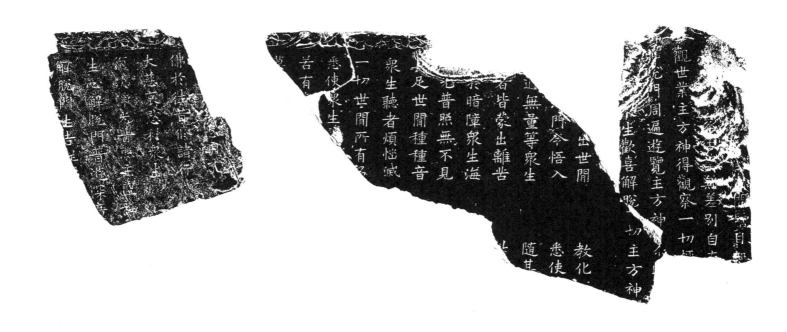

明燈照世間
安樂無遺者
間者不唐捐
此時華之所
功德莊嚴現世間
此法勇力能明證
其心念念等世間
增益精氣能觀見
一切方便無空過
此普生神之解脫
放淨光明

第六石

生俾見者無空過解脫門離塵光明主藥神 1 上
得能以淨方便滅一切眾生煩惱解脫門名 2 上
稱普聞主藥神得能以大名稱增長無邊善 3 上
根海解脫門毛孔現光主藥神得大悲幢速 4 上
赴一切病境界解脫門破暗清淨主藥神得 5 上
療治一切盲冥眾生令智眼清淨解脫門普 6 上
發吼聲主藥神得能演佛音說諸法差別義 7 上
解脫門蔽日光幢主藥神得能作一切眾生 8 上
善知識令見者咸生善根解脫門明見十方 9 上
主藥神得清淨大悲藏能以方便令生信解 10 上
解脫門普發威光主藥神得方便令念佛滅 11 上
一切眾生病解脫門爾時吉祥主藥神承佛 12 上
威力遍觀一切主藥神眾而說頌言 13 上
如來智慧不思議 悉知一切眾生心 14 上
能以種種方便力 滅彼群迷無量苦 15 上
大雄善巧難測量 凡有所作無空過 16 上
必使眾生諸苦滅 栴檀林神能悟此 17 上
汝觀諸佛法如是 往悉勤修無量劫 18 上
而於諸有無所著 此離塵光所入門 19 上
佛百千劫難可遇 若有得見及聞名 20 上
必令獲益無空過 此普稱神之所了 21 上
如來一一毛孔中 悉放光明滅眾患 22 上
世間煩惱皆令盡 此現光神所入門 23 上
一切眾生癡所盲 惑業眾苦無量別 24 上
佛悉蠲除開智照 如是破暗能觀見 25 上

觀一切眾生解脫門堅福莊嚴主地神得普 1 中
現一切眾生福德力解脫門妙華嚴樹主地 2 中
神得普入諸法出生一切佛剎莊嚴解脫門 3 中
普散眾寶主地神得修習種種諸三昧令眾 4 中
生除障垢解脫門淨目觀時主地神得令一 5 中
切眾生常遊戲快樂解脫門金色妙眼主地 6 中
神得示現一切清淨身調伏眾生解脫門香 7 中
毛發光主地神得了知一切佛功德海大威 8 中
力解脫門寂音悅意主地神得普攝持一切 9 中
眾生言音海解脫門妙華旋髻主地神得充 10 中
滿佛剎離垢性解脫門金剛普持主地神得 11 中
一切佛法輪所攝持普出現解脫門爾時普 12 中
德淨華主地神承佛威力普觀一切主地神 13 中
眾而說頌言 14 中
如來往昔念念中 大慈悲門不可說 15 中
如是修行無有已 故得堅牢不壞身 16 中
三世眾生及菩薩 所有一切眾福聚 17 中
悉現如來毛孔中 福嚴見已生歡喜 18 中
廣大寂靜三摩地 不生不滅無來去 19 中
嚴淨國土示眾生 此樹華神之解脫 20 中
佛於往昔修諸行 為令眾生消重障 21 中
普散眾寶主地神 見此解脫生歡喜 22 中
如來境界無邊際 念念普現於世間 23 中
淨目觀時主地神 見佛所行心慶悅 24 中
妙音無限不思議 普為眾生滅煩惱 25 中

蓮華步光淨信心 入此解脫深生喜 1 下
道場一切出妙音 讚佛難思清淨力 2 下
及以成就諸因行 此妙光神能聽受 3 下
復次寶印手足行神得普雨眾寶生廣大歡 4 下
喜解脫門蓮華光足行神得示現佛身坐一 5 下
切光色蓮華座令見者歡喜解脫門最勝華 6 下
髻足行神得一一心念中建立一切如來眾 7 下
會道場解脫門攝諸善見足行神得舉足發 8 下
步悉調伏無邊眾生解脫門妙寶星幢足行 9 下
神得念念中化現種種蓮華網光明普雨眾 10 下
寶出妙音聲解脫門樂吐妙音足行神得出 11 下
生無邊歡喜海解脫門栴檀樹光足行神得 12 下
以香風普覺一切道場眾會解脫門蓮華光 13 下
明足行神得一切毛孔放光明演微妙法音 14 下
解脫門微妙光明足行神得其身遍出種種 15 下
光明網普照耀解脫門積集妙華足行神得 16 下
開悟一切眾生令生善根海解脫門爾時寶 17 下
印手足行神承佛神力遍觀一切足行神眾 18 下
而說頌言 19 下
佛昔修行無量劫 供養一切諸如來 20 下
心恒慶悅不疲厭 喜門深大猶如海 21 下
念念神通不可量 化現蓮華種種香 22 下
佛坐其上普遊往 紅色光神皆覩見 23 下
諸佛如來法如是 廣大眾會遍十方 24 下
普現神通不可議 最勝華神悉明矚 25 下

如來一音無限量　能開一切法門海26上
衆生聽者悉了知　此是大音之解脫27上
汝觀佛智難思議　普現諸趣救群生28上
能令見者皆從化　此蔽日幢深悟了29上
如來大悲方便海　為利世間而出現30上
廣開正道示衆生　此見方神能了達31上
如來普放大光明　一切十方無不照32上
令隨念佛生功德　此發威光解脫門33上
復次布華如雲主林神得廣大無邊智海藏34上
解脫門擢幹舒光主林神得廣大修治普清35上
淨解脫門生芽發耀主林神得增長種種淨36上
信芽解脫門吉祥淨葉主林神得一切清淨37上
功德莊嚴聚解脫門垂布焰藏主林神得普38上
門清淨慧恒周覽法界解脫門妙莊嚴光主39上
林神得普知一切衆生行海而興布法雲解40上
脫門可意雷聲主林神得忍受一切不可意41上
聲演清淨音解脫門香光普遍主林神得十42上
方普現昔所修治廣大行境界解脫門妙光43上
迴耀主林神得以一切功德法饒益世間解44上
脫門華果光味主林神得能令一切見佛出45上
興常敬念不忘莊嚴功德藏解脫門爾時布46上
華如雲主林神承佛威力普觀一切主林神47上
衆而說頌言48上
佛昔修習菩提行　福德智慧悉成滿49上
一切諸力皆具足　放大光明出世間50上
悲門無量等衆生　如來往昔普淨治51上
是故於世能為益　此擢幹神之所了52上
若有衆生一見佛　必使入於深信海53上
普示一切如來道　此妙芽神之解脫54上
一毛所集諸功德　劫海宣揚不可盡55上

金色眼神能了悟　見佛無邊勝功德26中
一切色形皆化現　十方法界悉充滿27中
香毛發光常見佛　如是普化諸衆生28中
妙音普遍於十方　無量劫中為衆說29中
悅意地神心了達　從佛得聞深敬喜30中
佛毛孔出香焰雲　隨衆生心遍世間31中
一切見者皆成熟　此是華旋所觀處32中
堅固難壞如金剛　不可傾動逾須彌33中
佛身如是處世間　普持得見生歡喜34中
復次寶峯光耀主城神得方便利益衆生解35中
脫門妙嚴宮殿主城神得知衆生根教化成36中
熟解脫門清淨喜寶主城神得常歡喜令一37中
切衆生受諸福德解脫門離憂清淨主城神38中
得救諸怖畏大悲藏解脫門華燈焰眼主城39中
神得普明了大智慧解脫門焰幢明現主城40中
神得普方便示現解脫門盛福威光主城神41中
得普觀察一切衆生令修廣大福德海解脫42中
門淨光明身主城神得開悟一切愚暗衆生43中
解脫門香幢莊嚴主城神得觀如來自在力44中
普遍世間調伏衆生解脫門寶峯光目主城45中
神得能以大光明破一切衆生障礙山解脫46中
門爾時寶峯光耀主城神承佛威力普觀一47中
切主城神衆而說頌言48中
導師如是不思議　光明遍照於十方49中
衆生現前悉見佛　教化成熟無央數50石
諸衆生根各差別　佛悉了知無有餘51中
妙嚴宮殿主城神　入此法門心慶悅52中
如來無量劫修行　護持往昔諸佛法53中
意常承奉生歡喜　妙寶城神悟此門54中
如來昔已能除遣　一切衆生諸恐怖55中

十方國土一切處　於中舉足若下足26下
悉能成就諸群生　此善見神心悟喜27下
如衆生數普現身　此一一身充法界28下
悉放淨光雨衆寶　如是解脫星幢入29下
如來境界無邊際　普雨法雨皆充滿30下
衆會覩佛生歡喜　此妙音聲之所見31下
佛音聲量等虛空　一切音聲悉在中32下
調伏衆生靡不遍　如是栴檀能聽受33下
一切毛孔出化音　闡揚三世諸佛名34下
聞此音者皆歡喜　蓮華光神如是見35下
佛身變現不思議　步步色相猶如海36下
隨衆生心悉令見　此妙光明之所得37下
十方普現大神通　一切衆生悉開悟38下
衆妙華神於此法　見已心生大歡喜39下
復次淨喜境界身衆神得憶佛往昔誓願海40下
解脫門光照十方身衆神得光明普照無邊41下
世界解脫門海音調伏身衆神得大音普覺42下
一切衆生令歡喜調伏解脫門淨華嚴髻身43下
衆神得身如虛空周遍住解脫門無量威儀44下
身衆神得示一切衆生諸佛境界解脫門最45下
勝光嚴身衆神得令一切飢乏衆生色力滿46下
足解脫門淨光香雲身衆神得除一切衆生47下
煩惱垢解脫門守護攝持身衆神得轉一切48下
衆生愚癡魔業解脫門普現攝化身衆神得49下
普於一切世主宮殿中顯示莊嚴相解脫門50下
不動光明身衆神得普攝一切衆生皆令生51下
清淨善根解脫門爾時淨喜境界身衆神承52下
佛威力普觀一切身衆神衆而說頌言53下
我憶須彌塵劫前　有佛妙光出興世54下
世尊於彼如來所　發心供養一切佛55下

諸佛方便難思議　淨葉能明此深義 56上

我念如來於往昔　供養剎塵無量佛 57上

一一佛所智漸明　此焰藏神之所了 58上

一切眾生諸行海　世尊一念悉了知 59上

如是廣大無礙智　妙莊嚴神能悟入 60上

恒演如來寂妙音　普生無等大歡喜 61上

隨其解欲皆令悟　此是雷音所行法 62上

如來示現大神通　十方國土皆周遍 63上

佛昔修行悉令見　此普香光所入門 64上

眾生諂誑不修德　迷惑沈流生死中 65上

為彼闡明眾智道　此妙光神之所見 66上

佛為業障諸眾生　經於億劫時乃現 67上

其餘念念常令見　此味光神所觀察 68上

昔在諸有廣修行　供養剎塵無數佛 94上

令眾生見發大願　此地大力能明入 95上

見諸眾生流轉苦　一切業障恒纏覆 96上

以智慧光悉滅除　此普勝神之解脫 97上

一一毛孔出妙音　隨眾生心讚諸佛 98上

悉遍十方無量劫　此是光輪所入門 99上

佛遍十方普現前　種種方便說妙法 100上

廣益眾生諸行海　此現見神之所悟 101上

法門如海無邊量　一音為說悉令解 102上

一切劫中演不窮　入此方便金剛目 103上

復次普德淨華主地神得以慈悲心念念普 104上

而恒於彼起慈悲　此離憂神心悟喜 56中

佛智廣大無有邊　譬如虛空不可量 57中

華目城神斯悟悅　能學如來之妙慧 58中

如來色相等眾生　隨其樂欲皆令見 59中

焰幢明現心能悟　習此方便生歡喜 60中

如來往修眾福海　清淨廣大無邊際 61中

福德幢光於此門　觀察了悟心欣慶 62中

眾生愚迷諸有中　如世生盲卒無覩 63中

佛為利益興於世　清淨光神入此門 64中

如來自在無有邊　如雲普遍於世間 65中

乃至現夢令調伏　此是香幢所觀見 66中

眾生癡暗如盲瞽　種種障蓋所纏覆 67中

佛光照徹普令開　如是寶峯之所入 68中

復次淨莊嚴幢道場神得出現供養佛廣大 69中

莊嚴具誓願力解脫門須彌寶光道場神得 70中

現一切眾生前成就廣大菩提行解脫門雷 71中

音幢相道場神得隨一切眾生心所樂令見 72中

十方邊際不可得　佛坐道場智亦然 104中

如來身放大光明　其光法界靡不充 56下

眾生遇者心調伏　此照方神之所見 57下

如來聲震十方國　一切言音悉圓滿 58下

普覺群生無有餘　調伏聞此心歡慶 59下

佛身清淨恒寂滅　普現眾色無諸相 60下

如是遍住於世間　此淨華神之所入 61下

導師如是不思議　隨眾生心悉令見 62下

或坐或行或時住　無量威儀所悟門 63下

佛百千劫難逢遇　出興利益能自在 64下

令世悉離貧窮苦　最勝光嚴入斯處 65下

如來一一齒相間　普放香燈光焰雲 66下

滅除一切眾生惑　離垢雲神如是見 67下

眾生染惑為重障　隨逐魔徑常流轉 68下

如來開示解脫道　守護執持能悟入 69下

我觀如來自在力　光布法界悉充滿 70下

處王宮殿化眾生　此普現神之境界 71下

眾生迷妄具眾苦　佛在其中常救攝 72下

（大方廣佛華嚴經卷第四）104下

心生俾見者無空過解脫門離塵
得能以淨方便滅一切衆生煩惱解脫
稱普聞主藥神得能以大名稱增長無邊
解脫門毛孔現光主藥神得大悲幢速
赴一切病境界……脫門破暗清淨主藥神得
療治一切盲冥衆生……智眼清淨解脫門普
發吼聲主藥神得能演……音說諸法差別義
解脫門蔽日光幢主藥神得能作一切衆
善知識令見者咸生善根……脫門明見十方
主藥神得清淨大悲藏能以……生信解
解脫門普發威光主藥神得方……令念佛滅
一切衆生病解脫門尒時吉祥主藥神承佛
威力遍觀一切主藥神衆而說頌言
如來智慧不思議　悉知一切衆生心
能以種種方便力　滅彼群迷無量苦
大雄善巧難測量　凡有所作無空過
必使衆生諸苦滅　栴檀林神能悟
汝觀諸佛法如是　往昔勤
而於諸有無所著
千劫難

觀一切衆生解脫門堅福
現一切衆生福德力解脫
神得普入諸法出生一切
普散衆寶主地神得修習
生除障垢解脫門淨目觀
切衆生常遊戲快
……示現一切清
……光主地神得
方解脫門妙音
衆生言音解脫門
滿佛刹離垢性解脫
一切佛法輪所攝
德淨華主地神承
衆而說頌言
如來往昔念
悉現如來毛孔中
廣大寂靜三摩地
嚴淨國土示衆生
佛於往昔修諸行
普散衆寶主地神
如來境界無邊際
淨目觀時主地神
妙音無限不思議
……色眼……

步光淨
入此解脫……生喜
讚佛難思清淨力
……神……光神能聽受
寶生廣大歡
現佛身坐一
脫門最勝華
見者歡喜……如來
一心念中建立一切
道場解脫門……得諸善見足行神得舉足
步悉調伏無邊衆……生解脫門妙寶星幢足行
神得念念中化現……種種蓮華網光明普雨衆
寶出妙音聲解脫……門樂吐妙音足行神得出
生無邊歡喜海解……脫門栴檀樹光足行神得
以香風普覺一……道場衆會解脫門蓮華光
明足行神得一……毛孔放光明演微妙法音
光闡微……行神得其身遍出種種
……積集妙華足行神得
……解脫門尒時寶
光明網普照曜……行神衆
開悟一切衆生令生善
印手足行神承佛神力遍觀一
而說頌言
佛昔修行無量劫……佛
……優悅不疲猒……喜
……難不可量……化現
……遊往
如來
如海
種香
……佛坐其……念……

解脫
□群生
深悟了
而出現
能了達
無不照
見解脫門
遊智海藏
修治普清
淨

神得普
莊嚴光主
興布法雲解
一切不可意
主林神得十
解脫門妙光
法饒益世間解
見佛出
主

一切色形皆化現
香毛發光常見佛
妙音普遍於十方
從意地神心了達
佛毛孔出香燄雲
一切見者皆成熟
堅固難壞如金
佛身如是
復次寶峯
脫門妙
門清淨喜寶主城神
切衆生受諸福德解脫門離憂清淨主城神
得拯諸怖畏大悲藏解脫門華燈燄眼主城
神得普明了大智慧解脫門燄幢明現主城
神得普方便示現解脫門盛福光主城神
得普觀察一切衆生令修廣大福德海解脫
門淨光明身主城神得開悟一切愚暗衆生
解脫門香髻莊嚴主城神得觀如
普遍世間調伏衆生解脫門寶峯
神得能以大光明破一切衆生障礙
門爾時寶峯光耀主城神承佛威力
切主城神衆而說頌言
師如是不思議　光明遍
前悉見佛
別　教

得常歡喜令一
主城神得
衆生根教化成
主城神得方便
益衆生解
普持得見
衆
不可
喩頌弥

見佛無邊功德
十方法界悉充滿
如是普化諸衆生
無量劫中爲衆說
從佛得聞深敬喜
隨衆生心遍世間
華旋所觀處

解脫
普觀一
是
頌

遍□可議　最
十方國土一切處　中
悉能成熟諸群生　充法界
衆生類普　幢入
淨光　皆充滿
來境界　之所見
會觀佛生　悉在中
音聲量等　能聽受
伏衆生離　諸佛名
切毛孔出化　如是見
聞此音者皆歡　相猶如海
佛身變現不思　光明之所得
隨衆生心悉令
十　普現大神通　衆生悉開悟
衆妙華神於此法　見已心生大歡喜
復次淨華境界身衆神得憶佛往昔誓願海
解脫門光照十方身衆神得光明普照無邊
世界解脫門海音調伏身衆神得大音普覺
一切衆生令歡喜調伏解脫門淨華嚴髻身
衆神得如虛空周遍住解脫門最上華嚴
身衆神得示一切衆生諸佛境界解脫門最
光嚴身衆神得令一切飢乏衆生色力滿
門淨光香雲身衆神得除一切衆生
垢解脫門守護攝持身衆神得轉一切
愚癡業解脫門普現攝化身衆神得
自解脫門

悲門無量等衆生
是故於世能為益
若有衆生一見佛
普示一切如来道
一毛所集諸功德
諸佛…議
我念如来於往昔
一一佛所智斷明
一切衆生諸行海
如是廣大無□智
恒演如来寂妙音
隨其解欲皆令悟
如来示現大神通
令見

普觀一切主…
福德智慧悉成滿
大光明出世間
…来往昔普淨治
…摧幹神之所了
心使入於深信海
此妙牙神之解脫
劫海宣揚不可盡
淨業能明此深義
供養剎塵無量佛
此鏁藏神之所了
世尊一念悉了知
妙莊嚴神能悟入
普生無等大歡喜
此是燸音□行法
十方國土皆周遍
此普香光所入門
迷惑沉流生死中
此妙光神之所見
於億劫時乃現
…妙光神所觀察

衆生現
諸衆生根各
妙嚴宮殿主城神
如来無量劫修行
意常承奉生歡喜
如来昔已能除遣
而揮於…慈悲
佛智廣大無有邊
華目城神斯悟悦
如来色相等衆生
燄幢明現心能悟
…往修衆福海
福德幢光於此門
衆生愚迷諸有中
佛為利益興於世
如来自在無有邊
乃至現夢令調伏
衆生癡暗如盲聾
佛光照徹普令開
復次淨莊嚴幢道場神得出現供養佛
…其誓願力解脫門須彌寶光道…
一切衆生前究竟廣大菩提行解…
…場神得…一切衆生心

於十方
熟無央數
知無有餘
入此法門心慶悦
讃持往昔諸佛法
妙寶城神悟此…
一切衆生諸恐怖
此離憂神心悟喜
辟如虛空不可量
能學如来之妙慧
隨其樂欲皆令見
習此方便生歡喜
清淨廣大無邊際
觀察了悟心欣慶
如世生盲卒無覩
清淨光神入此門
如雲普遍於世間
此是香幢所觀見
種種障蓋所纏覆
如是寶峯之所…

衆生
普於一切世主宮殿中顯示莊嚴
不動光明身衆神得普攝一切衆生皆令生
清淨善根解脫門。尒時淨喜境界身衆神承
佛威力普觀一切身衆神衆而說頌言
我憶須彌塵劫前　有佛妙光出興世
世尊…来所　發心供養一切佛
如…明　其光法界靡不充
衆生遇者…　此照方神之所見
如来聲震十方國　一切言音悉圓滿
普覺群生無有餘　調伏聞此心歡慶
佛身清淨恒寂滅　普現衆色無諸相
如是遍住於世間　此淨華神之所入
導師如是不思議　隨衆生心悉令見
或坐或行或時住　無量威儀所悟門
…百千劫難逢遇

生惑
重障
脫道
在力
衆生
衆苦

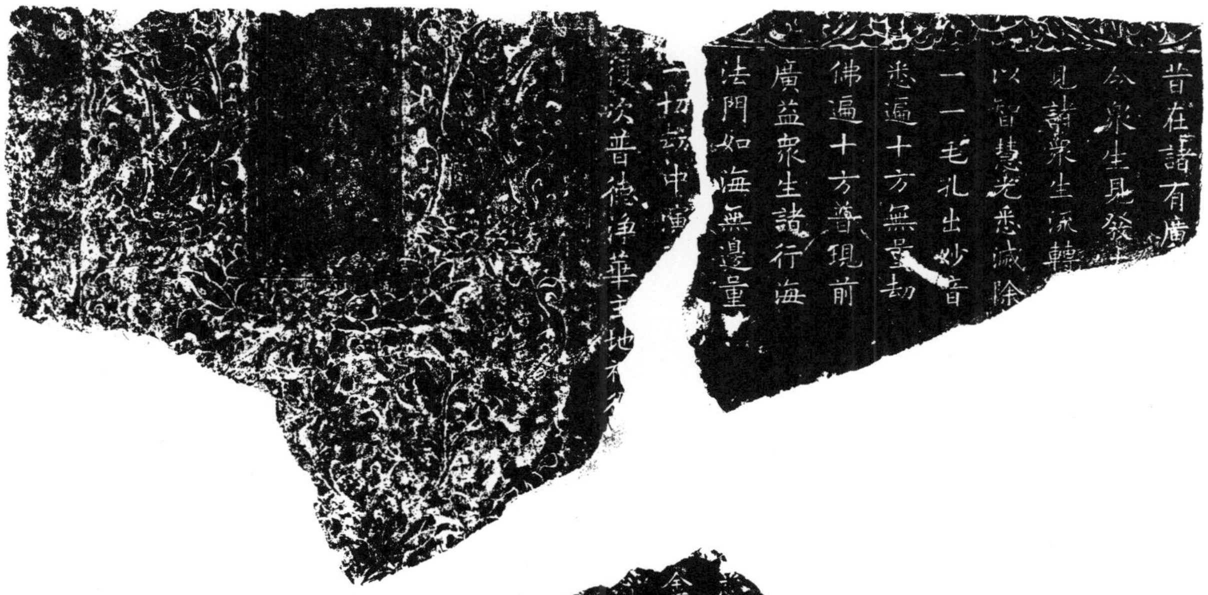

昔在諸有廣
令衆生見發
見諸衆生流轉
以智慧光悉滅除
一一毛孔出妙音
悉遍十方無量劫
佛遍十方普現前
廣益衆生諸行海
法門如海無邊量
一切劫中演
復次普德淨華主地神

令
金剛目
念音
十

第七石

（大方廣佛華嚴經卷第五）1上
（世主妙嚴品第一之五于闐三藏實叉難陀新譯）2上

佛於一切微塵中　示現無邊大神力 28上
悉坐道場能演說　如佛往昔菩提行 29上
三世所有廣大劫　佛念念中皆示現 30上
彼諸成壞一切事　不思議智無不了 31上

得觀察佛神通境界無迷惑解脫門普音功 44上
德海幢菩薩摩訶薩得於一眾會道場中示 45上
現一切佛土莊嚴解脫門普智光照如來境 46上
菩薩摩訶薩得隨逐如來觀察甚深廣大法 47上
界藏解脫門普覺悅意聲菩薩摩訶薩得親 48上
近承事一切諸佛供養藏解脫門普清淨無 49上

普相最勝光菩薩摩訶薩得能於無相法界 53上
中出現一切諸佛境界解脫門爾時淨德妙 54上
光菩薩摩訶薩承佛威力普觀一切菩薩解 55上
脫門海已即說頌言 56上
十方所有諸國土　一剎那中悉嚴淨 57上
以妙音聲轉法輪　普遍世間無與等 58上
假使經於無量劫　念念觀察無疲厭 64上
汝應觀佛神通境　十方國土皆嚴淨 65上
一切於此悉現前　念念不同無量種 66上
觀佛百千無量劫　不得一毛之分限 67上

界微塵數彼諸菩薩一一皆興如是供養雲 33中
雨於一切道場眾海相續不絕現是雲已右 34中
遶世尊經無量百千匝隨其方面去佛不遠 35中
化作無量種種寶蓮華師子之座各於其上 36中
結跏趺坐是諸菩薩所行清淨廣大如海得 37中
智慧光照普門法隨順諸佛所行無礙能入 38中
一切辯才法海得不思議解脫法門住於如 39中
來普門之地已得一切陀羅尼門悉能容受 40中
一切法海善住三世平等智地已得深信廣 41中
大喜樂無邊福聚極善清淨虛空法界靡不 42中
觀察十方世界一切國土所有佛興咸勤供 43中
養爾時海慧自在神通王菩薩摩訶薩承佛 44中
威力普觀一切道場眾海即說頌言 45中
諸佛所悟悉已知　如空無礙皆明照 46中
光遍十方無量土　處於眾會普嚴潔 47中
如來功德不可量　十方法界悉充滿 48中
普坐一切樹王下　諸大自在共雲集 49中
佛有如是神通力　一念現於無盡相 50中
如來境界無有邊　各隨解脫能觀見 51中
如來往昔經劫海　在於諸有勤修行 52中
種種方便化眾生　令彼受行諸佛法 53中
毗盧遮那具嚴好　坐蓮華藏師子座 54中
一切眾會皆清淨　寂然而住同瞻仰 55中
摩尼寶藏放光明　普發無邊香焰雲 56中
無量華纓共垂布　如是座上如來坐 57中

世尊凝睟處法堂　炳然照耀宮殿中 12下
隨諸眾生心所樂　其身普現十方土 13下
如來宮殿不思議　摩尼寶藏為嚴飾 14下
諸莊嚴具咸光耀　佛坐其中特明顯 15下
摩尼為柱種種色　真金鈴鐸如雲布 16下
寶階四面列成行　門闥隨方咸洞啟 17下

佛昔修治眾福海　一切剎土微塵數 34下
神通願力所出生　道場嚴淨無諸垢 35下
如意珠王作樹根　金剛摩尼以為身 36下
寶網遐施覆其上　妙香氛氳共旋繞 37下
樹枝嚴飾備眾寶　摩尼為幹爭聳擢 38下
枝條密布如重雲　佛於其下坐道場 39下
道場廣大不思議　其樹周迴盡彌覆 40下
密葉繁華相庇映　華中悉結摩尼果 41下
一切枝間發妙光　其光遍照道場中 42下
清淨熾然無有盡　以佛願力如斯覩 43下
摩尼寶藏以為華　布影騰輝若綺雲 44下
匝樹垂芳無不遍　於道場中普嚴飾 45下
汝觀善逝道場中　蓮華寶網俱清淨 46下
光焰成輪從此現　鈴音鐸響雲間發 47下
十方一切國土中　所有妙色莊嚴樹 48下
菩提樹中無不現　佛於其下離眾垢 49下
道場廣大福所成　樹枝雨寶恒無盡 50下

如來無礙方便門　此光普照難思剎68上
如來往劫在世間　承事無邊諸佛海69上
是故一切如川騖　咸來供養世所尊70上
如來出現遍十方　一一塵中無量土71上
其中境界皆無量　悉住無邊無盡劫72上
佛於曩劫為眾生　修習無邊大悲海73上
隨諸眾生入生死　普化眾會令清淨74上
佛住真如法界藏　無相無形離諸垢75上
眾生觀見種種身　一切苦難皆消滅76上
復次海月光大明菩薩摩訶薩得出生菩薩77上
諸地諸波羅蜜教化眾生及嚴淨一切佛國78上
土方便解脫門雲音海光離垢藏菩薩摩訶79上
薩得念念中普入法界種種差別處解脫門80上
智生寶髻菩薩摩訶薩得不可思議劫於一81上
切眾生前現清淨大功德解脫門功德自在82上
王淨光菩薩摩訶薩得普見十方一切菩薩83上
初詣道場時種種莊嚴解脫門善勇猛蓮華84上
髻菩薩摩訶薩得隨諸眾生根解海普為顯85上

種種嚴飾吉祥門　恒放燈光寶焰雲58中
廣大熾然無不照　牟尼處上增嚴好59中
種種摩尼綺麗窓　妙寶蓮華所垂飾60中
恒出妙音聞者悅　佛坐其上特明顯61中
寶輪承座半月形　金剛為臺色焰明62中
持髻菩薩常圍遶　佛在其中最光耀63中
種種變化滿十方　演說如來廣大願64中
一切影像於中現　如是座上佛安坐65中
爾時雷音普震菩薩摩訶薩承佛威力普觀66中
一切道場眾海即說頌言67中
世尊往集菩提行　供養十方無量佛68中

於一切
悉坐道場
三世所
彼

務無迷惑解脫
得於一眾會道
解脫門普智光照
如來觀察甚深
菩薩摩
養藏解

師座數彼諸菩薩如是供養雲
於一切道場眾海相續不絕現是雲已右
世尊經無量百千帀隨其方面去佛不遠
化作無量種種寶蓮華師子之座各於其上
加趺坐是諸菩薩所行清淨廣大如海得
慧光照普門法隨順諸佛所行無礙能入
切辯才法海得不思議解脫法門住於如
普門之地以得一切陀羅尼門悉能容受
切法海善住三世平等智地已得深信廣
無邊福聚極善清淨虛空法界靡不
界一切國土所有佛興咸勤供
自在神通王菩薩摩訶薩承佛
一切道場眾已即
已知如來
處於
十方
諸大
一念現於無盡相
各隨能觀見
在於諸有勤修行
令彼愛樂諸佛
蓮華藏師子
而住同瞻
香焰

佛所修於海
神通願力所出生
如意珠王作樹根
寶網遍施覆其上
樹枝嚴飾備眾寶
枝條密布如重雲
道場廣大不思議
密葉繁華相庇映
一切枝間發妙光
清淨熾然無有盡
摩尼寶藏以為華
樹果芳無不遍
汝觀善逝道場中
光焰成輪從此現
十方一切國土中
菩提樹中無不現
福所成

其光
以佛所
布影騰
於道場
蓮華
妙音
所有妙
佛於其下
樹枝

假使經於無
汝應觀佛神
一切衆
觀佛百千
如来無
如来往
是故一切如
如来出現遍十方
其中境界皆無量
佛於曩劫為衆生
隨諸衆生入生死

相法界
時淨德妙
切菩薩解
悉嚴淨
等

一
摩尼寶
無量華纓
種種莊飾吉
廣大熾然無不
種種摩尼綺麗
妙音聞

寶色蹤
中宮光曜
来廣大願
上佛安坐
佛威力普觀
一
供養十方無量佛

復次海月光大明菩
諸地諸波羅蜜教化衆生及嚴
土方便解脱門雲音海光離
薩得念念中普入法界種種差
智生寶髻菩薩摩訶薩得不可
切衆生前現清淨大願德解脱門
王淨光菩薩摩訶薩得普見十方一
切諸道場時種種莊嚴解脱門善勇
菩薩摩訶薩得隨諸

第九石

令如須彌山微塵數眾生得淨智眼見於如 64 上
來所見一切諸平等法各令如須彌山微塵 65 上
數眾生安住諸力諸願海中以無盡智而為 66 上
方便淨諸佛國各令如須彌山微塵數眾生 67 上
皆得安住毗盧遮那廣大願海生如來家爾 68 上
時諸菩薩光明中同時發聲說此頌言 69 上
諸光明中出妙音　普遍十方一切國 70 上
演說佛子諸功德　能入菩提之妙道 71 上
劫海修行無厭倦　令苦眾生得解脫 72 上
心無下劣及勞疲　佛子善入斯方便 73 上
盡諸劫海修方便　無量無邊無有餘 74 上
一切法門無不入　而恒說彼性寂滅 75 上
三世諸佛所有願　一切修治悉令盡 76 上
即以利益諸眾生　而為自行清淨業 77 上
一切諸佛眾會中　普遍十方無不往 78 上
皆以甚深智慧海　入彼如來寂滅法 79 上
一一光明無有邊　悉入難思諸國土 80 上

見佛坐道場　大眾所圍遶　照耀十方國 68 中
一切諸佛身　皆有無盡相　示現雖無量 69 中
色相終不盡 70 中
爾時眾中復有菩薩摩訶薩名香焰光普明 71 中
慧承佛威神觀察十方而說頌曰 72 中
此會諸菩薩　入佛難思地　一一皆能見 73 中
一切佛神力　智身能遍入　一切剎微塵 74 中
見身在彼中　普見於諸佛　如影現眾剎 75 中
一切如來所　於彼一切中　悉現神通事 76 中
普賢諸行願　修治已明潔　能於一切剎 77 中
普見佛神變　身住一切處　一切皆平等 78 中
智能如是行　入佛之境界　已證如來智 79 中
等照於法界　普入佛毛孔　一切諸剎海 80 中
一切佛國土　皆現神通力　示現種種身 81 中
及種種名號　能於一念頃　普現諸神變 82 中
道場成正覺　及轉妙法輪　一切廣大剎 83 中
億劫不思議　菩薩三昧中　一念皆能現 84 中
一切諸佛土　一一諸菩薩　普入於佛身 85 中
無邊亦無盡 86 中
爾時眾中復有菩薩摩訶薩名師子奮迅慧 87 中
光明承佛威神遍觀十方而說頌曰 88 中
毗盧遮那佛　能轉正法輪　法界諸國土 89 中
如雲悉周遍　十方中所有　諸大世界海 90 中
佛神通願力　處處轉法輪　一切諸剎土 91 中
廣大眾會中　名號各不同　隨應演妙法 92 中

諸佛法如是　一切眾生海　佛身如影現 45 下
隨其解差別　如是見導師　一切毛孔中 46 下
各各現神通　修行普賢願　清淨者能見 47 下
佛以一一身　處處轉法輪　法界悉周遍 48 下
思議莫能及 49 下
爾時眾中復有菩薩摩訶薩名威德慧無盡 50 下
光承佛威神觀察十方而說頌言 51 下
一一佛剎中　處處坐道場　眾會共圍遶 52 下
魔軍悉摧伏　佛身放光明　遍滿於十方 53 下
隨應而示現　色相非一種　一一微塵內 54 下
光明悉充滿　普見十方土　種種各差別 55 下
十方諸剎海　種種無量剎　悉平坦清淨 56 下
帝青寶所成　或覆或傍住　或似蓮華合 57 下
或圓或四方　種種眾形相　法界諸剎土 58 下
周行無所礙　一切眾會中　常轉妙法輪 59 下
佛身不思議　國土悉在中　於其一切處 60 下
導世演真法　所轉妙法輪　法性無差別 61 下
依於一實理　演說諸法相　佛以圓滿音 62 下
闡明真實理　隨其解差別　現無盡法門 63 下
一切剎土中　見佛坐道場　佛身如影現 64 下
生滅不可得 65 下
爾時眾中復有菩薩摩訶薩名法界普明慧 66 下
承佛威力觀察十方而說頌言 67 下
如來微妙身　色相不思議　見者生歡喜 68 下
恭敬信樂法　佛身一切相　悉現無量佛 69 下

如來大威力　普賢願所成　一切國土中 93中
妙音無不至　佛身等剎塵　普雨於法雨 94中
無生無差別　現一切世間　無數諸億劫 95中
一切塵剎中　往昔所行事　妙音咸具演 96中
十方塵國土　光網悉周遍　光中悉有佛 97中
普化諸群生　佛身無差別　充滿於法界 98中
能令見色身　隨機善調伏　三世一切剎 99中

普入十方界　一一微塵中　十方國土海 70下
無量無邊佛　咸於念念中　各各現神通 71下
大智諸菩薩　深入於法海　佛力所加持 72下
能知此方便　若有已安住　普賢諸行願 73下
見彼眾國土　一切佛神力　若人有信解 74下
及以諸大願　具足深智慧　通達一切法 75下
能於諸佛身　一一而觀察　色聲無所礙 76下
了達於諸境　能於諸佛身　安住智所行 77下
速入如來地　普攝於法界　佛剎微塵數 78下
如是諸國土　能令一念中　一一塵中現 79下
一切諸國土　及以神通事　悉現一剎中 80下
菩薩力如是 81下
爾時眾中復有菩薩摩訶薩名精進力無礙 82下
慧承佛威神觀察十方而說偈言 83下
佛演一妙音　周聞十方剎　眾音悉具足 84下
法雨皆充遍　一切言辭海　一切隨類音 85下
一切佛剎中　轉於淨法輪　一切諸國土 86下
悉見佛神變　聽佛說法音　聞已趣菩提 87下
法界諸國土　一一微塵中　如來解脫力 88下
於彼普現身　法身同虛空　無礙無差別 89下
色形如影像　種種眾相現　影像無方所 90下
如空無體性　智慧廣大人　了達其平等 91下
佛身不可取　無生無起作　應物普現前 92下
平等如虛空　十方所有佛　盡入一毛孔 93下
各各現神通　智眼能觀見　毗盧遮那佛 94下
願力周法界　一切國土中　恒轉無上輪 95下
一毛現神變　一切佛同說　經於無量劫 96下
不得其邊際 97下
如此四天下道場中以佛神力十方各有一 98下
億世界海微塵數諸菩薩眾而來集會應知 99下

一切世界海一一四天下諸道場中悉亦如是 100下
大方廣佛華嚴經卷第六 101下

中復有菩
佛威神遍觀十方而說頌曰
鄉佛　能轉正法輪　法界諸國
悉周遍　方中所有　諸大世界
神通願力　處處轉　一切諸剎
廣大衆會中　名号各不同　應演妙
如來大威力　普賢願所成　一切國土
妙音無不至　佛身等剎塵　普雨於
無生無差別　現一切世間　無數諸
一切塵剎中　往昔所行事　妙音咸
十方塵國土　光網悉周遍　光中悉
普化諸群生　佛身無差別　充滿於法
善調伏　三世一切

轉妙輪
廣大

偈
一切世界海一天下
大方廣佛華嚴經卷第六

周聞十方剎
遍　一切言詞海
剎中　轉於淨法輪
見佛神變　聽佛說法音　聞
界諸國土　一一微塵中　如來
彼普現身　法身同虛空　無
如影像　種種衆相現
無體性　智慧廣大人
可取　無生無起作
空　十方所有佛
智眼能
切國

能力
無差別
達其平等
現前

如是一切衆
其解差別如是見導師
各現神通修行普賢願
佛以一一身處處轉法輪
莫能及
中復有菩薩摩訶薩名
頌言
場 衆會共圍繞
光明 遍滿於十方
非一種 一一微塵内
見十佛土 種種各差別
種無量剎 悉平坦清淨
或覆或傍住 或似蓮華合
種種衆形相 法界諸剎土
一切衆會中 常轉妙法輪
國土悉在中 其於一切處
轉妙法輪 法性無差別
演說諸法相 佛以圓滿音
隨其解差別 現無盡法門
見佛坐道場 佛身如影現
識 法 理 理
明慧
喜
佛
云 中 國 童 明 見 塵
一切
生滅不可得
尒時衆中
承佛威力
如來微妙
恭敬信
普入
無量
大
能

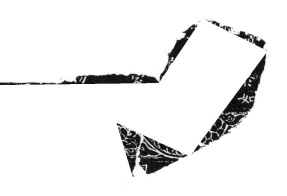

第十石

大方廣佛華嚴經卷第七 1上
普賢三昧品第三　于闐三藏實叉難陀新譯 2上
爾時普賢菩薩摩訶薩於如來前坐蓮華藏 3上
師子之座承佛神力入于三昧此三昧名一 4上
切諸佛毗盧遮那如來藏身普入一切佛平 5上
等性能於法界示眾影像廣大無礙同於虛 6上
空法界海漩靡不隨入出生一切諸三昧法 7上
普能包納十方法界三世諸佛智光明海皆 8上
從此生十方所有諸安立海悉能示現含藏 9上
一切佛力解脫諸菩薩智能令一切國土微 10上
塵普能容受無邊法界成就一切佛功德海 11上
顯示如來諸大願海一切諸佛所有法輪流 12上
通護持使無斷絕如此世界中普賢菩薩於 13上
世尊前入此三昧如是盡法界虛空界十方 14上
三世微細無礙廣大光明佛眼所見佛力能 15上
到佛身所現一切國土及此國土所有微塵 16上
一一塵中有世界海微塵數佛剎一一剎中 17上
有世界海微塵數諸佛一一佛前有世界海 18上
微塵數普賢菩薩皆亦入此一切諸佛毗盧 19上
遮那如來藏身三昧爾時一一普賢菩薩皆 20上
有十方一切諸佛而現其前彼諸如來同聲 21上
讚言善哉善哉善男子汝能入此一切諸佛 22上
毗盧遮那如來藏身菩薩三昧佛子此是十 23上
方一切諸佛共加於汝以毗盧遮那如來本 24上
願力故亦以汝修一切諸佛行願力故所謂 25上

以諸三昧方便門　示已往昔菩提行 1中
如是自在不思議　十方國土皆示現 2中
為顯普入諸三昧　佛光雲中讚功德 3中
爾時一切菩薩眾皆向普賢合掌瞻仰承佛 4中
神力同聲讚言 5中
從諸佛法而出生　亦因如來願力起 6中
真如平等虛空藏　汝已嚴淨此法身 7中
一切佛剎眾會中　普賢遍住於其所 8中
功德智海光明者　等照十方無不見 9中
普賢廣大功德海　遍往十方親近佛 10中
一切塵中所有剎　悉能詣彼而明現 11中
佛子我曹常見汝　諸如來所悉親近 12中
住於三昧實境中　一切國土微塵劫 13中
佛子能以普遍身　悉詣十方諸國土 14中
眾生大海咸濟度　法界微塵無不入 15中
入於法界一切塵　其身無盡無差別 16中
譬如虛空悉周遍　演說如來廣大法 17中
一切功德光明者　如雲廣大力殊勝 18中
眾生海中皆往詣　說佛所行無等法 19中
為度眾生於劫海　普賢勝行皆修習 20中
演一切法如大雲　其音廣大靡不聞 21中
國土云何得成立　諸佛云何而出現 22中
及以一切眾生海　願隨其義如實說 23中
此中無量大眾海　悉在尊前恭敬住 24中
為轉清淨妙法輪　一切諸佛皆隨喜 25中

薩同集善根故一切菩薩嚴淨國土願力故 1下
一切菩薩成就不退行願故一切菩薩清淨 2下
勝解自在故一切如來善根所流及一切諸 3下
佛成道時自在勢力故普賢菩薩自在願力 4下
故諸佛子是為略說十種因緣若廣說者有 5下
世界海微塵數爾時普賢菩薩欲重宣其義 6下
承佛威力觀察十方而說頌言 7下
所說無邊眾剎海　毗盧遮那悉嚴淨 8下
世尊境界不思議　智慧神通力如是 9下
菩薩修行諸願海　普隨眾生心所欲 10下
眾生心行廣無邊　菩薩國土遍十方 11下
菩薩趣於一切智　勤修種種自在力 12下
無量願海普出生　廣大剎土皆成就 13下
修諸行海無有邊　入佛境界亦無量 14下
為淨十方諸國土　一一土經無量劫 15下
眾生煩惱所擾濁　分別欲樂非一相 16下
隨心造業不思議　一切剎海斯成立 17下
佛子剎海莊嚴藏　離垢光明寶所成 18下
斯由廣大信解心　十方所住咸如是 19下
菩薩能修普賢行　遊行法界微塵道 20下
塵中悉現無量剎　清淨廣大如虛空 21下
等虛空界現神通　悉詣道場諸佛所 22下
蓮華座上示眾相　一一身包一切剎 23下
一念普現於三世　一切剎海皆成立 24下
佛以方便悉入中　此是毗盧所嚴淨 25下

能轉一切佛法輪故開顯一切如來智慧海 26上
故普照十方諸安立海悉無餘故令一切眾 27上
生淨治雜染得清淨故普攝一切諸大國土 28上
無所著故深入一切諸佛境界無障礙故普 29上
示一切佛功德故能入一切諸法實相增智 30上
慧故觀察一切諸法門故了知一切眾生根 31上
故能持一切諸佛如來教文海故爾時十方 32上
一切諸佛即與普賢菩薩摩訶薩能入一切 33上
智性力智與入法界無邊量智與成就一切 34上
佛境界智與知一切世界海成壞智與知一 35上
切眾生界廣大智與住諸佛甚深解脫無差 36上
別諸三昧智與入一切菩薩諸根海智與知 37上
一切眾生語言海轉法輪辭辯智與普入法 38上
界一切世界海身智與得一切佛音聲智如 39上
此世界中如來前普賢菩薩蒙諸佛與如是 40上
智如是一切世界海及彼世界海一一塵中 41上
所有普賢悉亦如是何以故證彼三昧法如 42上
力及普賢菩薩三昧力故悉皆微動一一世 74上
界眾寶莊嚴及出妙音演說諸法復於一切 75上
如來眾會道場海中普雨十種大摩尼王雲 76上
何等為十所謂妙金星幢摩尼王雲光明照 77上
耀摩尼王雲寶輪垂下摩尼王雲眾寶藏現 78上
菩薩像摩尼王雲稱揚佛名摩尼王雲光明 79上
熾盛普照一切佛刹道場摩尼王雲光照十 80上
方種種變化摩尼王雲稱讚一切菩薩功德 81上
摩尼王雲如日光熾盛摩尼王雲悅意樂音 82上
周聞十方摩尼王雲普雨如是十種大摩尼 83上

大方廣佛華嚴經世界成就品第四 26中
爾時普賢菩薩摩訶薩以佛神力遍觀察一 27中
切世界海一切眾生海一切諸佛海一切法 28中
界海一切眾生業海一切眾生根欲海一切 29中
諸佛法輪海一切三世海一切如來願力海 30中
一切如來神變海如是觀察已普告一切道 31中
場眾海諸菩薩言佛子諸佛世尊知一切世 32中
界海成壞清淨智不可思議知一切眾生業 33中
海智不可思議知一切法界安立海智不可 34中
思議說一切無邊佛海智不可思議入一切 35中
欲解根海智不可思議一念普知一切三世 36中
智不可思議顯示一切如來無量願海智不 37中
可思議示現一切佛神變海智不可思議轉 38中
法輪智不可思議建立演說海不可思議清 39中
淨佛身不可思議無邊色相海普照明不可 40中
思議相及隨好皆清淨不可思議無邊色相 41中
光明輪海具足清淨不可思議種種色相光 42中
明雲海不可思議殊勝寶焰海不可思議成 43中
就言音海不可思議示現三種自在海調伏 44中
成熟一切眾生不可思議勇猛調伏諸眾生 45中
海無空過者不可思議安住佛地不可思議 46中
入如來境界不可思議威力護持不可思議 47中
觀察一切佛智所行不可思議諸力圓滿無 48中
能摧伏不可思議無畏功德無能過者不可 49中
思議住無差別三昧不可思議神通變化不 50中
可思議清淨自在智不可思議一切佛法無 51中
能毀壞不可思議如是等一切法我當承佛 52中
十方刹海叵思議　佛無量劫皆嚴淨 74中
為化眾生使成熟　出興一切諸國土 75中

爾時普賢菩薩復告大眾言諸佛子一一世 26下
界海有世界海微塵數所依住所謂或依一 27下
切莊嚴住或依虛空住或依一切寶光明住 28下
或依一切佛光明住或依一切寶色光明住 29下
或依一切佛音聲住或依如幻業生大力阿 30下
脩羅形金剛手住或依一切世主身住或依 31下
一切菩薩身住或依普賢菩薩願所生一切 32下
差別莊嚴海住諸佛子世界海有如是等世 33下
界海微塵數所依住爾時普賢菩薩欲重宣 34下
其義承佛威力觀察十方而說頌言 35下
遍滿十方虛空界　所有一切諸國土 36下
如來神力之所加　處處現前皆可見 37下
或有種種諸國土　無非離垢寶所成 38下
清淨摩尼最殊妙　熾然普現光明海 39下
或有清淨光明刹　依止虛空界而住 40下
或在摩尼寶海中　復有安住光明藏 41下
如來處此眾會海　演說法輪皆巧妙 42下
諸佛境界廣無邊　眾生見者心歡喜 43下
有以摩尼作嚴飾　狀如華燈廣分布 44下
香焰光雲色熾然　覆以妙寶光明網 45下
或有刹土無邊際　安住蓮華深大海 46下
廣博清淨與世殊　諸佛妙善莊嚴故 47下
或有刹海隨輪轉　以佛威神得安住 48下
諸菩薩眾遍在中　常見無央廣大寶 49下
或有住於金剛手　或復有住天主身 50下
毗盧遮那無上尊　常於此處轉法輪 51下
或依寶樹平均住　香焰雲中亦復然 52下
或有依諸大水中　有住堅固金剛海 53下
或有依止金剛幢　或有住於華海中 54下
廣大神通無不周　毗盧遮那此能現 55下

佛境甚深難可思　普示衆生令得入 76 中
其心樂小著諸有　不能通達佛所悟 77 中
若有淨信堅固心　常得親近善知識 78 中
一切諸佛與其力　此乃能入如來智 79 中
離諸諂誑心清淨　常樂慈悲性歡喜 80 中
志欲廣大深信人　彼聞此法生欣悅 81 中
安住普賢諸願地　修行菩薩清淨道 82 中
觀察法界如虛空　此乃能知佛行處 83 中
此諸菩薩獲善利　見佛一切神通力 84 中
修餘道者莫能知　普賢行人方得悟 85 中
衆生廣大無有邊　如來一切皆護念 86 中
轉正法輪靡不至　毗盧遮那境界力 87 中
一切剎土入我身　所住諸佛亦復然 88 中
汝應觀我諸毛孔　我今示汝佛境界 89 中
普賢行願無邊際　我已修行得具足 90 中
普眼境界廣大身　是佛所行應諦聽 91 中
爾時普賢菩薩摩訶薩告諸大衆言諸佛子 92 中

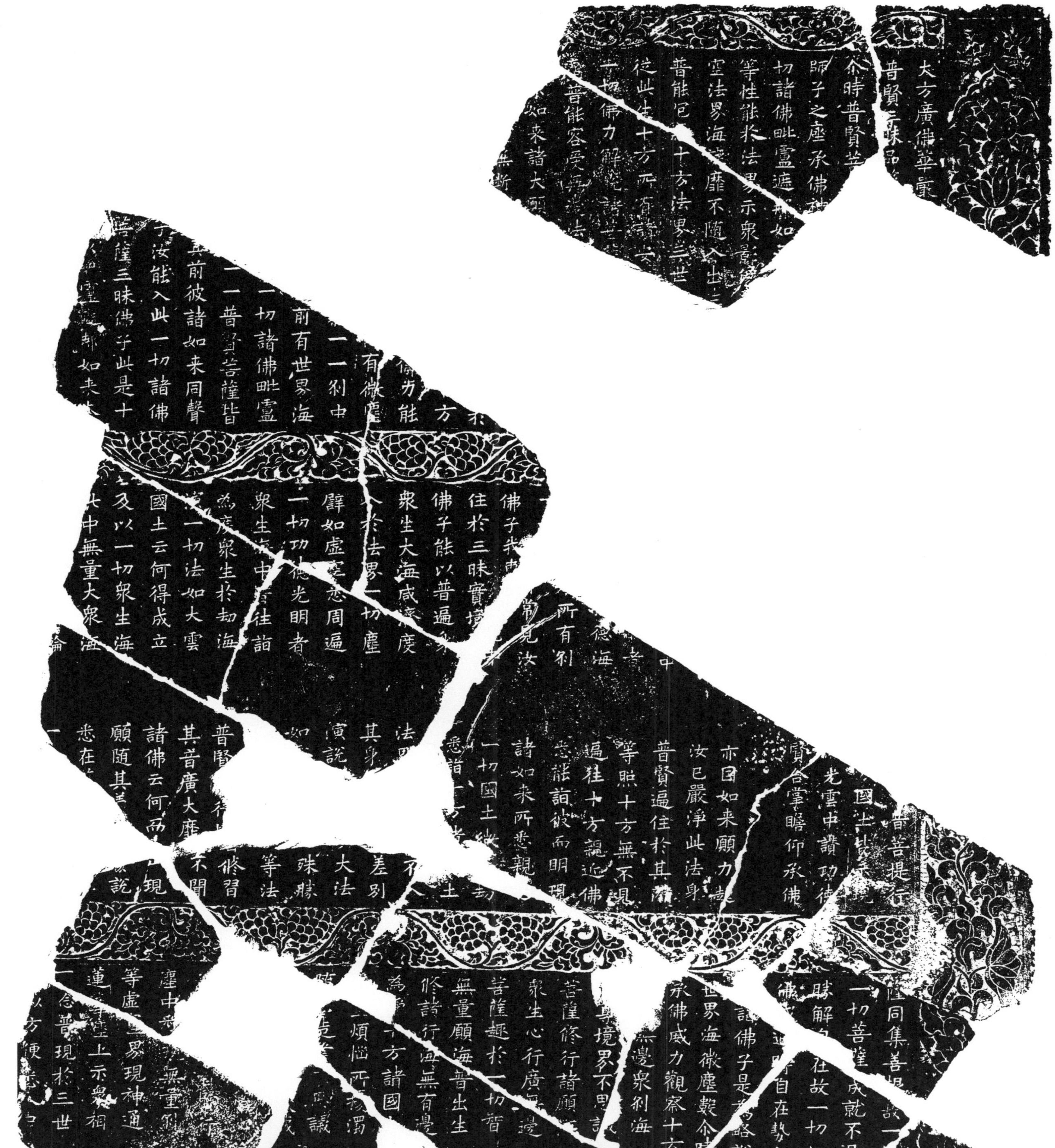
大方廣佛華嚴
普賢三昧品
爾時普賢菩
師子之座承佛神
切諸佛毗盧遮那如
等性能於法界示衆影
空法界海塵不隨入出
普能包十方法界三世
從此生十方所有諸安
一切佛力解脫諸
普能容受無

方一切諸佛共加於
願力故亦以海修一切諸佛行願
生淨治雜染得清淨故普攝
無所著故深入一切諸佛境界
示一切佛功德故能入一
故觀察一切諸法門
故能
一切諸佛即與普賢
智性力智與入法界無
佛境界智與知一切
切衆生界廣大智
別諸三昧智與
一切衆生語
界一切世
大國土
實相增智
一切衆生根
摩訶薩
為轉清淨
大方廣佛
時普賢
一切世界
界海
者與普入法
切佛音聲智如
蒙諸佛與如是
一塵中
法如
可思議
法輪智
揚衆海
界海成壞清
海智不可思議
思議說一切無
欲解根海
不可思議一
邊佛海智不
示一切如
現一切
不可思議建立演
界不可思議無邊色相海普
議相及隨好皆清淨不可思議無
光明輪海具足清淨不可思議種種
雲海不可思議殊勝寶燄海
色相
相光
議成
諸佛皆隨喜
遍觀察一
一切法
一切如來
觀察已普告
讚佛世尊
議知一
切衆生
海智不可
一切世
調伏諸衆
佛地不可思議
力護持不可思議
思議諸圓滿無
功德無能過者不可
神通變化不
佛法無
爾時普賢菩薩
界海有世界海
一切莊嚴住或
或依一切
微塵數所依住所謂或
依虛空住或依一切寶
佛光明住或依如幻業生
佛音聲住或依一切世主身住或依
金剛手住或依一切世主身住
菩薩身住或依普賢菩薩願所生一切
別莊嚴海住諸佛子世界海有如是等世
界海微塵數所依住爾時普賢菩薩欲重宣
其義承佛威力觀察十方而說頌言
遍滿十方虛空界　所有一切
如來神力之所加
摩尼最殊妙
有清淨光明
或在摩尼寶中
廣無邊
其衆會海
摩尼作嚴飾
雲色熾然
非離垢寶所成
熾然普現光明海
依止虛空界而住
復有安住光明藏
演說法輪皆巧妙
衆生見者心歡
狀如華燈
霞以妙
廣博清
或有剎海隨
諸菩薩衆遍在
或有住於金剛
毗盧遮那無
或依寶樹平
光明網
妙善莊嚴
以佛威神
常見無與
或復有住世主
雲中亦復然
金剛

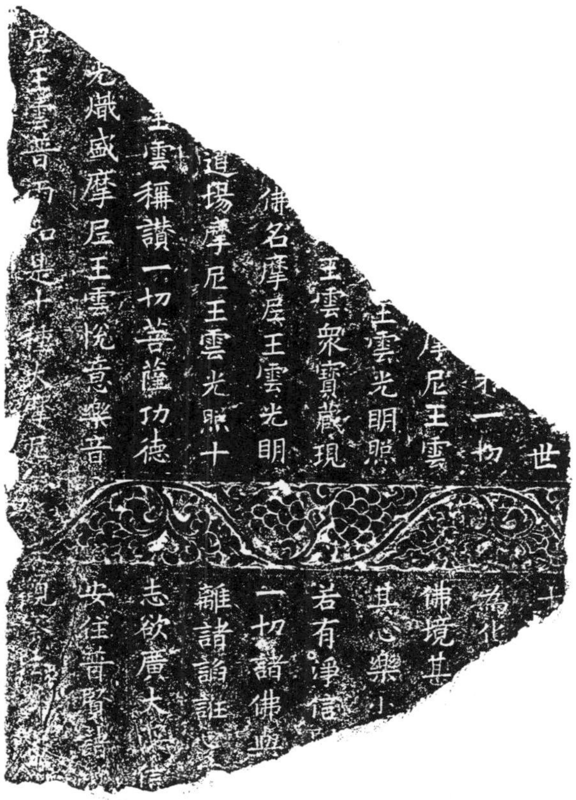
世
一切
摩尼王雲
王雲光明照
王雲衆寶藏現
佛名摩尼王雲光明
道場摩尼王雲光照十
王雲稱讚一切菩薩功德
光熾盛摩尼王雲悅意樂音
尼王雲普□□是十種大摩尼

十
爲化
佛境其
其心樂
若有淨信
一切諸佛無
離諸諂誑
志欲廣大
安住普賢
境

□道者莫能知
衆生廣大無有邊
轉正法輪靡不至
一切刹土入我身
汝應觀我諸毛孔
普賢行願無邊際
普眼境界廣大身
尒時普賢等

第十一石

普為眾生起神變　毗盧遮那法如是 1上
爾時普賢菩薩復告大眾言諸佛子應知世 2上
界海有種種體所謂或以一切寶莊嚴為體 3上
或以一寶種種莊嚴為體或以一切寶光明 4上
為體或以種種色光明為體或以一切莊嚴 5上
光明為體或以不可壞金剛為體或以佛力 6上
持為體或以妙寶相為體或以佛變化為體 7上
或以日摩尼輪為體或以極微細寶為體或 8上
以一切寶焰為體或以種種香為體或以一 9上
切寶華冠為體或以一切寶影像為體或以 10上
一切莊嚴所示現為體或以一念心普示現 11上
境界為體或以菩薩形寶為體或以寶華蘂 12上
為體或以佛言音為體爾時普賢菩薩欲重 13上
宣其義承佛威力觀察十方而說頌言 14上
或有諸剎海　妙寶所合成　堅固不可壞 15上
安住寶蓮華　或是淨光明　出生不可知 16上
一切光莊嚴　依止虛空住　或淨光為體 17上
復依光明住　光雲作嚴飾　菩薩共遊處 18上
或有諸剎海　從於願力生　猶如影像住 19上
取說不可得　或以摩尼成　普放日藏光 20上
珠輪以嚴地　菩薩悉充滿　有剎寶焰成 21上
焰雲覆其上　眾寶光殊妙　皆由業所得 22上
或從妙相生　眾相莊嚴地　如冠共持戴 23上
斯由佛化起　或從心海生　隨心所解住 24上
如幻無處所　一切是分別　或以佛光明 25上

或有唯宣一乘法　一中方便現無量 1中
或有自然成正覺　令少眾生住於道 2中
或有能於一念中　開悟群迷無有數 3中
或於毛孔出化雲　示現無量無邊佛 4中
一切世間皆現覩　種種方便度群生 5中
或有言音普周遍　隨其心樂而說法 6中
不可思議大劫中　調伏無量眾生海 7中
或有無量莊嚴國　眾會清淨儼然坐 8中
佛如雲布在其中　十方剎海靡不充 9中
諸佛方便不思議　隨眾生心悉現前 10中
普住種種莊嚴剎　一切國土皆周遍 11中
爾時普賢菩薩復告大眾言諸佛子應知世 12中
界海有世界海微塵數劫住所謂或有阿僧 13中
祇劫住或有無量劫住或有無邊劫住或有 14中
無等劫住或有不可數劫住或有不可稱劫 15中
住或有不可思劫住或有不可量劫住或有 16中
不可說劫住如是等有世界海微塵數爾時 17中
普賢菩薩欲重宣其義承佛威力觀察十方 18中
而說頌言 19中
世界海中種種劫　廣大方便所莊嚴 20中
十方國土咸觀見　數量差別悉明了 21中
我見十方世界海　劫數無量等眾生 22中
或長或短或無邊　以佛音聲今演說 23中
我見十方諸剎海　或住國土微塵劫 24中
或有一劫或無數　以願種種各不同 25中

大方廣佛華嚴經卷第八 1下
華藏世界品第五之一　于闐三藏實叉難陀新譯 2下
爾時普賢菩薩復告大眾言諸佛子此華藏 3下
莊嚴世界海是毗盧遮那如來往昔於世界 4下
海微塵數劫修菩薩行時一一劫中親近世 5下
界海微塵數佛一一佛所淨修世界海微塵 6下
數大願之所嚴淨諸佛子此華藏莊嚴世界 7下
海有須彌山微塵數風輪所持其最下風輪 8下
名平等住能持其上一切寶焰熾然莊嚴次 9下
上風輪名出生種種寶莊嚴能持其上淨光 10下
照耀摩尼王幢次上風輪名寶威德能持其 11下
上一切寶鈴次上風輪名平等焰能持其上 12下
日光明相摩尼王輪次上風輪名種種普莊 13下
嚴能持其上光明輪華次上風輪名普清淨 14下
能持其上一切華焰師子座次上風輪名聲 15下
遍十方能持其上一切珠王幢次上風輪名 16下
一切寶光明能持其上一切摩尼王樹華次 17下
上風輪名速疾普持能持其上一切香摩尼 18下
須彌雲次上風輪名種種宮殿遊行能持其 19下
上一切寶色香臺雲諸佛子彼須彌山微塵 20下
數風輪最在上者名殊勝威光藏能持普光 21下
摩尼莊嚴香水海此香水海有大蓮華名種 22下
種光明蘂香幢華藏莊嚴世界海住在其中 23下
四方均平清淨堅固金剛輪山周匝圍遶地 24下
海眾樹各有區別是時普賢菩薩欲重宣其 25下

摩尼光為體　諸佛於中現　各起神通力 26上
或普賢菩薩　化現諸刹海　願力所莊嚴 27上
一切皆殊妙 28上
爾時普賢菩薩復告大眾言諸佛子應知世 29上
界海有種種莊嚴所謂或以一切莊嚴具中 30上
出上妙雲莊嚴或以說一切菩薩功德莊嚴 31上
或以說一切眾生業報莊嚴或以示現一切 32上
菩薩願海莊嚴或以表示一切三世佛影像 33上
莊嚴或以一念頃示現無邊劫神通境界莊 34上
嚴或以出現一切佛身莊嚴或以出現一切 35上

或有純淨或純染　或復染淨二俱雜 26中
願海安立種種殊　住於眾生心想中 27中
往昔修行刹塵劫　獲大清淨世界海 28中
諸佛境界具莊嚴　永住無邊廣大劫 29中
有名種種寶光明　或名等音焰眼藏 30中
離塵光明及賢劫　此清淨劫攝一切 31中
有清淨劫一佛興　或一劫中無量現 32中
無盡方便大願力　入於一切種種劫 33中
或無量劫入一劫　或復一劫入多劫 34中
一切劫海種種門　十方國土皆明現 35中
或一切劫莊嚴事　於一劫中皆現覩 36中
或一劫內所莊嚴　普入一切無邊劫 37中
始從一念終成劫　悉依眾生心想生 38中
一切刹海劫無邊　以一方便皆清淨 39中
爾時普賢菩薩復告大眾言諸佛子應知世 40中
界海有世界海微塵數劫轉變差別所謂法 41中
如是故世界海無量成壞劫轉變染污眾生 42中
住故世界海成染污劫轉變修廣大福眾生 43中
住故世界海成染淨劫轉變信解菩薩住故 44中
世界海成染淨劫轉變無量眾生發菩提心 45中
故世界海純清淨劫轉變諸菩薩各各遊諸 46中
世界故世界海無邊莊嚴劫轉變十方一切 47中
世界海諸菩薩雲集故世界海無量大莊嚴 48中
劫轉變諸佛世尊入涅槃故世界海莊嚴滅 49中
劫轉變諸佛出現於世故一切世界海廣博 50中
嚴淨劫轉變如來神通變化故世界海普清 51中
淨劫轉變如是等有世界海微塵數爾時普 52中
賢菩薩欲重宣其義承佛威力觀察十方而 53中
大方廣佛華嚴經卷第七 105中

義承佛神力觀察十方而說頌言 26下
世尊往昔於諸有　微塵佛所修淨業 27下
故獲種種寶光明　華藏莊嚴世界海 28下
廣大悲雲遍一切　捨身無量等刹塵 29下
以昔劫海修行力　今此世界無諸垢 30下
放大光明遍住空　風力所持無動搖 31下
佛藏摩尼普嚴飾　如來願力令清淨 32下
普散摩尼妙藏華　以昔願力空中住 33下
種種堅固莊嚴海　光雲垂布滿十方 34下
諸摩尼中菩薩雲　普詣十方光熾然 35下
光焰成輪妙華飾　法界周流靡不遍 36下
一切寶中放淨光　其光普照眾生海 37下
十方國土皆周遍　咸令出苦向菩提 38下
寶中佛數等眾生　從其毛孔出化形 39下
梵主帝釋輪王等　一切眾生及諸佛 40下
化現光明等法界　光中演說諸佛名 41下
種種方便示調伏　普應群心無不盡 42下
華藏世界所有塵　一一塵中見法界 43下
寶光現佛如雲集　此是如來刹自在 44下
廣大願雲周法界　於一切劫化群生 45下
普賢智地行悉成　所有莊嚴從此出 46下
爾時普賢菩薩復告大眾言諸佛子此華藏 47下
莊嚴世界海大輪圍山住日珠王蓮華之上 48下
栴檀摩尼以為其身威德寶王以為其峯妙 49下
香摩尼而作其輪焰藏金剛所共成立一切 50下
香水流注其間眾寶為林妙華開敷香草布 51下
地明珠間飾種種香華處處盈滿摩尼為網 52下
周匝垂覆如是等有世界海微塵數眾妙莊 53下
嚴爾時普賢菩薩欲重宣其義承佛神力觀 54下
察十方而說頌言 55下

世界大海無有邊　寶輪清淨種種色 56下

所有莊嚴盡奇妙　此由如來神力起 57下

摩尼寶輪妙香輪　及以真珠燈焰輪 58下

種種妙寶為嚴飾　清淨輪圍所安住 59下

如是一切諸神變
□薩復告大衆言諸佛子此世界
□不可說佛剎微塵數香水海一
有□以香摩尼莊嚴其岸毗盧
王以為其網香水映徹具衆寶
種種寶華旋布其上栴檀細末
色充滿
燈□□佛宮音聲寶光明無邊菩薩持
種種盡現神通力一切世界所有莊嚴悉於
中現十寶階陛行列分布十寶欄楯周帀圍
繞四天下微塵數一切寶莊嚴芬陁利華敷
榮中不可說百千億那由他數十寶尸羅
幢恒河沙數一切寶衣鈴網幢恒河沙數無
邊色相寶華樓閣百千億那由他數十寶蓮
華城四天下微塵數衆寶樹林寶燄摩尼以
為其網恒河沙數栴檀香諸佛言音光燄摩
□不可說百千億那由他數衆寶垣牆悉共
周遍嚴飾尒時普賢菩薩欲重宣其義
神力觀察十方說此頌言
□中大地上
寶布其衣
□香水□ □光嚴

此地一一微塵中 剎
各見所記 □其意 清淨
尒時普賢菩大衆言諸佛子諸佛世
尊世界海不可思議何以故諸佛子此
華藏莊嚴世界海一切境界一一皆以世界
海微塵數清淨功德之所莊嚴尒時普賢菩
薩欲重宣其義承佛威力觀察十方而說頌
言
此剎海中一切塵 悉以衆寶為嚴飾
發燄騰空布普雲 光明洞徹常弥覆
摩尼吐雲無有盡 十方佛影
神通變化靡 一切菩
一切摩尼演 尊
毗盧遮那昔 □
清淨光明遍照尊 □
變化分身衆圍繞 一
所有化 □
以佛境界威神力 一
如來自在神通事
以此剎海淨莊嚴
十方所有

數□淨妙
宮殿海住其
一六佛剎微塵
日在雲上過
王莊嚴幢
西方摩尼輪
世界周帀

佛剎微

光摩尼日
周帀圍
□剎微塵數世
遍佛
華莊嚴以一切寶鬘
其狀猶如摩
覆其上西佛
清淨佛号
其上

真珠雲影布四隅　如是莊嚴香水海 34上
垣牆繚繞皆周匝　樓閣相望布其上 35上
無量光明恒熾然　種種莊嚴清淨海 36上
毗盧遮那於往昔　種種剎海皆嚴淨 37上
如是廣大無有邊　悉是如來自在力 38上
爾時普賢菩薩復告大眾言諸佛子一一香 39上
水海各有四天下微塵數香水河右旋圍遶 40上
一切皆以金剛為岸淨光摩尼以為嚴飾常 41上
現諸佛寶色光雲及諸眾生所有言音其河 42上
所有漩澓之處一切諸佛所修因行種種形 43上

如其一切之所行　一剎那中悉能現 26中
諸佛國土如虛空　無等無生無有相 27中
為利眾生普嚴淨　本願力故住其中 28中
爾時普賢菩薩復告大眾言諸佛子此中有 29中
何等世界住我今當說諸佛子此不可說佛 30中
剎微塵數香水海中有不可說佛剎微塵數 31中
世界種安住一一世界種復有不可說佛剎 32中
微塵數世界諸佛子彼諸世界種於世界海 33中
中各各依住各各形狀各各體性各各方所 34中
各各趣入各各莊嚴各各分齊各各行列各 35中
各無差別各各力加持諸佛子此世界種或 36中
有依大蓮華海住或有依無邊色寶華海住 37中
或有依一切真珠藏寶瓔珞海住或有依香 38中
水海住或有依一切華海住或有依摩尼寶 39中
網海住或有依漩流光海住或有依菩薩寶 40中
莊嚴冠海住或有依種種眾生身海住或有 41中
依一切佛音聲摩尼王海住如是等若廣說 42中
者有世界海微塵數諸佛子彼一切世界種 43中
或有作須彌山形或作江河形或作迴轉形 44中
或作漩流形或作輪輞形或作壇墠形或作 45中
樹林形或作樓閣形或作山幢形或作普方 46中
形或作胎藏形或作蓮華形或作佉勒迦形 47中

圓十須彌山微塵數一切香摩尼華須彌雲 35下
彌覆其上十佛剎微塵數世界周匝圍遶純 36下
一清淨佛號一切法海最勝王此上過佛剎 37下
微塵數世界有世界名恒出現帝青寶光明 38下
以極堅牢不可壞金剛莊嚴為際依種種殊 39下
異華海住其狀猶如半月之形諸天寶帳雲 40下
而覆其上十一佛剎微塵數世界周匝圍遶 41下
佛號無量功德法此上過佛剎微塵數世界 42下
（大方廣佛華嚴經卷第八）106下

第七、八連石小塊

《大方廣佛華嚴經》的重刻部分

（大方廣佛華嚴經卷第五）1一栏
（世主妙嚴品第一之五于闐三藏實叉難陀新譯）2一栏

普現一一眾生前　盡與如來平等法 37一栏
復次淨德妙光菩薩摩訶薩得遍往十方菩 38一栏
薩眾會莊嚴道場解脫門普德最勝燈光照 39一栏
菩薩摩訶薩得一念中現無盡成正覺門教 40一栏
化成熟不思議眾生界解脫門普光師子幢 41一栏
菩薩摩訶薩得修習菩薩福德莊嚴出生一 42一栏

佛住真如法界藏　無相無形離諸垢 75一栏
眾生觀見種種身　一切苦難皆消滅 76一栏
復次海月光大明菩薩摩訶薩得出生菩薩 77一栏
諸地諸波羅蜜教化眾生及嚴淨一切佛國 78一栏
土方便解脫門雲音海光離垢藏菩薩摩訶 79一栏
薩得念念中普入法界種種差別處解脫門 80一栏
智生寶髻菩薩摩訶薩得不可思議劫於一 81一栏
切眾生前現清淨大功德解脫門功德自在 82一栏
王淨光菩薩摩訶薩得普見十方一切菩薩 83一栏
初詣道場時種種莊嚴解脫門善勇猛蓮華 84一栏
髻菩薩摩訶薩得隨諸眾生根解海普為顯 85一栏
示一切佛法解脫門普智雲日幢菩薩摩訶 86一栏
薩得成就如來智永住無量劫解脫門大精 87一栏
進金剛齊菩薩摩訶薩得普入一切無邊法 88一栏
印力解脫門香焰光幢菩薩摩訶薩得顯示 89一栏

佛以本願現神通　一切十方無不照 13二栏
如佛往昔修治行　光明網中皆演說 14二栏
十方境界無有盡　無等無邊各差別 15二栏
佛無礙力發大光　一切國土皆明顯 16二栏
爾時如來師子之座眾寶妙華輪臺基陛及 17二栏
諸戶牖如是一切莊嚴具中一一各出佛刹 18二栏
微塵數菩薩摩訶薩其名曰海慧自在神通 19二栏
王菩薩摩訶薩雷音普震菩薩摩訶薩眾寶 20二栏

威力普觀一切道場眾海即說頌言 45二栏
諸佛所悟悉已知　如空無礙皆明照 46二栏
光遍十方無量土　處於眾會普嚴潔 47二栏
如來功德不可量　十方法界悉充滿 48二栏
普坐一切樹王下　諸大自在共雲集 49二栏
佛有如是神通力　一念現於無盡相 50二栏
如來境界無有邊　各隨解脫能觀見 51二栏
如來往昔經劫海　在於諸有勤修行 52二栏
種種方便化眾生　令彼受行諸佛法 53二栏
毗盧遮那具嚴好　坐蓮華藏師子座 54二栏
一切眾會皆清淨　寂然而住同瞻仰 55二栏
摩尼寶藏放光明　普發無邊香焰雲 56二栏
無量華纓共垂布　如是座上如來坐 57二栏
種種嚴飾吉祥門　恒放燈光寶焰雲 58二栏
廣大熾然無不照　牟尼處上增嚴好 59二栏
種種摩尼綺麗窓　妙寶蓮華所垂飾 60二栏

摩尼為柱種種色　真金鈴鐸如雲布 16三栏
寶階四面列成行　門闥隨方咸洞啟 17三栏
妙華繒綺莊嚴帳　寶樹枝條共嚴飾 18三栏
摩尼瓔珞四面垂　智海於中湛然坐 19三栏
摩尼為網妙香幢　光焰燈明若雲布 20三栏

匝樹垂芳無不遍　於道場中普嚴飾 45三栏
汝觀善逝道場中　蓮華寶網俱清淨 46三栏
光焰成輪從此現　鈴音鐸響雲間發 47三栏
十方一切國土中　所有妙色莊嚴樹 48三栏
菩提樹中無不現　佛於其下離眾垢 49三栏
道場廣大福所成　樹枝雨寶恒無盡 50三栏
寶中出現諸菩薩　悉往十方供事佛 51三栏
諸佛境界不思議　普令其樹出樂音 52三栏
如昔所集菩提道　眾會聞音咸得見 53三栏
爾時百目蓮華髻菩薩摩訶薩承佛威力普 54三栏
觀一切道場眾海而說頌言 55三栏
一切摩尼出妙音　稱揚三世諸佛名 56三栏
彼佛無量神通事　此道場中皆現覩 57三栏
眾華競發如纓布　光雲流演遍十方 58三栏
菩提樹神持向佛　一心瞻仰為供養 59三栏
摩尼光焰悉成幢　幢中熾然發妙香 60三栏
其香普熏一切眾　是故其處皆嚴潔 61三栏
蓮華垂布金色光　其光演佛妙聲雲 62三栏
普蔭十方諸刹土　永息眾生煩惱熱 63三栏

提言甚多世尊何以故是福德即非福德性
是故如来說福德多若復有人於此經中受
持乃至四句偈等為他人說其福勝彼何以
故須菩提一切諸佛及諸佛阿耨多羅三藐
三菩提法皆從此經出須菩提所謂佛法者
佛法
須菩提於意云何須陀
陀洹果不須菩提言不也世尊何
洹名為入流而無所入不入色聲香味觸法
是名須陀洹須菩提於意云何斯陀含能作
是念我得斯陀含果不須菩提言不也世尊
何以故斯陀含名一往来而實無往来是名
斯陀含須菩提於意云何阿那含能作是念
我得阿那含果不須菩提言不也世尊何以
故阿那含名為不来而實無来是故名阿那
含須菩提於意云何阿羅漢能作是念我得
阿羅漢道不須菩提也世尊何以故實
法名阿羅阿羅漢作是念我

須菩提於意云何如来有肉眼不如是世
如来有肉眼須菩提於意云何如来有天
不如是世尊如来有天眼須菩提於意云何
如来有慧眼不如是世尊如来有慧須菩
提於意云何如来有法眼不如是尊如来
有法眼須菩提於意云何如来有佛眼不如
是世尊如来有佛眼
須菩提於意云何恒河中所有沙佛說是沙
不如是世尊如来說是沙須菩提於意云何
如一恒河中所有沙有如是沙等恒河是諸恒
河所有沙數佛世界如是寧為多不甚多世
尊佛告須菩提尒所國土中所有眾生若干
種心如来悉知何以故如来說諸心皆為非
心是名為心所以者何須菩提過去心不可
得現在心不可得未来心不可得須菩提於
意云何若有人滿三千大千世界七寶以用
布施是人以是因緣得福多不如是世尊此
人以是因緣得福甚多須菩提若福德有實
如来不說得福德多以福德無故如来說得

悉吉栗埵伊蒙阿唎
耶 婆盧吉帝室佛羅楞馱婆 南
無那囉謹墀 醯唎摩訶皤哆沙
咩 薩婆阿他豆輸朋 阿逝孕
薩婆薩哆那摩婆伽 摩罰特豆
怛姪他 唵阿婆盧醯 盧迦帝 迦羅
帝 夷醯唎 摩訶菩提薩埵 薩婆
薩婆 摩囉摩囉 摩醯摩醯唎馱
孕 俱盧俱盧羯懞 度盧度盧罰
闍耶帝 摩訶罰闍耶帝 陀羅陀
羅 地唎尼 室佛羅耶 遮羅遮羅
麼麼某甲受持罰摩羅 穆帝隸 伊醯移
醯 室那室那 阿囉嘇佛羅舍利
罰沙罰嘇 呼盧

是
須菩
於意云
應如是
味觸法
有人
心應無所住而生其心
如須彌山王於意云何
言甚大世尊何以故佛
河中所有沙數如
是諸恒河沙寧為多

尊佛 離 所說 所 嚴 非 薩 住 提 為身 非身 恒河 菩

福德須菩提於意云何佛可以具足色身
不也世尊如来不應以具足色身見何
以故如来說具足色身即非具足色身是名
具足色身須菩提於意云何如来可以具足
諸相見不不也世尊如来不應以具足諸相
見何以故如来說諸相具足即非具足是名
諸相具足須菩提汝勿謂如来作是念我當
有所說法莫作是念何以故若人言如来有
所說法即為謗佛不能解我所說故須菩提
說法者無法可說是名說法
尒時慧命須菩提白佛言世尊頗有眾生於
未来世聞說是法生信心不佛言須菩提彼
非眾生非不眾生何以故須菩提眾生眾生
者如来說非眾生是名眾生須菩提白佛言
世尊佛得阿耨多羅三藐三菩提為無所得
耶佛言如是如是須菩提我於阿耨多羅三
藐三菩提乃至無有少法可得是名阿耨多
羅三藐三菩提

呼盧呼盧醯唎 娑囉娑囉
悉唎悉唎 蘇爐蘇爐 菩提夜菩
提夜 菩馱夜菩馱夜 彌帝唎夜
那囉謹墀 地唎瑟尼那 波夜摩
那 娑婆訶 悉陀夜 娑婆訶
摩訶悉陀夜 娑婆訶 悉陀喻藝
室皤囉 娑婆訶 那囉謹墀
娑婆訶 摩羅那羅 娑婆訶
悉囉僧阿穆佉耶 娑婆訶 娑婆
摩訶阿悉陀夜 娑婆訶 者吉囉阿
悉陀夜 娑婆訶 波陀摩羯悉哆
夜 娑婆訶 那囉謹墀皤伽囉耶
摩婆利勝羯囉夜 娑婆

言甚多
此經
此福德

於世間天
何況有人盡能
是人成就最上第一希
在之處則為有佛若尊重
爾時須菩提白佛言世尊當
云何奉持佛告須菩提是經
波羅蜜以是名字汝當奉持所
提佛說般若波羅蜜則非般若
般若波羅蜜
須菩提於意云何如來有所
世尊如來無所說
云何三千大千世界所有微塵
菩提言甚多世尊須菩提諸微
微塵是名微塵如來說世界非
提
相觀如來
佛言世尊如我
相觀如來爾時
若以色見我

受持
福德
至四句偈等當知
羅應供養如佛
須菩提當知
若是經典所
孚
何名此經我等
為金剛般若
者何須菩
蜜是名

法須菩提若
山王如是等七
此般若波羅蜜經乃
為他人說於前福德
分乃至筭數譬喻所不
須菩提於意云何汝等勿謂如
當度眾生須菩提莫作是念何以故實
眾生如來度者若有眾生如來度者如
有我人眾生壽者須菩提如來說有
非有我而凡夫之人以為有我須
者如來說則非凡夫須菩提於意
三十二相觀如來不須菩提言
來佛言須

須菩提
來不 阿耨多
何 來不
十二 須菩
沙等 提者
受持四 多羅三藐
菩提若善
璇悲泣 若復有
經典我 膝前
經世尊 福
相當
相者
我今

說
偈
摧諸佛法
諸有聽徒來至此
常於人世起慈心
我
頗世界安隱
有
所有非業除
宜逢
來
各
有應當
行世尊教
地上或居空
日自身依法住
無邊福智益群生
離眾苦歸圓寂
常持空服以資身
生愛常安樂

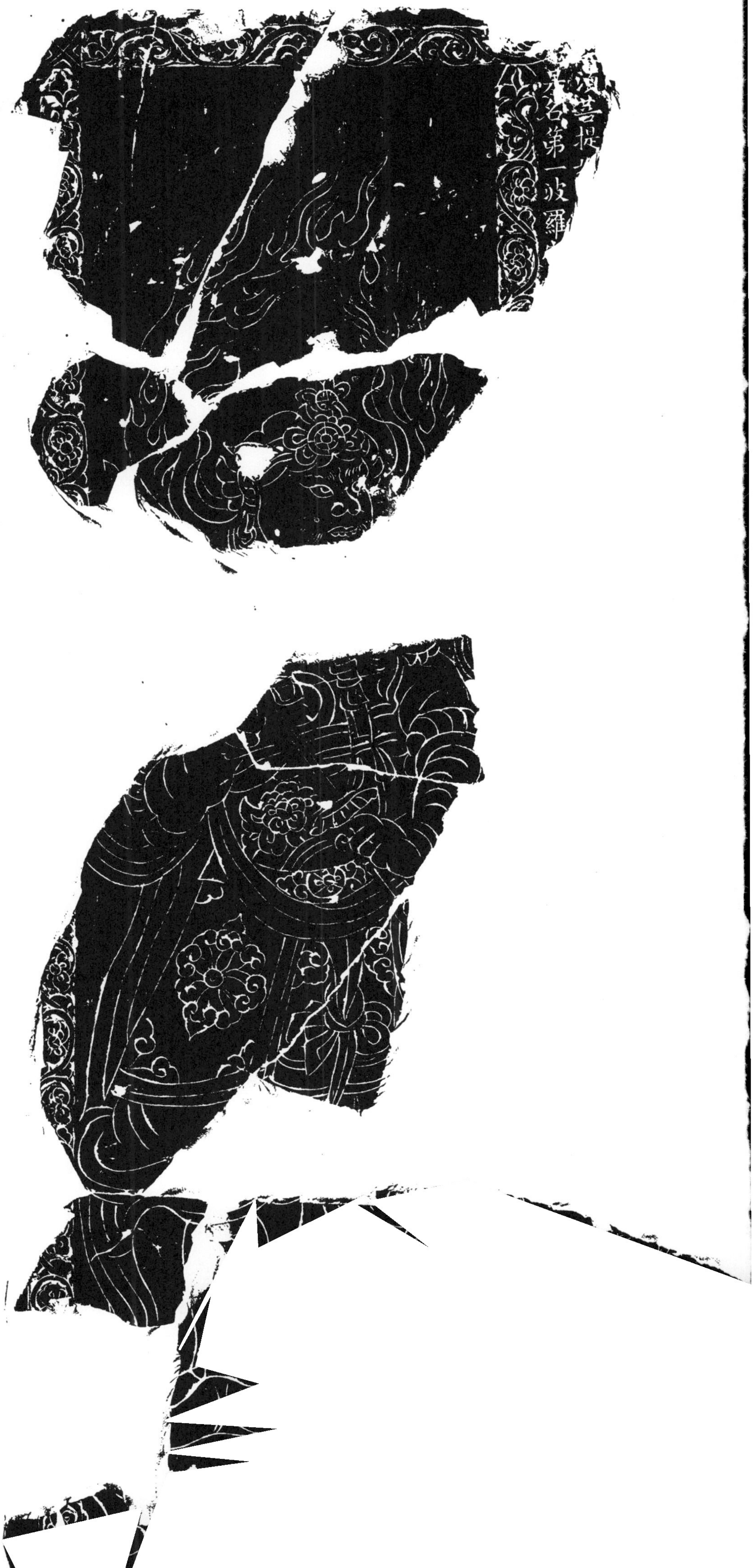
須菩提
名第一波羅

真珠寶鈴網演法音
妙寶蓮華作城郭
摩尼寶鈴網演法音
明寶雲影布四隅
垣牆繚繞皆周匝
香燄光明無暫停
種妙寶

金剛為岸淨光照
六無有邊
百四天下微塵數
及諸泉生所有言音其
於彼回行種種形
種種莊嚴剎海皆清淨
如是如來自在力
或香水河右旋圍繞
摩尼以為嚴飾
十方剎種恒沙數
悉是如來自在力
種妙寶諸佛子香水海以
水一二香

世界海微塵數諸世界
樹林形或作樓閣
或作旋流形或作江河形或作
或作挋派形或
佛音聲摩尼王海住
一切真珠海住
一切

華海住其上十
黑華海住其狀
以莊堅牢不可壞
一清淨佛號一切
須彌山微塵
彌覆其上十佛剎
圓滿光幢以
依摩尼寶
海住或妙華寶
眾寶華海住
其上世界有世
界種或
寶蓮華海住

寶華菩薩復說頌言諸佛子此中
說一世界種安住一
香水海中有不可說
摩訶薩今當說諸佛子此下
一切世界種中有不可說佛剎

安住一世界種復有不可

自所行
十方
神通力高出生
賢行入於
菩薩智海
身淨眾剎
一切諸如來
中無能見

變化
一如鏡中像
力

日所行
普賢行
工如虛空
隱大劫
微塵中

清淨
一切
中有珊瑚

第十三石

（大方廣佛華嚴經卷第九）1上
（華藏世界品第五之二于闐三藏實叉難陀新譯）2上

佛號大功德普名稱此上過佛刹微塵數世 80中
界有世界名金剛寶莊嚴藏佛號蓮華日光 81中
明此上過佛刹微塵數世界有世界名因陀 82中
羅華月佛號法自在智慧幢此上過佛刹微 83中
塵數世界有世界名妙輪藏佛號大喜清淨 84中

上過佛刹微塵數世界有世界名無邊莊嚴 3下
相佛號方便願淨月光此上過佛刹微塵數 4下
世界有世界名妙華音佛號法海大願音此 5下
上過佛刹微塵數世界有世界名一切寶莊 6下

佛號金蓮華光明此上過佛刹微塵數世界 80下
有世界名普入十方佛號觀法界頻申慧此 81下
上過佛刹微塵數世界有世界名熾然焰佛 82下
號光焰樹緊那羅王此上過佛刹微塵數世 83下
界有世界名香光遍照佛號香燈善化王此 84下

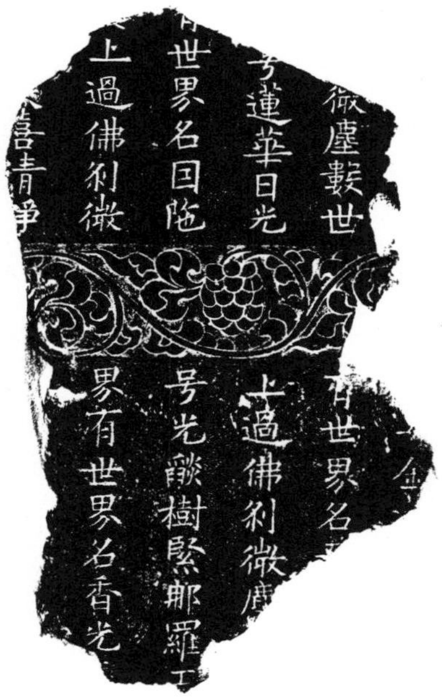
微塵數世
号蓮華日光
有世界名因陁
上過佛刹微
歡喜清淨
金
有世界名
上過佛刹微塵
号光燄樹緊那羅王
界有世界名香光

上過佛
相佛号方便願淨月光
界有世界名妙
佛刹微

第十四石

微塵數世界有世界名微妙光明佛號無等 77上
力普遍音此上過佛刹微塵數世界有世界 78上
名十方普堅固莊嚴照耀其形八隅依心王 79上
摩尼輪海住一切寶莊嚴帳雲彌覆其上二 80上
十佛刹微塵數世界圍遶純一清淨佛號普 81上

（大方廣佛華嚴經卷第九）70中
（大方廣佛華嚴經卷第十）71中
（華藏世界品第五之三于闐三藏實叉難陀新譯）72中
普莊嚴世界種名毗盧遮那變化行次有香 80中
水海名寶末閻浮幢世界種名諸佛護念境 81中
界次有香水海名一切色熾然光世界種名 82中
最勝光遍照次有香水海名一切莊嚴具境 83中
界世界種名寶焰燈如是等不可說佛刹微塵數 84中
香水海其最近輪圍山香水海名玻瓈地世 85中
界種名常放光明以世界海清淨劫音聲為 86中

此上過佛
國莊嚴照曜世
住一切寶莊嚴
塵數世界[illegible]一清淨

遮那變化
具末閻浮幢世界種名諸佛護念境
香水海名一切色熾然光世界種名
遍照次有香水海名一切莊嚴具境
燈如是等不可說微塵數
香水海名頗梨地世
世界海清淨劫音聲為

第十五石

方有世界名最妙香佛號變化無量塵數光 77上
此上過十佛刹微塵數世界與金剛幢世界 78上
齊等有世界名不思議差別莊嚴門佛號無 79上
量智此上與娑婆世界齊等有世界名十方 80上
光明妙華藏佛號師子眼光焰雲於此最上 81上
方有世界名海音聲佛號水天光焰門 82上
諸佛子彼天城寶堞香水海外次有香水海 83上
名焰輪赫奕光世界種名不可說種種莊嚴 84上
次有香水海名寶塵路世界種名普入無量 85上
旋次有香水海名具一切莊嚴世界種名寶 86上

億刹不思議　種種相莊嚴　未曾有迫隘 85中
衆生各各業　世界無量種　於中取著生 86中

受苦樂不同　有刹衆寶成　常放無邊光 1下
金剛妙蓮華　莊嚴淨無垢　有刹光為體 2下
依止光輪住　金色栴檀香　焰雲普照明 3下
有刹月輪成　香衣悉周布　於一蓮華內 4下
菩薩皆充滿　有刹衆寶成　色相無諸垢 5下
譬如天帝網　光明恒照耀　有刹香為體 6下
或有摩尼光　或以燈光照　悉衆生業力 59下
或有佛光明　菩薩滿其中　有是蓮華光 60下
焰色甚嚴好　有刹華光照　有以香水照 61下
塗香燒香照　皆由淨願力　有以雲光照 62下
摩尼蚌光照　佛神力光照　能宣悅意聲 63下

（大方廣佛華嚴經卷第十）83下

有世界
此上過十佛剎微
齊等有世界名不思議差別
至智此上與娑婆世界齊等有世界名
光 [illegible] 方師子眼光燄雲於此最上
方有世界名海音聲佛号水天
諸佛子彼天城寶堞香水海外次
名燄輪赫奕光世界種名不可
次有香水海名寶塵路世界種

種名寶 [illegible] 名
名業 世界無量種
種相莊

光明 菩薩滿其中 有是蓮華光
嚴好 有剎華光照 有以香水照
照 皆由淨願力 有以雲光照
佛神力光照 能宣悅意聲

放華
有剎光為體
燄雲普照明
蓮華內
諸 [illegible]
體

第十六石

大方廣佛華嚴經卷第十一）1上
（毗盧遮那品第六　于闐三藏實叉難陀新譯）2上

障山淨諸垢濁發大信解生勝善根永離一 1中
切諸難恐怖滅除一切身心苦惱起見佛心 2中
趣一切智時一切世間主并其眷屬無量百 3中
千蒙佛光明所開覺故悉詣佛所頭面禮足 4中
諸佛子彼焰光明大城中有王名喜見善慧 5中
統領百萬億那由他城夫人采女三萬七千 6中
人福吉祥為上首王子五百人（別本云二萬五千人）大威光 7中
為上首大威光太子有十千夫人妙見為上 8中
首爾時大威光太子見佛光明已以昔所修 9中
善根力故即時證得十種法門何謂為十所 10中
謂證得一切諸佛功德輪三昧證得一切佛 11中
法普門陀羅尼證得廣大方便藏般若波羅 12中
蜜證得調伏一切眾生大莊嚴大慈證得普 13中
雲音大悲證得生無邊功德最勝心大喜證 14中
得如實覺悟一切法大捨證得廣大方便平 15中

光明藏清淨眼智光明觀察一切佛法大願 1下
海智光明入無邊功德海清淨行智光明趣 2下
向不退轉大力速疾藏智光明法界中無量 3下
變化力出離輪智光明決定入無量功德圓 4下
滿海智光明了知一切佛決定解莊嚴成就 5下
海智光明了知法界無邊佛現一切眾生前 6下
神通海智光明了知一切佛力無所畏法智 7下
光明爾時大威光菩薩得如是無量智光明 8下
已承佛威力而說頌言 9下
我聞佛妙法　而得智光明　以是見世尊 10下
往昔所行事　一切所生處　名號身差別 11下
及供養於佛　如是我咸見　往昔諸佛所 12下
一切皆承事　無量劫修行　嚴淨諸剎海 13下
捨施於自身　廣大無涯際　修治最勝行 14下
嚴淨諸剎海　耳鼻頭手足　及以諸宮殿 15下

深發大信解生勝善根永離一
滅除一切身心苦惱起見佛心
切世間主并其眷屬無量百
所聞覺故悉詣佛所頭面礼足
光明大城中有王名喜見善慧
那由他城夫人采女三萬七千
上首王子五百人（别本云三萬五千人）大威光
光太子有十千夫人妙見為上
威光太子見佛光明已以昔所修
即時證得十種法門何謂為十所
切諸佛功德輪三昧證得一切佛
羅尼證得廣大方便藏般若波羅
於一切衆生大莊嚴大慈證得普
無邊功德最勝心大喜證
普大方便平

光明藏清淨眼智光明觀察一切佛[…]大願
海智光明入無邊功德海清淨行智[…]明趣
向不退轉大力速疾藏智光明法界中[…]量
變化力出離輪智光明決定入無量功[…]
滿海智光明了知一切佛決定解莊嚴[…]
海智光明了知法界無邊佛現一切衆生前
神通海智光明了知一切佛力無所畏法智
光明尒時大光菩薩得如是無量智光明
已承佛威力而說頌言

我聞佛妙法　而得智光明　以是見世尊
往昔所行事　一切所生處　名号身差別
及供養於佛　如是我咸見　往昔諸佛所
一切皆承事　無量劫修行　嚴淨諸刹海
捨施於自身　廣大無涯際　修治最勝行
嚴淨諸刹海　耳[…]　[…]普宮殿

第十九石

（大方廣佛華嚴經卷第十三）1上
（光明覺品第九　于闐三藏實叉難陀新譯）2上
若有見正覺　解脫離諸漏　不著一切世 28上
彼非證道眼　若有知如來　體相無所有 29上
修習得明了　此人疾作佛　能見此世界 30上
其心不搖動　於佛身亦然　當成勝智者 31上
若於佛及法　其心了平等　二念不現前 32上
當踐難思位　若見佛及身　平等而安住 33上
無住無所入　當成難遇者　色受無有數 34上

悉皆明現彼一一閻浮提中悉見如來坐蓮 71上
華藏師子之座十佛剎微塵數菩薩所共圍 72上
遶悉以佛神力故十方各有一大菩薩一一 73上
各與十佛剎微塵數諸菩薩俱來詣佛所其 74上
大菩薩謂文殊師利等所從來國謂金色世 75上

智慧無等法無邊　超諸有海到彼岸 102中
壽量光明悉無比　此功德者方便力 103中
所有佛法皆明了　常觀三世無厭倦 104中
雖緣境界不分別　此難思者方便力 105中
樂觀眾生無生想　普見諸趣無趣想 106中
恒住禪寂不繫心　此無礙意方便力 107中
善巧通達一切法　正念勤修涅槃道 108中

（大方廣佛華嚴經菩薩問明品第十）80下
是故彼一切　各各不相知　譬如河水中 89下
湍流競奔逝　各各不相知　諸法亦如是 90下
亦如大火聚　猛焰同時發　各各不相知 91下
諸法亦如是　又如長風起　遇物咸鼓扇 92下
各各不相知　諸法亦如是　又如眾地界 93下
展轉因依住　各各不相知　諸法亦如是 94下
眼耳鼻舌身　心意諸情根　以此常流轉 95下
而無能轉者　法性本無生　示現而有生 96下
是中無能現　亦無所現物　眼耳鼻舌身 97下
心意諸情根　一切空無性　妄心分別有 98下
如理而觀察　一切皆無性　法眼不思議 99下
此見非顛倒　若實若不實　若妄若非妄 100下
世間出世間　但有假言說 101下
爾時文殊師利菩薩問財首菩薩言佛子一 102下
切眾生非眾生云何如來隨其時隨其命隨 103下
其身隨其行隨其解隨其言論隨其心樂隨 104下
其方便隨其思惟隨其觀察於如是諸眾生 105下
中為現其身教化調伏時財首菩薩以頌答 106下
曰 107下
此是樂寂滅　多聞者境界　我為仁宣說 108下
仁今應聽受　分別觀內身　此中誰是我 109下

師子之
悉以佛神力故十
十佛剎微塵數
薩謂文殊

離諸漏 不著一
如來 體相無
佛 能見此世界
然 當成勝智者
二念不現前
平等而安
色受

不繫心
通達一切法

岸
力
猒倦
便力
無趣想
意方便力
修涅槃道

水中
諸法亦如是
各各不相知
遇物咸鼓扇
又如眾

又如是
諸法亦如是
各各不相知
心意諸
去

山常流轉
性本無生 亦現亦有生
現 亦無所現物 眼耳鼻舌身
情根 一切空無性 妄心分別有
觀察 一切皆無性 法眼不思
此見非 倒 若實若不實 若妄若非妄
世間出世間 但有假言說
尒時文殊師利菩薩問財首菩薩言佛子一
切眾生非眾生云何如來隨其時 隨
其身隨其行隨其解隨其言論隨 隨
其方便隨其思惟隨其觀察於如是 眾生
中為現其身教化調伏時財首 以頌荅
曰
此是樂寂滅 多聞者境界 我為仁宣說
仁今應聽受 分別觀內身 此內誰是我

第二十石

或有難出離 若欲求除滅 無量諸過惡 79上
當於佛法中 勇猛常精進 譬如微少火 80上
樵濕速令滅 於佛教法中 懈怠者亦然 81上
如鑽燧求火 未出而數息 火勢隨止滅 82上
懈怠者亦然 如人持日珠 不以物承影 83上
火終不可得 懈怠者亦然 譬如赫日照 84上
孩稚閉其目 怪言何不覩 懈怠者亦然 85上
如人無手足 欲以芒草箭 遍射破大地 86上
懈怠者亦然 如以一毛端 而取大海水 87上
欲令盡乾竭 懈怠者亦然 又如劫火起 88上
欲以少水滅 於佛教法中 懈怠者亦然 89上
如有見虛空 端居不搖動 而言普騰躡 90上

（大方廣佛華嚴經卷第十三）74中
（大方廣佛華嚴經卷第十四）75中
淨行品第十一 于闐三藏實叉難陀新 76中
何得蘊善巧界善巧處善巧緣起善巧欲界 90中
善巧色界善巧無色界善巧過去善巧未來 91中
善巧現在善巧云何善修習念覺分擇法覺 92中
分精進覺分喜覺分猗覺分定覺分捨覺分 93中
空無相無願云何得圓滿檀波羅蜜尸波羅 94中
蜜羼提波羅蜜毗梨耶波羅蜜禪那波羅蜜 95中

汝今為欲多所饒益多所安隱哀愍世間利 108中
樂天人問如是義佛子若諸菩薩善用其心 109中

見苦惱人 當願眾生 獲根本智 滅除眾苦 89下
見無病人 當願眾生 入真實慧 永無病惱 90下
見疾病人 當願眾生 知身空寂 離乖諍法 91下
見端正人 當願眾生 於佛菩薩 常生淨信 92下
見醜陋人 當願眾生 於不善事 不生樂著 93下
見報恩人 當願眾生 於佛菩薩 能知恩德 94下
見背恩人 當願眾生 於有惡人 不加其報 95下
若見沙門 當願眾生 調柔寂靜 畢竟第一 96下

若見王子 當願眾生 從法化生 而為佛子 105下
若見長者 當願眾生 善能明斷 不行惡法 106下
若見大臣 當願眾生 恒守正念 習行眾善 107下
若見城廓 當願眾生 得堅固身 心無所屈 108下
若見王都 當願眾生 功德共聚 心恒喜樂 109下

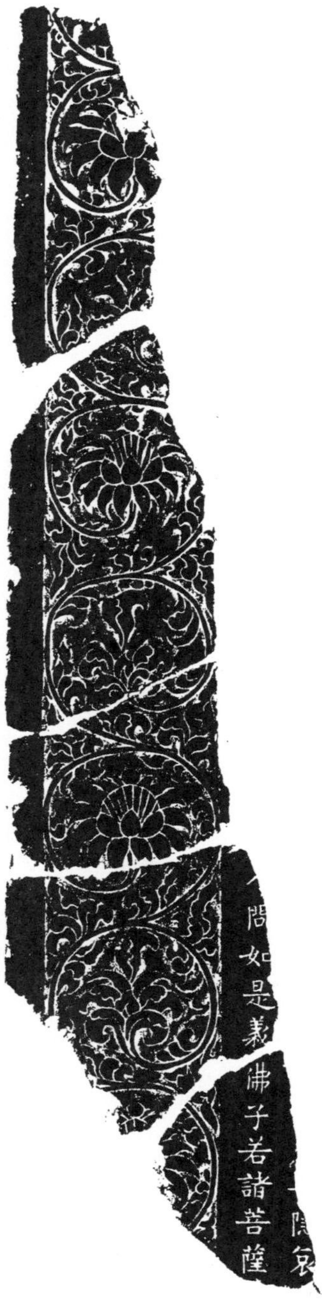
隱
問如是義
佛子若諸菩薩

利
用其心
子當願
若見長者當願
若見大臣當
若見城郭當
若見王都當

當於佛
涅槃建合
懈怠者亦
挾推明其目 恠言何
如人無手足 欲以
懈怠者亦然 如以一
欲令盡乾竭 懈怠
欲以少

界
未来
法覺
覺分
波羅
羅蜜
見疾病
見端正
見醜陋
見報恩人
見背恩
若見

水無滿
非諍法

第二十一石

（大方廣佛華嚴經賢首品第十二之一）42上

彼之功德無邊際　不可稱量無與等 52上
何況無量無邊劫　具修地度諸功德 53上
十方一切諸如來　悉共稱揚不能盡 54上
如是無邊大功德　我今於中說少分 55上
譬如鳥足所履空　亦如大地一微塵 56上
菩薩發意求菩提　非是無因無有緣 57上

於戒及學常順行　一切如來所稱美 84上
若常信奉於諸佛　則能興集大供養 85上
若能興集大供養　彼人信佛不思議 86上
若常信奉於尊法　則聞佛法無厭足 87上
若聞佛法無厭足　彼人信法不思議 88上
若常信奉清淨僧　則得信心不退轉 89上
若得信心不退轉　彼人信力無能動 90上
若得信力無能動　則得諸根淨明利 91上
若得諸根淨明利　則能遠離惡知識 92上

若得信樂心清淨　則得增上最勝心 103上
若得增上最勝心　則常修習波羅蜜 104上
若常修習波羅蜜　則能具足摩訶衍 105上
若能具足摩訶衍　則能如法供養佛 106上
若能如法供養佛　則能念佛心不動 107上
若能念佛心不動　則常覩見無量佛 108上

若能為眾說法時　音聲隨類難思議 49中
則於一切眾生心　一念悉知無有餘 50中
若於一切眾生心　一念悉知無有餘 51中
則知煩惱無所起　永不沒溺於生死 52中
若知煩惱無所起　永不沒溺於生死 53中
則獲功德法性身　以法威力現世間 54中
若獲功德法性身　以法威力現世間 55中
則獲十地十自在　修行諸度勝解脫 56中
若得十地十自在　修行諸度勝解脫 57中
則獲灌頂大神通　住於最勝諸三昧 58中
若獲灌頂大神通　住於最勝諸三昧 59中

或復有成或有壞　或有正住或傍住 94中
或如曠野熱時焰　或如天上因陀網 95中
如一塵中所示現　一切微塵悉亦然 96中
此大名稱諸聖人　三昧解脫神通力 97中
若欲供養一切佛　入于三昧起神變 98中
能以一手遍三千　普供一切諸如來 99中
十方所有勝妙華　塗香末香無價寶 100中
如是皆從手中出　供養道樹諸最勝 101中
無價寶衣雜妙香　寶幢幡蓋皆嚴好 102中
真金為華寶為帳　莫不皆從掌中雨 103中
十方所有諸妙物　應可奉獻無上尊 104中
掌中悉雨無不備　菩提樹前持供佛 105中
十方一切諸妓樂　鐘鼓琴瑟非一類 106中

或作外道出家人　或在山林自勤苦 87下
或露形體無衣服　而於彼眾作師長 88下
或現邪命種種行　習行非法以為勝 89下
或現梵志諸威儀　於彼眾中為上首 90下

或復臥杵求出離　而於彼眾作師首 96下
如是等類諸外道　觀其意解與同事 97下

或八部語說四諦　或一切語說四諦 105下
隨彼所解語言音　為說四諦令解脫 106下
所有一切諸佛法　皆如是說無不盡 107下
知語境界不思議　是名說法三昧力 108下
大方廣佛華嚴經卷第十四 109下

若常覩見無量佛　　則見如來體常住 109上

悉奏和雅妙音聲　　靡不從於掌中出 107中
十方所有諸讚頌　　稱歎如來實功德 108中
如是種種妙言辭　　皆從掌內而開演 109中

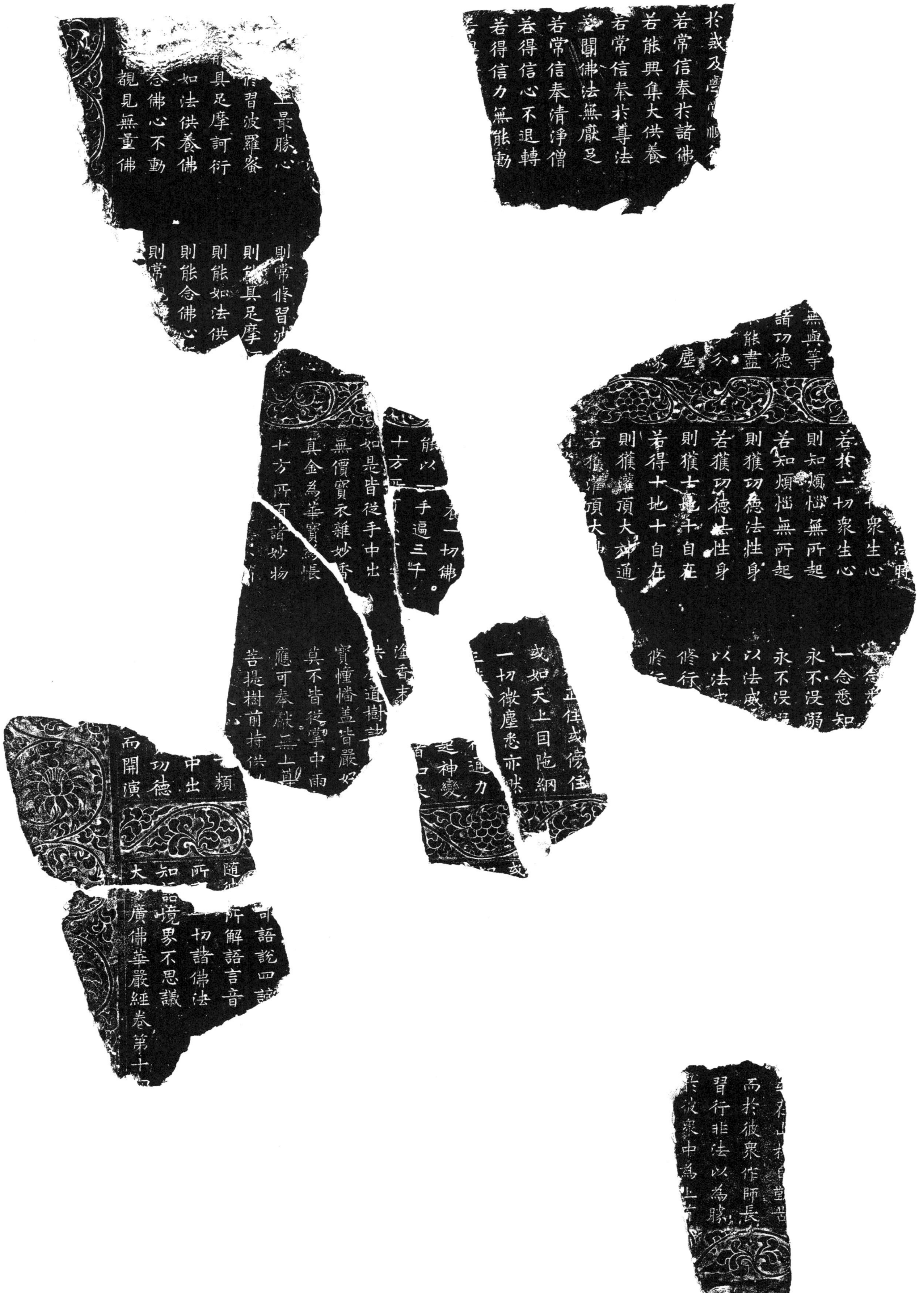
若常信奉於諸佛
若能興集大供養
若常信奉於尊法
若聞佛法無厭足
若常信奉清淨僧
若得信心不退轉
若得信力無能動
上最勝心
修習波羅蜜
具足摩訶行
如法供養佛
念佛心不動
覩見無量佛
則常修習波
則能具足摩
則能如法供
則能念佛心
則常
無與等
諸功德
能盡
若於一切衆生心
則知煩惱無所起
若知煩惱無所起
則獲功德法性身
若獲功德法性身
則獲十地十自在
若得十地十自在
則獲灌頂大神通
一念悉知
永不沒溺
永不沒
以法威
以法
修行
能以
十方
一切佛
手遍三千
如是皆從手中出
無價寶衣雜妙香
真金為華寶為帳
十方所有諸妙物
塗香末
道樹
寶幢幡蓋皆嚴好
皆從掌中雨
應可奉獻無上尊
菩提樹前持供
或正住或傍住
或如天上因陀網
一切微塵悉亦然
通力
起神變
類
中出
功德
而開演
隨
所
知
大
可語說四諦
所解語言音
一切諸佛法
境界不思議
廣佛華嚴經卷第十
而於彼衆作師長
習行非法以為勝
於彼衆中為上首

第二十三石

況出世間無有上　於禪解脫不自在 7上
摩醯首羅智自在　大海龍王降雨時 8上
悉能分別數其滴　於一念中皆辨了 9上
無量億劫勤修學　得是無上菩提智 10上
云何不於一念中　普知一切眾生心 11上
眾生業報不思議　以大風力起世間 12上
巨海諸山天宮殿　眾寶光明萬物種 13上
亦能興雲降大雨　亦能散滅諸雲氣 14上
亦能成熟一切穀　亦能安樂諸群生 15上
風不能學波羅蜜　亦不學佛諸功德 16上
猶成不可思議事　何況具足諸願者 17上
男子女人種種聲　一切鳥獸諸音聲 18上
大海川流雷震聲　皆能稱悅眾生意 19上
況復知聲性如響　逮得無礙妙辯才 20上
普應眾生而說法　而不能令世間喜 21上
海有希奇殊特法　能為一切平等印 22上
眾生寶物及川流　普悉包容無所拒 23上
無盡禪定解脫者　為平等印亦如是 24上
福德智慧諸妙行　一切普修無厭足 25上
大海龍王遊戲時　普於諸處得自在 26上
興雲充遍四天下　其雲種種莊嚴色 27上
第六他化自在天　於彼雲色如真金 28上
化樂天上赤珠色　兜率陀天霜雪色 29上
夜摩天上瑠璃色　三十三天碼磁色 30上
四王天上玻瓈色　大海水上金剛色 31上

尸棄如來離分別　諸吉祥中最無上 13中
彼佛曾來入此殿　是故此處最吉祥 14中
毗婆尸佛如滿月　諸吉祥中最無上 15中
彼佛曾來入此殿　是故此處最吉祥 16中
弗沙明達第一義　諸吉祥中最無上 17中
彼佛曾來入此殿　是故此處最吉祥 18中
提舍如來辯無礙　諸吉祥中最無上 19中
彼佛曾來入此殿　是故此處最吉祥 20中
波頭摩佛淨無垢　諸吉祥中最無上 21中

此殿忽然廣博寬容如其天眾諸所住處十 28中
方世界悉亦如是 29中
須彌頂上偈讚品第十四 30中
爾時佛神力故十方各有一大菩薩一一各 31中
與佛剎微塵數菩薩俱從百佛剎微塵數國 32中

如於無量劫　積智者所見　一切凡夫行 18下
莫不速歸盡　其性如虛空　故說無有盡 19下
智者說無盡　此亦無所說　自性無盡故 20下
得有難思盡　所說無盡中　無眾生可得 21下
知眾生性爾　則見大名稱　無見說為見 22下
無生說眾生　若見若眾生　了知無體性 23下
能見及所見　見者悉除遣　不壞於真法 24下
此人了知佛　若人了知佛　及佛所說法 25下
則能照世間　如佛盧舍那　正覺善開示 26下
一法清淨道　精進慧大士　演說無量法 27下
若有若無有　彼想皆除滅　如是能見佛 28下
安住於實際 29下
爾時智慧菩薩承佛威力普觀十方而說頌 30下
言 31下
我聞最勝教　即生智慧光　普照十方界 32下
悉見一切佛　此中無少物　但有假名字 33下
若計有我人　則為入險道　諸取著凡夫 34下
（十住品第十五）94下

（大方廣佛華嚴經卷第十五）99上

（大方廣佛華嚴經卷第十六）100上

（昇須彌山頂品第十三　于闐三藏實叉難陀新譯）101上

……勤修學　得是無上菩提智
於一念中皆辯了
龍王降雨時
不自在
云何不於一念中　普知一切眾生心
眾生業報不思議　以大風力起世間
巨海諸山天宮殿　眾寶光明萬物種
亦能興雲降大雨　亦能散滅諸雲氣
亦能成熟一切穀　亦能安樂諸群生
風不能學波羅蜜　亦不學佛諸功德
猶成不可思議事　何況具足諸願者
男子女人種種聲　一切鳥獸諸音聲
大海川流雷震聲　皆能稱悅眾生意
況復知聲性如響　逮得無礙妙辯才
普應眾生而說法　而不能令世間喜
有希奇殊特法　能為一切平等印
眾生寶物及川流　普悉包容無所拒
無盡禪定解脫者　為平等印亦如是
福德智慧諸妙行　一切普修無猒足
大海龍王遊戲時　普於諸處得自在
興雲充遍四天下　其雲種種
第六他化自在天　於彼雲色
化樂天上赤珠色　兜
上瑠璃色　二

諸所住處十
第十四
一
一各
嫈國
若
安住
尒時
言
我聞
悉見一
若計

積智者所
逮歸盡　其性如虛空　說無有
無盡　此亦無所說　自性無盡故
難思盡　所說無盡中　無眾生可得
知眾生性尒　則見大名稱　無見說為見
無生說眾生　若見若眾生　了知無體性
能見及所見　見者悉除遣　不壞於真法
此人了知佛　若人了知佛　及佛所說法
能照世間　如佛盧舍那　正覺善開示
法清淨道　精進慧大士　演說無量法
無有　彼想皆除滅　如

第二十五石

（大方廣佛華嚴經卷第十七）1上
（梵行品第十六　于闐三藏實叉難陀新譯）2上
不合集是法耶若僧是梵行者為預流向是27上
僧耶預流果是僧耶一來向是僧耶一來果28上
是僧耶不還向是僧耶不還果是僧耶阿羅29上
漢向是僧耶阿羅漢果是僧耶三明是僧耶30上
六通是僧耶若戒是梵行者為壇場是戒耶31上
問清淨是戒耶教威儀是戒耶三說羯磨是32上
戒耶和尚是戒耶阿闍梨是戒耶鬚髮是戒33上
耶著袈裟衣是戒耶乞食是戒耶正命是戒34上
耶如是觀已於身無所取於修無所著於法35上
無所住過去已滅未來未至現在空寂無作36上
業者無受報者此世不移動彼世不改變此37上
中何法名為梵行梵行從何處來誰之所有38上
體為是誰由誰而作為是有為是無為是色39上
為非色為是受為非受為是想為非想為是40上
行為非行為是識為非識如是觀察梵行法41上
不可得故三世法皆空寂故意無取著故心42上
無障礙故所行無二故方便自在故受無相43上
法故觀無相法故知佛法平等故具一切佛44上
法故如是名為清淨梵行復應修習十種法45上
何者為十所謂處非處智過現未來業報智46上
諸禪解脫三昧智諸根勝劣智種種解智種47上
種界智一切至處道智天眼無礙智宿命無48上

第二人於一念頃能知前人阿僧祇劫所知27中
劫數如是廣說乃至第十南西北方四維上28中
下亦復如是佛子此十方阿僧祇世界成壞29中
劫數可知邊際菩薩初發阿耨多羅三藐三30中
菩提心功德善根無有能得知其際者何以31中
故菩薩不齊限但為知爾所世界成壞劫數32中
故發阿耨多羅三藐三菩提心為悉知一切33中
世界成壞劫盡無餘故發阿耨多羅三藐三34中
菩提心所謂知長劫與短劫平等短劫與長35中

切世界成壞劫故發阿耨多羅三藐三菩提44中
心是名初發心大誓莊嚴了知一切劫神通45中
智佛子復置此諭假使有人於一念頃能知46中
東方阿僧祇世界所有眾生種種差別解念47中
念如是盡阿僧祇劫有第二人於一念頃能48中
知前人阿僧祇劫所知眾生諸解差別如是49中
亦盡阿僧祇劫次第展轉乃至第十南西北50中
方四維上下亦復如。佛子此十方眾生種51中
種差別解可知邊際菩薩初發阿耨多羅三52中
藐三菩提心功德善根無有能得知其際者53中
何以故佛子菩薩不齊限但為知爾所眾生54中
解故發阿耨多羅三藐三菩提心為盡知一55中
切世界所有眾生種種差別解故發阿耨多56中
羅三藐三菩提心所謂欲知一切差別解無57中
邊故一眾生解無數眾生解平等故欲得不58中

來形像光明遍照無數世界經無數劫南西49下
北方四維上下亦復如是佛子於汝意云何50下
此人功德寧為多不天帝言是人功德唯佛51下
乃知餘無能測佛子此人功德比菩薩初發52下
心功德百分不及一千分不及一百千分不53下
及一乃至優波尼沙陀分亦不及一佛子復54下
置此諭假使復有第二人於一念中能作前55下
人及無數世界所有眾生無數劫中供養之56下
事念念如是以無量種供養之具供養無量57下
諸佛如來及無量世界所有眾生經無量劫58下
其第三人乃至第十人皆亦如是於一念中59下
能作前人所有供養念念如是以無邊無等60下
不可數不可稱不可思不可量不可說不可61下
說不可說供養之具供養無邊乃至不可說62下
不可說諸佛及爾許世界所有眾生經無邊63下
乃至不可說不可說劫至佛滅後各為起塔64下
其塔高廣乃至住劫亦復如是佛子此前功65下
德比菩薩初發心功德百分不及一千分不66下
及一百千分不及一乃至優波尼沙陀分亦67下
不及一何以故佛子菩薩摩訶薩不齊限但68下
為供養爾所佛故發阿耨多羅三藐三菩提69下
心為供養盡法界虛空界不可說不可說十70下
方無量去來現在所有諸佛故發阿耨多羅71下
三藐三菩提心發是心已能知前際一切諸72下
佛始成正覺及般涅槃能信後際一切諸佛73下

礙智永斷習氣智於如來十力一一觀察一 49 上
一力中有無量義悉應諮問聞已應起大慈 50 上
悲心觀察眾生而不捨離思惟諸法無有休 51 上
息行無上業不求果報了知境界如幻如夢 52 上
如影如響亦如變化若諸菩薩能與如是觀 53 上
行相應於諸法中不生二解一切佛法疾得 54 上
現前初發心時即得阿耨多羅三藐三菩提 55 上
知一切法即心自性成就慧身不由他悟 56 上
初發心功德品第十七 57 上
爾時天帝釋白法慧菩薩言佛子菩薩初發 58 上
菩提之心所得功德其量幾何法慧菩薩言 59 上
此義甚深難說難知難分別難信解難證難 60 上
行難通達難思惟難度量難趣入雖然我當 61 上
承佛威神之力而為汝說佛子假使有人以 62 上
一切樂具供養東方阿僧祇世界所有眾生 63 上
經於一劫然後教令淨持五戒南西北方四 64 上
維上下亦復如是佛子於汝意云何此人功 65 上
德寧為多不天帝言佛子此人功德唯佛能 66 上
知其餘一切無能量者法慧菩薩言佛子此 67 上
人功德比菩薩初發心功德百分不及一千 68 上
分不及一百千分不及一如是億分百億分 69 上
千億分百千億分那由他億分百那由他億 70 上
分千那由他億分百千那由他億分數分歌 71 上
羅分算分諭分優波尼沙陀分亦不及一佛 72 上
子且置此諭假使有人以一切樂具供養十 73 上
方十阿僧祇世界所有眾生經於百劫然後 74 上
教令修十善道如是供養經於千劫教住四 75 上
禪經於百千劫教住四無量心經於億劫教 76 上
住四無色定經於百億劫教住須陀洹果經 77 上
於千億劫教住斯陀含果經於百千億劫教 78 上

可說差別解方便智光明故欲悉知眾生海 59 中
各各差別解盡無餘故欲悉知過現未來善 60 中
不善種種無量解故欲悉知相似解不相似 61 中
解故欲悉知一切解即是一解一解即是一 62 中
切解故欲得如來解力故欲悉知有上解無 63 中
上解有餘解無餘解等解不等解差別故欲 64 中
悉知有依解無依解共解不共解有邊解無 65 中
邊解差別解無差別解善解不善解世間解 66 中
出世間解差別故欲於一切妙解大解無量 67 中
解正位解中得如來解脫無障礙智故欲以 68 中
無量方便悉知十方一切眾生界一一眾生 69 中
淨解染解廣解略解細解麁解盡無餘故欲 70 中
悉知深密解方便解分別解自然解隨因所 71 中
起解隨緣所起解一切解網悉無餘故發阿 72 中
耨多羅三藐三菩提心佛子復置此諭假使 73 中
有人於一念须能知東方無數世界一切眾 74 中
生諸根差別念念如是經阿僧祇劫有第二 75 中
人於一念頃能知前人阿僧祇劫念念所知 76 中
諸根差別如是廣說乃至第十南西北方四 77 中
維上下亦復如是佛子此十方世界所有眾 78 中
生諸根差別可知邊際菩薩初發阿耨多 79 中
羅三藐三菩提心功德善根無有能得知其際 80 中
者何以故菩薩不齊限但為知爾所世界眾 81 中
生根故發阿耨多羅三藐三菩提心為盡知 82 中
一切世界中一切眾生根種種差別廣說乃 83 中
至欲盡知一切諸根網故發阿耨多羅三藐 84 中
三菩提心佛子復置此諭假使有人於一念 85 中
頃能知東方無數世界所有眾生種種欲樂 86 中
念念如是盡阿僧祇劫次第廣說乃至第十 87 中
南西北方四維上下亦復如是此十方眾生 88 中

所有善根能知現在一切諸佛所有智慧彼 74 下
諸佛所有功德此菩薩能信能受能修能得 75 下
能知能證能成就能與諸佛平等一性何以 76 下
故此菩薩為不斷一切如來種性故發心為 77 下
充遍一切世界故發心為度脫一切世界眾 78 下
生故發心為悉知一切世界成壞故發心為 79 下
悉知一切眾生垢淨故發心為悉知一切世 80 下
界三有清淨故發心為悉知一切眾生心樂 81 下
煩惱習氣故發心為悉知一切眾生死此生 82 下
彼故發心為悉知一切眾生諸根方便故發 83 下
心為悉知一切眾生心行故發心為悉知一 84 下
切眾生三世智故發心以發心故常為三世 85 下
一切諸佛之所憶念當得三世一切諸佛無 86 下
上菩提即為三世一切諸佛與其妙法即與 87 下
三世一切諸佛體性平等已修三世一切諸 88 下
佛助道之法成就三世一切諸佛力無所畏 89 下
莊嚴三世一切諸佛不共佛法悉得法界一 90 下
切諸佛說法智慧何以故以是發心當得佛 91 下
故應知此人即與三世諸佛同等即與三世 92 下
諸佛如來境界平等即與三世諸佛如來功 93 下

住阿那含果經於那由他億劫教住阿羅漢 79上
果經於百千那由他億劫教住辟支佛道佛 80上
子於意云何是人功德寧為多不天帝言佛 81上
子此人功德唯佛能知法慧菩薩言佛子此 82上
人功德比菩薩初發心功德百分不及一千 83上
分不及一百千分不及一乃至優波尼沙陀 84上
分亦不及一何以故佛子一切諸佛初發心 85上
時不但為以一切樂具供養十方十阿僧祇 86上
世界所有眾生經於百劫乃至百千那由他 87上
億劫故發菩提心不但為教爾所眾生令修 88上
五戒十善業道教住四禪四無量心四無色 89上
定教得須陀洹果斯陀含果阿那含果阿羅 90上
漢果辟支佛道故發菩提心為令如來種性 91上
不斷故為充遍一切世界故為度脫一切世 92上
界眾生故為悉知一切世界成壞故為悉知 93上
一切世界中眾生垢淨故為悉知一切世界 94上
自性清淨故為悉知一切眾生心樂煩惱習 95上
氣故為悉知一切眾生死此生彼故為悉知 96上
一切眾生諸根方便故為悉知一切眾生心 97上
行故為悉知一切眾生三世智故為悉知一 98上

所有欲樂可知邊際菩薩初發阿耨多羅三 89中
藐三菩提心功德善根無有能得知其際者 90中
何以故佛子菩薩不齊限但為知爾所眾生 91中
欲樂故發阿耨多羅三藐三菩提心為盡知 92中
一切世界所有眾生種種欲樂廣說乃至欲 93中
盡知一切欲樂網故發阿耨多羅三藐三菩 94中
提心佛子復置此諭假使有人於一念頃能 95中
知東方無數世界所有眾生種種方便如是 96中
廣說乃至第十南西北方四維上下亦復如 97中
是此十方眾生種種方便可知邊際菩薩初 98中
發阿耨多羅三藐三菩提心功德善根無有 99中
能得知其際者何以故佛子菩薩不齊限但 100中
為知爾所世界眾生種種方便故發阿耨多 101中
羅三藐三菩提心為盡知一切世界所有眾 102中
生種種方便廣說乃至欲盡知一切方便網 103中

法故為以智光普照故為欲開闡實義故為 26 上
令證得法性故為令眾會悉歡喜故為欲開 27 上

無量諸佛妙法藏　隨順觀察悉能入 60 上
眾生根行靡不知　到如是處如世尊 61 上
清淨大願恒相應　樂供如來不退轉 62 上
人天見者無厭足　常為諸佛所護念 63 上
其心清淨無所依　雖觀深法而不取 64 上
如是思惟無量劫　於三世中無所著 65 上
其心堅固難制沮　趣佛菩提無障礙 66 上
志求妙道除蒙惑　周行法界不告勞 67 上

十方眾生悉慰安　一切所作皆真實 74 上
恒以淨心不異語　常為諸佛共加護 75 上
過去所有皆憶念　未來一切悉分別 76 上
十方世界普入中　為度眾生令出離 77 上
菩薩具足妙智光　善了因緣無有疑 78 上
一切迷惑皆除斷　如是而遊於法界 79 上
魔王宮殿悉摧破　眾生翳膜咸除滅 80 上
離諸分別心不動　善了如來之境界 81 上
三世疑網悉已除　於如來所起淨信 82 上
以信得成不動智　智清淨故解真實 83 上
為令眾生得出離　盡於後際普饒益 84 上
長時勤苦心無厭　乃至地獄亦安受 85 上
福智無量皆具足　眾生根欲悉了知 86 上
及諸業行無不見　如其所樂為說法 87 上
了知一切空無我　慈念眾生恒不捨 88 上
以一大悲微妙音　普入世間而演說 89 上
放大光明種種色　普照眾生除黑暗 90 上
光中菩薩坐蓮華　為眾闡揚清淨法 91 上

身遍法界及虛空　隨眾生心靡不見 26 中
能所分別二俱離　雜染清淨無所取 27 中
若縛若解智悉忘　但願普與眾生樂 28 中
一切世間唯想力　以智而入心無畏 29 中
思惟諸法亦復然　三世推求不可得 30 中
能入過去畢前際　能入未來畢後際 31 中

眾生是處若非處　及以諸業感報別 65 中
隨順思惟入佛力　於此一切悉了知 66 中
一切世間種種性　種種所行住三有 67 中
利根及與中下根　如是一切咸觀察 68 中
淨與不淨種種解　勝劣及中悉明見 69 中
一切眾生至處行　三有相續皆能說 70 中
禪定解脫諸三昧　染淨因起各不同 71 中
及以先世苦樂殊　淨修佛力咸能見 72 中
眾生業惑續諸趣　斷此諸趣得寂滅 73 中
種種漏法永不生　并其習種悉了知 74 中
如來煩惱皆除盡　大智光明照於世 75 中
菩薩於佛十力中　雖未證得亦無疑 76 中
菩薩於一毛孔中　普現十方無量剎 77 中
或有雜染或清淨　種種業作皆能了 78 中
一微塵中無量剎　無量諸佛及佛子 79 中
諸剎各別無雜亂　如一一切悉明見 80 中
於一毛孔見十方　盡虛空界諸世間 81 中
無有一處空無佛　如是佛剎悉清淨 82 中
於毛孔中見佛剎　復見一切諸眾生 83 中
三世六趣各不同　晝夜月時有縛解 84 中
如是大智諸菩薩　專心趣向法王位 85 中
於佛所住順思惟　而獲無邊大歡喜 86 中
菩薩分身無量億　供養一切諸如來 87 中

眾生心行可數知　國土微塵亦復然 67 下
虛空邊際乍可量　發心功德無能測 68 下
出生三世一切佛　成就世間一切樂 69 下
增長一切勝功德　永斷一切諸疑惑 70 下
開示一切妙境界　盡除一切諸障礙 71 下
成就一切清淨剎　出生一切如來智 72 下
欲見十方一切佛　欲施無盡功德藏 73 下
欲滅眾生諸苦惱　宜應速發菩提心 74 下
大方廣佛華嚴經卷第十七 75 下
大方廣佛華嚴經卷第十八 76 下
明法品第十八　于闐三藏實叉難陀新譯 77 下
爾時精進慧菩薩白法慧菩薩言佛子菩薩 78 下
摩訶薩初發求一切智心成就如是無量功 79 下
德具大莊嚴昇一切智乘入菩薩正位捨諸 80 下
世間法得佛出世法去來現在諸佛攝受決 81 下
定至於無上菩提究竟之處彼諸菩薩於佛 82 下
教中云何修習令諸如來皆生歡喜入諸菩 83 下
薩所住之處一切大行皆得清淨所有大願 84 下
悉使滿足獲諸菩薩廣大之藏隨所應化常 85 下
為說法而恒不捨波羅蜜行所念眾生咸令 86 下
得度紹三寶種使不斷絕善根方便皆悉不 87 下
虛佛子彼諸菩薩以何方便能令此法當得 88 下
圓滿願垂哀愍為我宣說此諸大會靡不樂 89 下
聞復次如諸菩薩摩訶薩常勤修習滅除一 90 下
切無明黑暗降伏魔怨制諸外道永滌一切 91 下
煩惱心垢悉能成就一切善根永出一切惡 92 下
趣諸難淨治一切大智境界成就一切菩薩 93 下
諸地諸波羅蜜總持三昧六通三明四無所 94 下
畏清淨功德莊嚴一切諸佛國土及諸相好 95 下
身語心行成就滿足善知一切諸佛如來力 96 下

第十二石

能知於此剎海中　如是一切諸神變1上
爾時普賢菩薩復告大眾言諸佛子此世界2上
海大地中有不可說佛剎微塵數香水海一3上
切妙寶莊嚴其底妙香摩尼莊嚴其岸毗盧4上
遮那摩尼寶王以為其網香水映徹具眾寶5上
色充滿其中種種寶華旋布其上栴檀細末6上
澄垽其下演佛言音放寶光明無邊菩薩持7上
種種蓋現神通力一切世界所有莊嚴悉於8上
中現十寶階陛行列分布十寶欄楯周匝圍9上
遶四天下微塵數一切寶莊嚴芬陀利華敷10上
榮水中不可說百千億那由他數十寶尸羅11上
幢恒河沙數一切寶衣鈴網幢恒河沙數無12上
邊色相寶華樓閣百千億那由他數十寶蓮13上
華城四天下微塵數眾寶樹林寶焰摩尼以14上
為其網恒河沙數栴檀香諸佛言音光焰摩15上
尼不可說百千億那由他數眾寶垣牆悉共16上
圍遶周遍嚴飾爾時普賢菩薩欲重宣其義17上
承佛神力觀察十方而說頌言18上
此世界中大地上　有香水海摩尼嚴19上
清淨妙寶布其底　安住金剛不可壞20上
種種妙寶芬陀利　敷布莊嚴香水海29上
香焰光明無暫停　廣大圓滿皆充遍30上
明珠寶幢恒熾盛　妙衣垂布為嚴飾31上
摩尼鈴網演法音　令其聞者趣佛智32上
妙寶蓮華作城廓　眾彩摩尼所嚴瑩33上

此地一一微塵中　一切佛子修行道1中
各見所記當來剎　隨其意樂悉清淨2中
爾時普賢菩薩復告大眾言諸佛子諸佛世3中
尊世界海莊嚴不可思議何以故諸佛子此4中
華藏莊嚴世界海一切境界一一皆以世界5中
海微塵數清淨功德之所莊嚴爾時普賢菩6中
薩欲重宣其義承佛神力觀察十方而說頌7中
言8中
此剎海中一切處　悉以眾寶為嚴飾9中
發焰騰空布若雲　光明洞徹常彌覆10中
摩尼吐雲無有盡　十方佛影於中現11中
神通變化靡暫停　一切菩薩咸來集12中
一切摩尼演佛音　其音美妙不思議13中
毗盧遮那昔所行　於此寶內恒聞見14中
清淨光明遍照尊　莊嚴具中皆現影15中
變化分身眾圍遶　一切剎海咸周遍16中
所有化佛皆如幻　求其來處不可得17中
以佛境界威神力　一切剎中如是現18中
如來自在神通事　悉遍十方諸國土19中
以此剎海淨莊嚴　一切皆於寶中見20中
十方所有諸變化　一切皆如鏡中像21中
但由如來昔所行　神通願力而出生22中
若有能修普賢行　入於菩薩勝智海23中
能於一切微塵中　普現其身淨眾剎24中
不可思議億大劫　親近一切諸如來25中

依種種寶華瓔珞住其形八隅妙光摩尼日1下
輪雲而覆其上三佛剎微塵數世界周匝圍2下
遶佛號淨光智勝幢此上過佛剎微塵數世3下
界有世界名種種光明華莊嚴以一切寶王4下
為際依眾色金剛尸羅幢海住其狀猶如摩5下
尼蓮華以金剛摩尼寶光雲而覆其上四佛6下
剎微塵數世界周匝圍遶純一清淨佛號金7下
剛光明無量精進力善出現此上過佛剎微8下
塵數世界有世界名普放妙華光以一切寶9下
鈴莊嚴網為際依一切樹林莊嚴寶輪網海10下
住其形普方而多有隅角梵音摩尼王雲以11下
覆其上五佛剎微塵數世界周匝圍遶佛號12下
香光喜力海此上過佛剎微塵數世界有世13下
界名淨妙光明以寶王莊嚴幢為際依金剛14下
宮殿海住其形四方摩尼輪髻帳雲而覆其15下
上六佛剎微塵數世界周匝圍遶佛號普光16下
自在幢此上過佛剎微塵數世界有世界名17下
眾華焰莊嚴以種種華莊嚴為際依一切寶18下
依種種寶色蓮華座虛空海住其狀猶如因24下
陀羅網以無邊色華網雲而覆其上八佛剎25下
身形無量寶莊嚴師子座雲而覆其上九佛30下
剎微塵數世界周匝圍遶佛號清淨月光明31下
相無能摧伏此上過佛剎微塵數世界有世32下
界名金剛幢以無邊莊嚴真珠藏寶瓔珞為33下
際依一切莊嚴寶師子座摩尼海住其狀周34下

普為衆生起神變 此是進燈法如是
尒時普賢菩薩復告大衆言諸佛子應知世
界海有種種體所謂或以一切寶莊嚴為體
或以一寶種種莊嚴為體或以一切寶光明
為體或以種種色光明為體或以一切莊嚴
光明為體或以不可壞金剛為體或以佛力
持為體或以妙寶相為體或以佛變化為體
或以日摩尼輪為體或以極微細寶為體或以一
切寶焰為體或以種種香為體或以一
切寶華冠為體或以一切寶影像為體或以
一切莊嚴所示現為體或以一念心普示現
境界為體或以菩薩形寶為體或以寶華蘂為
體或以佛言音為體尒時普賢菩薩欲重
宣其義承佛威力觀察十方而說頌言
或有諸刹海 妙寶所合成 堅固不可壞
安住寶蓮華 或是淨光明 出生不可知
一切光莊嚴 依止虛空住 或淨光為體
復依光明住 光雲作嚴飾 菩薩共遊處
或有諸刹海 從於願力生 猶如影像住
取說不可得 或以摩尼成 普放日藏光
珠輪以嚴地 菩薩悉充滿 有刹寶焰成
焰雲覆其上 衆寶光殊妙 皆由業所得
佛化起 或從心海 心所解住
無處所 一切是分別 或以佛光明
光為體 諸佛於中現 各起神通力
菩薩 化現諸刹海 願力所莊嚴

或有唯宣一乘法
或有自然成正覺
一念中
十方便現無量
衆生住於道
郡迷無有數
無量無邊佛
便度郡生
說法
生海

諸佛方
普住種種
尒時普賢菩薩復告大衆言諸佛子世
界海有世界海微塵數劫住所謂
祇劫住或有無量劫住或有無邊劫住或有
無等劫住或有不可數劫住或有不可稱劫
住或有不可思劫住或有不可量劫住或有
不可說劫住如是等有世界海微塵數尒時
普賢菩薩欲重宣其義承佛威力觀察十方
而說頌言
世界海中種種劫 廣大方便所莊嚴
十方國土咸觀見 數量差別悉明了
我見十方世界海 劫數無量等衆生
或長或短或無邊 以佛音聲今演說
我見十方諸刹海 住國土微塵劫
或有一劫或無數 以願種種各不同
或有純淨或純染 或復染淨二俱雜
願海安住種種殊 住於衆生心想中

大方廣佛華嚴經卷第八
于闐國三藏實叉難陀奉 制譯
華藏世界品第五之一
尒時普賢菩薩復告大衆言諸佛子此華藏
莊嚴世界海是毗盧遮那如來往昔於世界
海微塵數劫修菩薩行時一一劫中親近世
界海微塵數佛一一佛所淨修世界海微塵
數大願之所嚴淨諸佛子此華藏莊嚴世界
海有須彌山微塵數風輪所持其最下風輪
名平等住能持其上一切寶焰熾然莊嚴次
上風輪名出生種種寶莊嚴能持其上淨光
照耀摩尼王幢次上風輪名寶威德能持其
上一切寶鈴次上風輪名平等焰能持其上
日光明相摩尼王輪次上風輪名種種普莊
嚴能持其上光明輪華次上風輪名普清淨
能持其上一切華焰師子座次上風輪名聲
十方能持其上一切珠王幢次上風輪名
一切寶光明能持其上一切摩尼王樹華次
上風輪名速疾普持能持其上一切香摩尼
須彌雲次上風輪名種種宮殿遊行能持其
上一切寶色香臺雲諸
風輪最在上者名殊勝威光藏能持普光
莊嚴香水海此香水海有大蓮華名
香幢華藏莊嚴世界海住在其
四方均平清淨
山周帀圍
海衆樹各有區別是持普
義承佛神力觀察十方而說頌言

爾時
界海有
眞上妙雲
或以說一切衆
菩薩願海莊嚴或
莊嚴出以一念頃示
現一切佛身

現
意
切莊

方國
切
生

中放淨光
土皆周遍
佛數等衆生
帝釋輪王等
光明等法界
種方便示調伏
嚴世界所有塵
光現佛如雲
願雲周

其光普照衆生海
咸令出苦向菩提
從其毛孔出化佛
一切衆生及諸佛
光中演說諸佛名
普應群心無不盡
一一塵中見法界
此是如來剎自在
於一切劫化群生
所有莊嚴從此出

隆
菩提
合遊諸
方一切
大莊嚴
莊嚴滅
廣博

故世界海無量
大坦槃故世界海
衆世故一切世界海
通變化故世界海
海微塵數爾時
充滿十方

爾時普賢
普告大衆言諸佛子此華藏
莊嚴世界
輪圍山住日
王蓮華之上
梅檀
尼為其身威
寶王
妙
香
光作其輪
閻所共成立一切
香
流注其間
妙華開敷香草布
明珠間飾種種香華
蔓遍滿摩尼為網
周帀垂覆如是等有世界
海微塵數衆妙莊
嚴爾時普賢菩薩欲重宣
其義承佛神力觀
察十方而說頌言
世界大海無有邊
寶有莊嚴盡奇妙
摩尼寶輪妙
種妙寶

法若
聞若聲聞法
世間法若
出世間若
唯求一切智於諸法界
力故十方各一萬佛刹
動所謂動遍動等遍動起
踊等遍踊震遍震等遍
遍擊等遍擊雨衆天
天衣天寶天莊嚴具
天音聲是時十方
外
身在法慧菩薩前作如是言
於今者能說此法我等十方
數佛亦說是法一切諸佛悉如是
法時有萬佛刹微塵數菩薩發菩提心我等
今者悉授其於當來世過千不可說無邊
劫中而得作佛出興於世皆号清淨
心如來所住世界各各差別我等悉當護持
此法令未來世一切菩薩未曾聞者皆悉得
聞如此娑婆世界四天下須彌頂上說如是
法令諸衆生聞已受化如是十方百千億那
由他無數無量無可數不可稱不
言可量不可說盡法虛空界諸世界
衆生其說者同名法慧
本願力故欲顯示
開闡
義

慧安
塵
此

辟
觀
種
於諸
一身
其心
於諸世
難觀諸
一切

法而不乘
間唯是想
見界險且深
師自在力
界及虛空
具
忘
力
然
除

一念
於一
恒殺衆生
於中種種
為現神通而
菩薩神變亦如
隨衆生心
雜染清淨
但願普與衆
以智而入
三世推
法

現初生及出家
衆生示涅槃
佛境界非二乘
種種隨宜悉能現
不生思惟發狂亂
自現如來自在力
況復增殊勝行
集如來自在力

又教億衆
以彼而拔善
一念能遍
此諸刹

音
遍
遠離尚可知
發心能離業煩惱
業惑既離相續斷
一念供養無邊佛
以香華及妙鬘
座經行處
妙寶珠

十方
三有相
發心功
供養一
亦於
亦供
寶幢
種種宮
如意摩

妙法藏　隨順觀
靡不知　到如是處
恒相應　樂供如来
無能足　常為諸
淨無所依　雖觀深
惟無量劫　於三
中無所
提無障礙
界不吉勞

性
下根
種種解
及以諸業感報別
於此一切悉了知
種種所行住三有
如是一切咸觀察
勝劣及中悉明見
能說

無相願無依
法自性如虛空
無數不可說
界諸如来
此心無量德所嚴
衆生數今許
欲知一切諸佛法
此心功德中最勝
衆生心行可數知
虛空邊際可量
出生三世一切佛
增長一切勝功德
開示一切妙境界
成就一　清淨

一
為衆
悉共讚　初發心
能到彼岸同於佛
說其功德不可盡
界諸法無能喻
提心
宜應速發
必得如来無礙智
國土微塵亦復然
發心功德無能測
成就世間一切

十所
為諸佛共
未來一切悉今
為度眾生令出離
善了因緣無有疑
如是而遊於法界
眾生翳膜咸除滅
善了如來之境界
於如來所起淨
淨故解真實
盡於後際普饒益
乃至地獄亦安受
眾生根欲悉了知
如其所樂為說法
慈念眾生恒不捨
普入世間而演說
普照眾生除黑暗
種種色
坐蓮華

種種漏法永不
如來煩惱皆除盡
菩薩於佛十力中
菩薩於一毛孔中
或有雜染或清淨
一微塵中無量
諸剎各別無雜
於一毛孔
分
無佛
佛剎
佛所住順思
菩薩分身無量億
神通變現勝無比
無量佛所皆讚仰
見佛聞法

普現十方無量
種種業作皆能了
無量諸佛及佛子
如一一切悉明見
盡虛空界諸世間
如是佛剎悉清淨
復見一切諸眾生

苦惱　宜應　發菩提心
嚴經卷第十七
嚴經卷第十八
八　于闐三藏實叉難陀新譯
菩薩白法慧菩薩言佛子菩薩
求一切智心成就如是無量
昇一切智乘入菩薩正位捨諸
世法去來現在諸佛攝受決
處彼諸菩薩於佛
世間法得佛
定無於無上菩提究竟之
教中云何修習令諸如來皆生歡喜
薩所住之處一切大行皆得清淨所有大
使滿足獲諸菩薩廣大之藏隨所應化常
皆悉不

衆會智慧各不同
十方世界
利益衆生供
諸如來
智慧善巧通
隨順思惟說法界
智雖善入無處所
三世諸佛
普為群生現衆色

說
諸
悉能
一念同
於諸佛所問深義
為利衆生修覺行
深智處
量劫不可盡
無有疲厭無所著
得如來妙法
譬如
師無不作

已獲如　三昧
信心不動如須彌
慈心廣大遍衆生
而恒無著無依處
哀愍衆生廣大智
知空無相無真實
菩薩發心功德量
出一切諸如來
國土諸衆
勸持五戒及十
切
彼諸福聚雖無量

善入
普作群生
悉願疾成
離諸煩
普攝一
而得
意
施安無量劫
等諸定處
成
不與發心功
德

於已
畏
身語心行成就
無所畏不共佛
一切衆生
阿僧祇劫修

一切大智境
總持三昧
成就一切菩薩
三明四無
佛土
善知一切諸
行境界
佛土隨根隨
境界皆悉圓
如來應正等覺百千
所集法藏悉能守護

第二十七石

開示演說諸魔外道無能沮壞攝持正法無 1上
有窮盡於一切世界演說法時天王夜叉王 2上
乾闥婆王阿脩羅王迦樓羅王緊那羅王摩 3上
睺羅伽王人王梵王如來法王皆悉守護一 4上
切世間恭敬供養同灌其頂常為諸佛之所 5上
護念一切菩薩亦皆愛敬得善根力增長白 6上

令諸如來悉歡喜　佛所住地速當入 15上
所行清淨願皆滿　及得廣大智慧藏 16上
常能說法度眾生　而心無依無所著 17上
菩薩一切波羅蜜　悉善修行無缺減 18上
所念眾生咸救度　常持佛種使不絕 19上
所作堅固不唐捐　一切功成得出離 20上
如諸勝者所修行　彼清淨道願宣說 21上
永破一切無明暗　降伏眾魔及外道 22上
所有垢穢悉滌除　得近如來大智慧 23上
永離惡趣諸險難　淨治大智殊勝境 24上
獲妙道力隣上尊　一切功德皆成就 25上
證得如來最勝智　住於無量諸國土 26上
隨眾生心而說法　及作廣大諸佛事 27上
云何而得諸妙道　開演如來正法藏 28上
常能受持諸佛法　無能超勝無與等 29上
云何無畏如師子　所行清淨如滿月 30上
云何修習佛功德　猶如蓮華不著水 31上
爾時法慧菩薩告精進慧菩薩言善哉佛子 32上

何等為十一者他方諸佛皆悉護念二者善 1中
根增勝超諸等列三者善能領受佛加持力 2中
四者常得善人為所依怙五者安住精進恒 3中
不放逸六者知一切法平等無異七者心恒 4中
安住無上大悲八者如實觀法出生妙慧九 5中
者能善修行巧妙方便十者能知如來方便 6中

普賢行淨治一切種智之門佛子是為菩薩 14中
十種清淨願佛子菩薩住十種法令諸大願 15中
皆得圓滿何等為十一者心無疲厭二者具 16中
大莊嚴三者念諸菩薩殊勝願力四者聞諸 17中
佛土悉願往生五者深心長久盡未來劫六 18中
者願悉成就一切眾生七者住一切劫不以 19中
為勞八者受一切苦不生厭離九者於一切 20中
樂心無貪著十者常勤守護無上法門佛子 21中
菩薩滿足如是願時即得十種無盡藏何等 22中
為十所謂普見諸佛無盡藏總持不忘無盡 23中
藏決了諸法無盡藏大悲救護無盡藏種種 24中
諸佛三昧無盡藏滿眾生心廣大福德無盡 25中
藏演一切法甚深智慧無盡藏報得神通無 26中
盡藏住無量劫無盡藏入無邊世界無盡藏 27中
佛子是為菩薩十無盡藏菩薩得是十種藏 28中
已福德具足智慧清淨於諸眾生隨其所應 29中
而為說法佛子菩薩云何於諸眾生隨其所 30中
應而為說法所謂知其所作知其因緣知其 31中

來今佛所說之法所制之戒皆悉奉持心不 7下
捨離是故能令佛法僧種永不斷絕菩薩如 8下
是紹隆三寶一切所行無有過失隨有所作 9下
皆以迴向一切智門是故三業皆無瑕玷無 10下
瑕玷故所作眾善所行諸行教化眾生隨應 11下
說法乃至一念無有錯謬皆與方便智慧相 12下
應悉以向於一切智智無空過者菩薩如是 13下
修習善法念念具足十種莊嚴何者為十所 14下
謂身莊嚴隨諸眾生所應調伏而為示現故 15下
語莊嚴斷一切疑皆令歡喜故心莊嚴於一 16下
念中入諸三昧故佛剎莊嚴一切清淨離諸 17下
煩惱故光明莊嚴放無邊光普照眾生故眾 18下
會莊嚴普攝眾會皆令歡喜故神通莊嚴隨 19下
眾生心自在示現故正教莊嚴能攝一切聰 20下
慧人故涅槃地莊嚴於一處成道周遍十方 21下
悉無餘故巧說莊嚴隨處隨時隨其根器為 22下
說法故菩薩成就如是莊嚴於念念中身語 23下
意業皆無空過悉以迴向一切智門若有眾 24下
生見此菩薩當知亦復無空過者以必當成 25下
阿耨多羅三藐三菩提故若聞名若供養若 26下
同住若憶念若隨出家若聞說法若隨喜善 27下
根若遙生欽敬乃至稱揚讚歎名字皆當得 28下
阿耨多羅三藐三菩提佛子譬如有藥名為 29下
善見眾生見者眾毒悉除菩薩如是成就此 30下
法眾生若見諸煩惱毒皆得除滅善法增長 31下

汝今為欲多所饒益多所安樂多所惠利哀 33 上
愍世間諸天及人問於如是菩薩所修清淨 34 上
之行佛子汝住實法發大精進增長不退已 35 上
得解脫能作是問同於如來諦聽諦聽善思 36 上
念之我今承佛威神之力為汝於中說其少 37 上
分佛子菩薩摩訶薩已發一切智心應離癡 38 上
暗精勤守護無令放逸佛子菩薩摩訶薩住 39 上
十種法名不放逸何者為十一者護持眾戒 40 上
二者遠離愚癡淨菩提心三者心樂質直離 41 上
諸諂誑四者勤修善根無有退轉五者恒善 42 上
思惟自所發心六者不樂親近在家出家一 43 上
切凡夫七者修諸善業而不願求世間果報 44 上
八者永離二乘行菩薩道九者樂修眾善令 45 上
不斷絕十者恒善觀察自相續力佛子若諸 46 上
菩薩行此十法是則名為住不放逸佛子菩 47 上
薩摩訶薩住不放逸得十種清淨何者為十 48 上
一者如說而行二者念智成就三者住於深 49 上
定不沈不舉四者樂求佛法無有懈息五者 50 上
隨所聞法如理觀察具足出生巧妙智慧六 51 上
者入深禪定得佛神通七者其心平等無有 52 上
高下八者於諸眾生上中下類心無障礙猶 53 上
如大地等作利益九者若見眾生乃至一發 54 上
菩提之心尊重承事猶如和尚十者於授戒 55 上
和尚及阿闍梨一切菩薩諸善知識法師之 56 上
所常生尊重承事供養佛子是名菩薩住不 57 上
放逸十種清淨佛子菩薩摩訶薩住不放逸 58 上
發大精進起於正念生勝欲樂所行不息於 59 上
一切法心無依處於甚深法能勤修習入無 60 上
諍門增廣大心佛法無邊能順了知令諸如 61 上

心行知其欲樂貪欲多者為說不淨瞋恚多 32 中
者為說大慈愚癡多者教勤觀察三毒等者 33 中
為說成就勝智法門樂生死者為說三苦若 34 中
著處所說處空寂心懈怠者說大精進懷我 35 中
慢者說法平等多諂誑者為說菩薩其心質 36 中
直樂寂靜者廣為說法令其成就菩薩如是 37 中
隨其所應而為說法為說法時文相連屬義 38 中
無舛謬觀法先後以智分別是非審定不違 39 中
法印次第建立無邊行門令諸眾生斷一切 40 中
疑善知諸根入如來教證真實際知法平等 41 中
斷諸法愛除一切執常念諸佛心無暫捨了 42 中
知音聲體性平等於諸言說心無所著巧說 43 中
譬諭無相違反悉令得悟一切諸佛隨應普 44 中
現平等智身菩薩如是為諸眾生而演說法 45 中
則自修習增長義利不捨諸度具足莊嚴波 46 中
羅蜜道是時菩薩為令眾生心滿足故內外 47 中
悉捨而無所著是則能淨檀波羅蜜具持眾 48 中
戒而無所著永離我慢是則能淨尸波羅蜜 49 中
悉能忍受一切諸惡於諸眾生其心平等無 50 中
有動搖譬如大地能持一切是則能淨忍波 51 中
羅蜜普發眾業常修靡懈諸有所作恒不退 52 中
轉勇猛勢力無能制伏於諸功德不取不捨 53 中
而能滿足一切智門是則能淨精進波羅蜜 54 中
於五欲境無所貪著諸次第定悉能成就常 55 中
正思惟不住不出而能銷滅一切煩惱出生 56 中
無量諸三昧門成就無邊大神通力逆順次 57 中
第入諸三昧於一三昧門入無邊三昧門悉 58 中
知一切三昧境界與一切三昧三摩鉢底智 59 中
印不相違背能速入於一切智地是則能淨 60 中
禪波羅蜜於諸佛所聞法受持近善知識承 61 中

佛子菩薩摩訶薩住此法中勤加修習以智 32 下
慧明滅諸癡闇以慈悲力摧伏魔軍以大智 33 下
慧及福德力制諸外道以金剛定滅除一切 34 下
心垢煩惱以精進力集諸善根以淨佛土諸 35 下
善根力遠離一切惡道諸難以無所著力淨 36 下
智境界以方便智慧力出生一切菩薩諸地 37 下
諸波羅蜜及諸三昧六通三明四無所畏悉 38 下
令清淨以一切善法力成滿一切諸佛淨土 39 下
無邊相好身語及心具足莊嚴以智自在觀 40 下
察力知一切如來力無所畏不共佛法悉皆 41 下
平等以廣大智慧力了知一切智智境界以 42 下
往昔誓願力隨所應化現佛國土轉大法輪 43 下
度脫無量無邊眾生佛子菩薩摩訶薩勤修 44 下
此法次第成就諸菩薩行乃至得與諸佛平 45 下
等於無邊世界中為大法師護持正法一切諸 46 下
佛之所護念守護受持廣大法藏獲無礙辯 47 下
深入法門於無邊世界大眾之中隨類不同 48 下
普現其身色相具足最勝無比以無礙辯巧 49 下
說深法其音圓滿善巧分布故能令聞者入 50 下
於無盡智慧之門知諸眾生心行煩惱而為 51 下
說法所出言音具足清淨故一音演暢能令 52 下
一切皆生歡喜其身端正有大威力故處於 53 下
眾會無能過者善知眾心故能普現身善巧 54 下
說法故音聲無礙得心自在故巧說大法無 55 下
能沮壞得無所畏故心無怯弱於法自在故 56 下
無能過者於智自在故無能勝者般若波羅 57 下
蜜自在故所說法相不相違背辯才自在故 58 下
隨樂說法相續不斷陀羅尼自在故決定開 59 下
示諸法實相辯才自在故隨所演說能開種 60 下
種譬諭之門大悲自在故勤誨眾生心無懈 61 下

願八者成就清淨忍智光明九者觀自善法 67上
心無增減十者依無作門修諸淨行佛子是 68上
為菩薩住十種法能令一切如來歡喜佛子 69上
復有十法能令一切諸佛歡喜何者為十所 70上
謂安住不放逸安住無生忍安住大慈安住 71上
大悲安住滿足諸波羅蜜安住諸行安住大 72上
願安住巧方便安住勇猛力安住智慧觀一 73上
切法皆無所住猶如虛空佛子若諸菩薩住 74上
此十法能令一切諸佛歡喜佛子有十種法 75上
令諸菩薩速入諸地何等為十一者善巧圓 76上
滿福智二行二者能大莊嚴波羅蜜道三者 77上
智慧明達不隨他語四者承事善友恒不捨 78上
離五者常行精進無有懈怠六者善能安住 79上

其分別隨其所得悉善觀察知一切法皆是 87上
自心而無所著如是知已入菩薩地能善安 88上
住佛子彼諸菩薩作是思惟我等宜應速入 89上
諸地何以故我等若於地地中住成就如是 90上
廣大功德具功德已漸入佛地住佛地已能 91上
作無邊廣大佛事是故宜應常勤修習無有 92上
休息無有疲厭以大功德而自莊嚴入菩薩 93上
地佛子有十種法令諸菩薩所行清淨何等 94上
為十一者悉捨資財滿眾生意二者持戒清 95上
淨無所毀犯三者柔和忍辱無有窮盡四者 96上
勤修諸行永不退轉五者以正念力心無迷 97上
亂六者分別了知無量諸法七者修一切行 98上
而無所著八者其心不動猶如山王九者廣 99上
度眾生猶如橋梁十者知一切眾生與諸如 100上
來同一體性佛子是為十法令諸菩薩所行 101上
清淨菩薩既得行清淨已復獲十種增勝法 102上

事不倦常樂聞法心無厭足隨所聽受如理 62中
思惟入真三昧離諸僻見善觀諸法得實相 63中
印了知如來無功用道乘普門慧入於一切 64中
智智之門永得休息是則能淨般若波羅蜜 65中
示現一切世間作業教化眾生而不厭倦隨 66中
其心樂而為現身一切所行皆無染著或現 67中
凡夫或現聖人所行之行或現生死或現涅 68中
槃善能觀察一切所作示現一切諸莊嚴事 69中
而不貪著遍入諸趣度脫眾生是則能淨方 70中
便波羅蜜盡成就一切眾生盡莊嚴一切世 71中
界盡供養一切諸佛盡通達無障礙法盡修 72中
行遍法界行身恒住盡未來劫智盡知一切 73中
心念盡覺悟流轉還滅盡示現一切國土盡 74中
證得如來智慧是則能淨願波羅蜜具深心 75中
力無有雜染故具深信力無能摧伏故具大 76中
悲力不生疲厭故具大慈力所行平等故具 77中
總持力能以方便持一切義故具辯才力令 78中
一切眾生歡喜滿足故具波羅蜜力莊嚴大 79中
乘故具大願力永不斷絕故具神通力出生 80中
無量故具加持力令信解領受故是則能淨 81中
力波羅蜜知貪欲行者知瞋恚行者知愚癡 82中
行者知等分行者知修學地行者一念中知 83中
無邊眾生行知無邊眾生心知一切法真實 84中
知一切如來力普覺悟法界門是則能淨智 85中
波羅蜜佛子菩薩如是清淨諸波羅蜜時圓 86中
滿諸波羅蜜時不捨諸波羅蜜時住大莊嚴 87中
菩薩乘中隨其所念一切眾生皆為說法令 88中
增淨業而得度脫墮惡道者教使發心在難 89中
中者令勤精進多貪眾生示無貪法多瞋眾 90中
生令行平等著見眾生為說緣起欲界眾生 91中

息大慈自在故放光明網悅可眾心菩薩如 62下
是處於高廣師子之座演說大法唯除如來 63下
及勝願智諸大菩薩其餘眾生無能勝者無 64下
見頂者無映奪者欲以難問令其退屈無有 65下
是處佛子菩薩摩訶薩得如是自在力已假 66下
使有不可說世界量廣大道場滿中眾生一 67下
一眾生威德色相皆如三千大千世界主菩 68下
薩於此纔現其身悉能映蔽如是大眾以大 69下
慈悲安其怯弱以深智慧察其欲樂以無畏 70下
辯為其說法能令一切皆生歡喜何以故佛 71下

智一切菩薩大願智能作大法師開闡諸佛 79下
正法藏及護持故爾時法慧菩薩欲重宣其 80下
義承佛神力而說頌言 81下
心住菩提集眾福　常不放逸植堅慧 82下
正念其意恒不忘　十方諸佛皆歡喜 83下
念欲堅固自勤勵　於世無依無退怯 84下
以無諍行入深法　十方諸佛皆歡喜 85下
佛歡喜已堅精進　修行福智助道法 86下
入於諸地淨眾行　滿足如來所說願 87下
如是而修獲妙法　既得法已施群生 88下
隨其心樂及根性　悉順其宜為開演 89下
菩薩為他演說法　不捨自己諸度行 90下
波羅蜜道既已成　常於有海濟群生 91下
晝夜勤修無懈倦　令三寶種不斷絕 92下
所行一切白淨法　悉以迴向如來地 93下
菩薩所修眾善行　普為成就諸群生 94下
令其破闇滅煩惱　降伏魔軍成正覺 95下
如是修行得佛智　深入如來正法藏 96下
為大法師演妙法　譬如甘露悉霑灑 97下

教離欲恚惡不善法色界衆生為其宣說毗 92 中
鉢舍那無色界衆生為其宣說微妙智慧二 93 中
乘之人教寂靜行樂大乘者為說十力廣大 94 中
莊嚴如其往昔初發心時見無量衆生墮諸 95 中
惡道大師子吼作如是言我當以種種法門 96 中
隨其所應而度脱之菩薩具足如是智慧廣 97 中
能度脱一切衆生佛子菩薩具足如是智慧 98 中
令三寶種永不斷絕所以者何菩薩摩訶薩 99 中

慈悲哀愍遍一切　　衆生心行靡不知 98 下
如其所樂為開闡　　無量無邊諸佛法 99 下
進止安徐如象王　　勇猛無畏猶師子 100 下
不動如山智如海　　亦如大雨除衆熱 101 下
時法慧菩薩說此頌已如來歡喜大衆奉行 102 下
大方廣佛華嚴經卷第十八 103 下

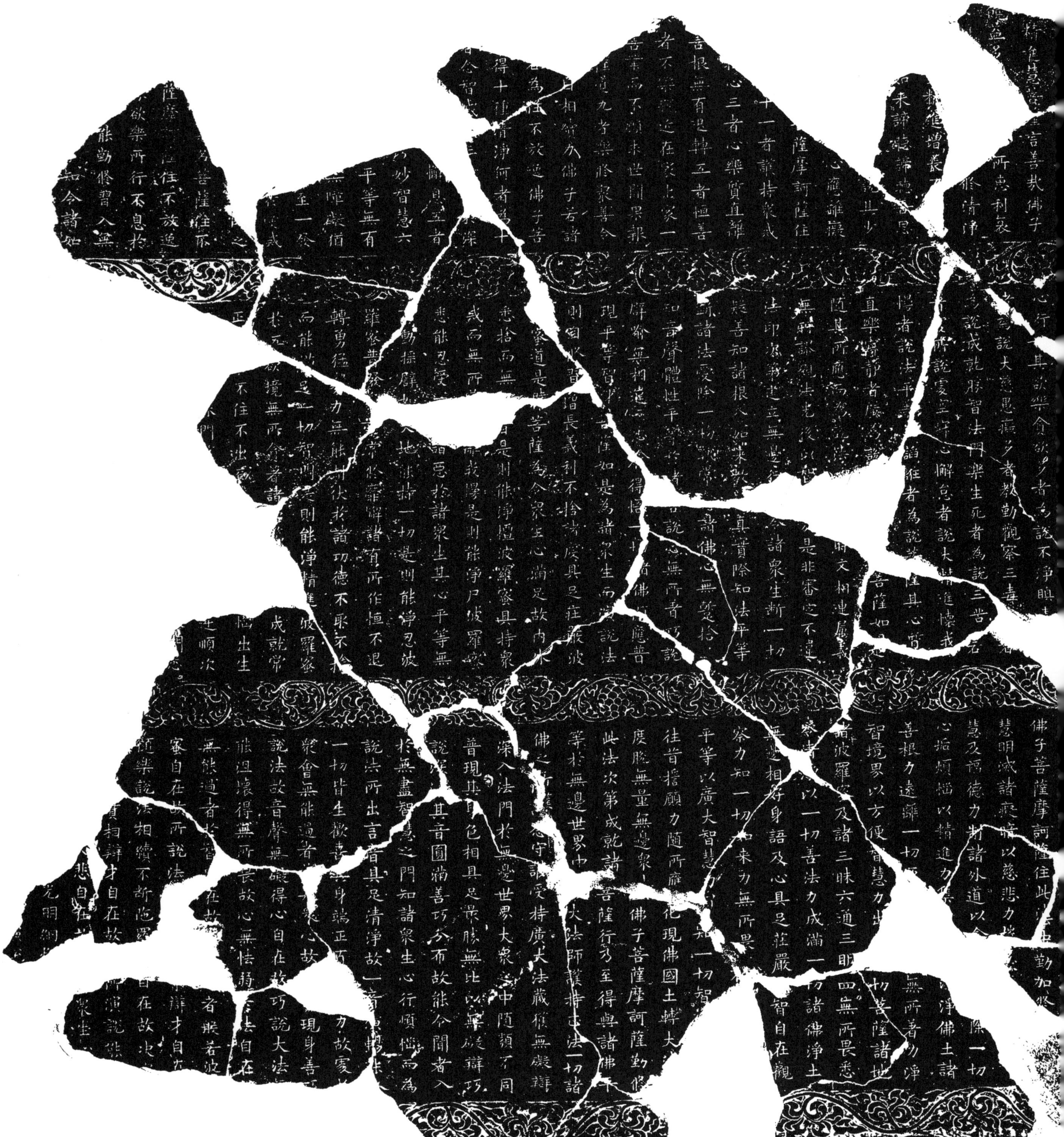

故我等若於
功德具功德已斷
無邊廣大佛事是故
恩無有疲倦以大功德
佛子有十種法令諸菩薩所行
為十一者悉捨資財滿衆生
淨無所毀犯三者柔和
勤修諸行永不退轉五者
分別了知無量諸法
而無所著八者其心不動
度衆生猶如橋梁十
來同
四者

之者教化
貪衆生示無貪法多
見衆生為說緣
善法色界衆生
衆生為其宣說
行樂大乘者
發心時
令行平
教離欲恚惡
毗舍那無色界
乘之人教其
如其生
所應而度脫之
脫一切衆生佛
種永不斷

諸
常
雖於道既已成
夜勤修無懈倦
一切白淨法
修衆善行

無邊諸佛
果報
亦如大雨除
說此頌已如來歡喜大衆

第二十八石

大方廣佛華嚴經卷第十九 1上
昇夜摩天宮品第十九　于闐三藏實叉難陀新譯 2上
爾時如來威神力故十方一切世界一一四 3上
天下南閻浮提及須彌頂上皆見如來處於 4上
眾會彼諸菩薩悉以佛神力故而演說法莫 5上
不自謂恒對於佛爾時世尊不離一切菩提 6上
樹下及須彌山頂而向於彼夜摩天宮寶莊 7上
嚴殿時夜摩天王遙見佛來即以神力於其 8上
殿內化作寶蓮華藏師子之座百萬層級以 9上
為莊嚴百萬金網以為交絡百萬華帳百萬 10上
鬘帳百萬香帳百萬寶帳彌覆其上華蓋鬘 11上
蓋香蓋寶蓋各亦百萬周迴布列百萬光明 12上
而為照耀百萬夜摩天王恭敬頂禮百萬梵 13上
王踊躍歡喜百萬菩薩稱揚讚歎百萬天樂 14上
各奏百萬種法音相續不斷百萬種華雲百 15上
萬種鬘雲百萬種莊嚴具雲百萬種衣雲周 16上

彼曾入此善嚴殿　是故此處最吉祥 45上
苦行如來利世間　諸吉祥中最無上 46上
彼曾入此普嚴殿　是故此處最吉祥 47上
如此世界中夜摩天王承佛神力憶念往昔 48上
諸佛功德稱揚讚歎十方世界夜摩天王悉 49上
亦如是歎佛功德爾時世尊入摩尼莊嚴殿 50上
於寶蓮華藏師子座上結跏趺坐此殿忽然 51上
廣博寬容如其天眾諸所住處十方世界悉 52上

終不成菩提 1中
爾時勝林菩薩承佛威力普觀十方而說頌 2中
言 3中
譬如孟夏月　空淨無雲曀　赫日揚光暉 4中
十方靡不充　其光無限量　無有能測知 5中
有目斯尚然　何況盲冥者　諸佛亦如是 6中

諸法無生故　自性無所有　如是分別知 12中
此人達深義　以法無性故　無有能了知 13中
如是解於法　究竟無所解　所說有生者 14中
以現諸國土　能知國土性　其心不迷惑 15中
世間國土性　觀察悉如實　若能於此知 16中
善說一切義 17中
爾時無畏林菩薩承佛威力普觀十方而說 18中
頌言 19中
如來廣大身　究竟於法界　不離於此座 20中
而遍一切處　若聞如是法　恭敬信樂者 21中
永離三惡道　一切諸苦難　設往諸世界 22中
無量不可數　專心欲聽聞　如來自在力 23中
如是諸佛法　是無上菩提　假使欲暫聞 24中
無有能得者　若有於過去　信如是佛法 25中
已成兩足尊　而作世間燈　若有當得聞 26中
如來自在力　聞已能生信　彼亦當成佛 27中
若有於現在　能信此佛法　亦當成正覺 28中
說法無所畏　無量無數劫　此法甚難值 29中

能畫諸世間　五蘊悉從生　無法而不造 1下
如心佛亦爾　如佛眾生然　應知佛與心 2下
體性皆無盡　若人知心行　普造諸世間 3下
是人則見佛　了佛真實性　心不住於身 4下
身亦不住心　而能作佛事　自在未曾有 5下
若人欲了知　三世一切佛　應觀法界性 6下
一切唯心造 7下
爾時智林菩薩承佛威力普觀十方而說頌 8下
言 9下
所取不可取　所見不可見　所聞不可聞 10下
一心不思議　有量及無量　二俱不可取 11下
若有人欲取　畢竟無所得　不應說而說 12下
是為自欺誑　己事不成就　不令眾歡喜 13下
有欲讚如來　無邊妙色身　盡於無數劫 14下
無能盡稱述　譬如隨意珠　能現一切色 15下
無色而現色　諸佛亦如是　又如淨虛空 16下
非色不可見　雖現一切色　無能見空者 17下
諸佛亦如是　普現無量色　非心所行處 18下
一切莫能覩　雖聞如來聲　音聲非如來 19下
亦不離於聲　能知正等覺　菩提無來去 20下
離一切分別　云何於是中　自言能得見 21下
諸佛無有法　佛於何有說　但隨其自心 22下
謂說如是法 23下
大方廣佛華嚴經十行品第二十一之一 24下
爾時功德林菩薩承佛神力入菩薩善思惟 25下

亦如是 53 上
大方廣佛華嚴經夜摩宮中偈讚品第二十 54 上
爾時佛神力故十方各有一大菩薩一一各 55 上
與佛剎微塵數菩薩俱從十萬佛剎微塵數 56 上
國土外諸世界中而來集會其名曰功德林 57 上
菩薩慧林菩薩勝林菩薩無畏林菩薩慚愧 58 上
林菩薩精進林菩薩力林菩薩行林菩薩覺 59 上
林菩薩智林菩薩此諸菩薩所從來國所謂 60 上
親慧世界幢慧世界寶慧世界勝慧世界燈 61 上
慧世界金剛慧世界安樂慧世界日慧世界 62 上
淨慧世界梵慧世界此諸菩薩各於佛所淨 63 上
修梵行所謂常住眼佛無勝眼佛無住眼佛 64 上
不動眼佛天眼佛解脫眼佛審諦眼佛明相 65 上
眼佛最上眼佛紺青眼佛是諸菩薩至佛所 66 上
已頂禮佛足隨所來方各化作摩尼藏師子 67 上
之座於其座上結跏趺坐如此世界中夜摩 68 上
天上菩薩來集一切世界悉亦如是其諸菩 69 上
薩世界如來所有名號悉等無別爾時世尊 70 上
從兩足上放百千億妙色光明普照十方一 71 上
切世界夜摩宮中佛及大眾靡不皆現爾時 72 上
功德林菩薩承佛威力普觀十方而說頌言 73 上
佛放大光明　普照於十方　悉見天人尊 74 上
通達無障礙　佛坐夜摩宮　普遍十方界 75 上
此事甚奇特　世間所希有　須夜摩天王 76 上
偈讚十如來　如此會所見　一切處咸爾 77 上
彼諸菩薩眾　皆同我等名　十方一切處 78 上

若有得聞者　當知本願力　若有能受持 30 中
如是諸佛法　持已廣宣說　此人當成佛 31 中
況復勤精進　堅固心不捨　當知如是人 32 中
決定成菩提 33 中
爾時慚愧林菩薩承佛威力普觀十方而說 34 中
頌言 35 中
若人得聞是　希有自在法　能生歡喜心 36 中
疾除疑惑網　一切知見人　自說如是言 37 中
如來無不知　是故難思議　無有從無智 38 中
而生於智慧　世間常暗冥　是故無能生 39 中
如色及非色　此二不為一　智無智亦然 40 中
其體各殊異　如相與無相　生死及涅槃 41 中
分別各不同　智無智如是　世界始成立 42 中
無有敗壞相　智無智亦然　二相非一時 43 中
如菩薩初心　不與後心俱　智無智亦然 44 中
二心不同時　譬如諸識身　各各無和合 45 中
智無智如是　究竟無和合　如阿伽陀藥 46 中
能滅一切毒　有智亦如是　能滅於無智 47 中
如來無有上　亦無與等者　一切無能比 48 中
譬如十方界　一切諸地種　自性無所有 84 中
無處不周遍　佛身亦如是　普遍諸世界 85 中
種種諸色相　無主無來處　但以諸業故 86 中
說名為眾生　亦不離眾生　而有業可得 87 中
業性本空寂　眾生所依止　普作眾色相 88 中
亦復無來處　如是諸色相　業力難思議 89 中
了達其根本　於中無所見　佛身亦如是 90 中
不可得思議　種種諸色相　普現十方剎 91 中
身亦非是佛　佛亦非是身　但以法為身 92 中
通達一切法　若能見佛身　清淨如法性 93 中

三昧入是三昧已十方各過萬佛剎微塵數 26 下
世界外有萬佛剎微塵數諸佛皆號功德林 27 下
而現其前告功德林菩薩言善哉佛子乃能 28 下
入此善思惟三昧善男子此是十方各萬佛 29 下
剎微塵數同名諸佛共加於汝亦是毗盧遮 30 下
那如來往昔願力威神之力及諸菩薩眾善 31 下
根力令汝入是三昧而演說法為增長佛智 32 下
故深入法界故了知眾生界故所入無礙故 33 下
所行無障故得無量方便故攝取一切智性 34 下
故覺悟一切諸法故知一切諸根故能持說 35 下
一切法故所謂發起諸菩薩十種行善男子 36 下
汝當承佛威神之力而演此法是時諸佛即 37 下
與功德林菩薩無礙智無著智無斷智無師 38 下
智無癡智無異智無失智無量智無勝智無 39 下
懈智無奪智何以故此三昧力法如是故爾 40 下
時諸佛各申右手摩功德林菩薩頂時功德 41 下
林菩薩即從定起告諸菩薩言佛子菩薩行 42 下
不可思議與法界虛空界等何以故菩薩摩 43 下
訶薩學三世諸佛而修行故佛子何等是菩 44 下
薩摩訶薩行佛子菩薩摩訶薩有十種行三 45 下
世諸佛之所宣說何等為十一者歡喜行二 46 下
者饒益行三者無違逆行四者無屈橈行五 47 下
者無癡亂行六者善現行七者無著行八者 48 下
諸佛所學證一切智知一切法為諸眾生說 90 下
三世平等隨順寂靜不壞法性令其永得安 91 下
隱快樂佛子是名菩薩摩訶薩第一歡喜行 92 下
佛子何等為菩薩摩訶薩饒益行此菩薩護 93 下
持淨戒於色聲香味觸心無所著亦為眾生 94 下
如是宣說不求威勢不求種族不求富饒不 95 下

此人於佛法　一切無疑惑　若見一切法 94 中
本性如涅槃　是則見如來　究竟無所住 95 中
若修習正念　明了見正覺　無相無分別 96 中
是名法王子 97 中
爾時覺林菩薩承佛威力遍觀十方而說頌 98 中
言 99 中
譬如工畫師　分布諸彩色　虛妄取異相 100 中
大種無差別　大種中無色　色中無大種 101 中
亦不離大種　而有色可得　心中無彩畫 102 中
彩畫中無心　然不離於心　有彩畫可得 103 中
彼心恒不住　無量難思議　示現一切色 104 中
各各不相知　譬如工畫師　不能知自心 105 中
而由心故畫　諸法性如是　心如工畫師 106 中

求色相不求王位如是一切皆無所著但堅 96 下
持淨戒作如是念我持淨戒必當捨離一切 97 下
纏縛貪求熱惱諸難逼迫毀謗亂濁得佛所 98 下
讚平等正法佛子菩薩如是持淨戒時於一 99 下
日中假使無數百千億那由他諸大惡魔詣 100 下
菩薩所一一各將無量無數百千億那由他 101 下
天女皆於五欲善行方便端正姝麗傾惑人 102 下
心執持種種珍玩之具欲來惑亂菩薩道意 103 下
爾時菩薩作如是念此五欲者是障道法乃 104 下
至障礙無上菩提是故不生一念欲想心淨 105 下

佛華嚴經卷第十九
天宮品第十九　于闐三藏實叉難陀新譯
来威神力故十方一切世界一一四
南閻浮提及須弥頂上皆見如来處於
彼諸菩薩悉以佛神力故而演說法莫
謂恒對於佛尒時世尊不離一切菩提
須弥山頂而向於彼夜摩天宮寶莊
王遥見佛来即以神力於其
作寶蓮華藏
之座百萬層級以
嚴百萬金網以為
絡百萬華帳百
帳百萬香帳百萬寶帳
覆其上華
香蓋寶蓋各亦百萬周迴
列
為照曜百萬夜摩天王恭敬
踊躍歡喜百萬菩薩稱揚讚
奏百萬種法音相續不
萬種鬘雲百萬種莊

終不成
尒時勝
言
譬如孟
十方靡
有

自此無
以生無
究竟無所解
能知國土性　其心不迷惑
如實　若能於此知
力普觀十方而說
竟於法界　不離於此座
聞如是法　恭敬信樂者
難
設往諸世界

離
諸佛無
謂說如

是法
佛華嚴經十行
德林菩薩承佛神
已十方各

之
能觀
聲
分別
普現無
雖聞如
能知正
云何
佛於何

一心不
若有人欲取
是自欺誑　己事不
有欲讚如来　無邊妙色
盡稱述　譬如隨
諸佛亦

能盡諸世間　五蘊悉從生　無法而不造
如心佛亦尒　如佛衆生然　應知佛與心
性皆無盡　若人知心行　普造諸世間
人則見佛　了佛真實性　心不住於身
不住心　而能作佛事　自在未曾有
欲了知　三世一切佛　應觀法界性
造
佛威
觀十方而說頌
見　所
量　二俱不可取
所得　不應說而說
說　不令衆歡喜
盡非

成菩提
時慙愧林菩薩
人得聞是
疑惑網
堅回心不捨
佛威力普觀十
自在法
自說
當知如是人
而說
根力
故深
所行
如是佛法
若有當得聞
彼亦當成佛
當成正覺
難值
三昧
世
而
其前吉功
此善思惟三昧善男子
微塵數同名諸佛共加
來往昔願力威神
令汝入是三昧
入法
塵數
功德林
佛子乃能
各萬佛
是言
從無智
無能生
無智亦然
死及涅槃
世界始成立
二相非一時
智無智亦
智無
解智
竟無
有智亦如
是
者
一切無能比
者無
佛之
益行三
方便故攝取一切智性
故知一切諸根故能持
諸菩薩十種行善男子
力而演此法是時諸佛即
無礙智無著智無斷智無師
智無失智無量智無勝智無
以故此三昧力法如是故今
手摩功德林菩薩頂時功德
起告諸菩薩
佛子菩薩行
界虛空
等何以故菩薩摩
諸佛所修行故佛子何等是菩
佛子菩薩摩訶薩有十種行三
者歡喜行二
宣說何等為十
百無違逆行四
者善現行七

山
嚴殿
剎利世間
入此普嚴殿
世界中夜摩天王承佛神
功德稱揚讚歎十方世界夜摩
歎佛功德尒時世尊入摩尼
藏師子座上結加趺坐此
如其天宮殿所住處十方世
經夜摩宮中偈讚品第
方名有一大菩薩一
薩俱從十萬佛剎
來集會其名曰功
薩無畏林菩
菩薩行林菩

道大
首林菩薩此諸菩薩所
幢慧世界寶慧世界勝慧世
剛慧世界安樂慧世界日慧
梵慧世界此諸菩薩各於佛
謂常住眼佛無勝眼佛無住
天眼佛解脫眼佛審諦眼佛
上眼佛紺青眼佛是諸菩薩至
佛足隨所來方各化作摩尼藏
上結加趺坐如此世界中
一切世界悉亦如是其
号悉等無別尒時
億如色光明普照十
及大眾靡不皆現
力普觀十方而說
照於十方　悉見天
王夜摩宮　普遍十方
所　須夜摩天
會所　一切處
等名　一

界　一切諸地種　自
別過　佛身亦如是　普
色相　無主無來處　但
眾生　亦不離眾生
眾生所
來處　如是說
真根本　於中無所見
不可得思議　種種諸色相　普
亦非是佛　佛亦非是身　但以法為
達一切法　若能見佛身　清淨如法
此人於佛法　一切無疑惑　若見一切
本性如涅槃　是則見如來　究竟無所
若修習正念　明了見正覺　無相無分
之名法王子
精幢林菩薩承佛神力遍觀十方而說
工畫師　分布諸色　虛妄取異
差別　大種中無色　色中無大
而有色可得　心中無

作　我
纏縛　來　難
十等正法佛子菩
日中使無數百千
菩薩所一
持
欲來
五欲
故　衣　生

切法
法
訶
永得安
生行

第二十九石

劫住於生死受諸苦惱如是思惟重自勸勵 50 上
令心清淨而得歡喜善自調攝自能安住於 51 上
佛法中亦令眾生同得此法復更思惟此身 52 上
空寂無我我所無有真實性空無二若苦若 53 上
樂皆無所有諸法空故我當解了廣為人說 54 上
令諸眾生滅除此見是故我今雖遭苦毒應 55 上
當忍受為慈念眾生故饒益眾生故安樂眾 56 上
生故憐愍眾生故攝受眾生故不捨眾生故 57 上
自得覺悟故令他覺悟故心不退轉故趣向 58 上
佛道故是名菩薩摩訶薩第三無違逆行 59 上
佛子何等為菩薩摩訶薩無屈橈行此菩薩 60 上
修諸精進所謂第一精進大精進勝精進殊 61 上
勝精進最勝精進最妙精進上精進無上精 62 上
進無等精進普遍精進性無三毒性無憍慢 63 上
性不覆藏性不慳嫉性無諂誑性自慚愧終 64 上
不為惱一眾生故而行精進但為斷一切煩 65 上
惱故而行精進但為拔一切惑本故而行精 66 上
進但為除一切習氣故而行精進但為知一 67 上
切眾生界故而行精進但為知一切眾生死 68 上
此生彼故而行精進但為知一切眾生煩惱 69 上
故而行精進但為知一切眾生心樂故而行 70 上
精進但為知一切眾生境界故而行精進但 71 上
為知一切眾生諸根勝劣故而行精進但為 72 上
知一切眾生心行故而行精進但為知一切 73 上
法界故而行精進但為知一切佛法根本性 74 上

巧方便示現生相佛子此菩薩作如是念一切 47 中
眾生無性為性一切諸法無為為性一切國 48 中
土無相為相一切三世唯有言說一切言說 49 中
於諸法中無有依處一切諸法於言說中亦 50 中
無依處菩薩如是解一切法皆悉甚深一切 51 中
世間皆悉寂靜一切佛法無所增益佛法不 52 中
異世間法世間法不異佛法佛法世間法無 53 中
有雜亂亦無差別了知法界體性平等普入 54 中
三世永不捨離大菩提心恒不退轉化眾生 55 中
心轉更增長大慈悲心與一切眾生作所依 56 中
處菩薩爾時復作是念我不成熟眾生誰當 57 中
成熟我不調伏眾生誰當調伏我不教化眾 58 中
生誰當教化我不覺悟眾生誰當覺悟我不 59 中
清淨眾生誰當清淨此我所宜我所應作復 60 中
作是念若我自解此甚深法唯我一人於阿 61 中
耨多羅三藐三菩提獨得解脫而諸眾生盲 62 中
冥無目入大險道為諸煩惱之所纏縛如重 63 中
病人恒受苦痛處貪愛獄不能自出不離地 64 中
獄餓鬼畜生閻羅王界不能滅苦不捨惡業 65 中
常處癡闇不見真實輪迴生死無得出離住 66 中
於八難眾垢所著種種煩惱覆障其心邪見 67 中
所迷不行正道菩薩如是觀諸眾生作是念 68 中
言若此眾生未成熟未調伏捨而取證阿耨 69 中
多羅三藐三菩提是所不應我當先化眾生 70 中
於不可說不可說劫行菩薩行未成熟者先 71 中

界住於無相以清淨相莊嚴其身了法無性 64 下
而能分別一切法相不取眾生而能了知眾 65 下
生之數不著世界而現身佛剎不分別法而 66 下
善入佛法深達義理而廣演言教了一切法 67 下
離欲真際而不斷菩薩道不退菩薩行常勤 68 下
修習無盡之行自在入於清淨法界譬如鑽 69 下
木以出於火火事無量而火不滅菩薩如是 70 下
化眾生事無有窮盡而在世間常住不滅非 71 下
究竟非不究竟非取非不取非依非無依非 72 下
世法非佛法非凡夫非得果菩薩成就如是 73 下
難得心修菩薩行時不說二乘法不說佛 74 下
法不說世間不說世間法不說眾生不說無 75 下
眾生不說垢不說淨何以故菩薩知一切法 76 下
無染無取不轉不退故菩薩於如是寂滅微 77 下
妙甚深最勝法中修行時亦不生念我現修 78 下
此行已修此行當修此行不著蘊界處內世 79 下
間外世間內外世間所起大願諸波羅蜜及 80 下
一切法皆無所著何以故法界中無有法名 81 下
向聲聞乘向獨覺乘無有法名向菩薩乘向 82 下
阿耨多羅三藐三菩提無有法名向凡夫界 83 下
無有法名向染向淨向生死向涅槃何以故 84 下
諸法無二無不二故譬如虛空於十方中若 85 下
去來今求不可得然非無虛空菩薩如是觀 86 下
一切法皆不可得然非無一切法如實無異 87 下
不失所作普示修行菩薩諸行不捨大願調 88 下

故而行精進但為知一切佛法平等性故而 75 上
行精進但為知三世平等性故而行精進但 76 上
為得一切佛法智光明故而行精進但為證 77 上
一切佛法智故而行精進但為知一切佛法 78 上
一實相故而行精進但為知一切佛法無邊 79 上
際故而行精進但為得一切佛法廣大決定 80 上
善巧智故而行精進但為得分別演說一切 81 上
佛法句義智故而行精進佛子菩薩摩訶薩 82 上
成就如是精進行已設有人言汝頗能為無 83 上
數世界所有眾生以一一眾生故於阿鼻地 84 上
獄經無數劫備受眾苦令彼眾生一一得值 85 上
無數諸佛出興於世以見佛故具受眾樂 86 上
乃至入於無餘涅槃汝乃當成阿耨多羅三藐 87 上
三菩提能爾不耶答言我能設復有人作如 88 上
是言有無量阿僧祇大海汝當以一毛端滴 89 上

持建立受想行識自性言說心無癡亂於世 103 上
間中死此生彼心無癡亂入胎出胎心無癡 104 上
亂發菩提意心無癡亂事善知識心無癡亂 105 上
勤修佛法心無癡亂覺知魔事心無癡亂離 106 上
諸魔業心無癡亂於不可說劫修菩薩行心 107 上
無癡亂此菩薩成就如是無量正念於無量 108 上
阿僧祇劫中從諸佛菩薩善知識所聽聞正 109 上
法所謂甚深法廣大法莊嚴法種種莊嚴法 110 上
演說種種名句文身法菩薩莊嚴法佛神力 111 上

令成熟未調伏者先令調伏是菩薩住此行 72 中
時諸天魔梵沙門婆羅門一切世間乾闥婆 73 中
阿脩羅等若有得見暫同住止恭敬尊重承 74 中
事供養及暫耳聞一經心者如是所作悉不 75 中
唐捐必定當成阿耨多羅三藐三菩提是名 76 中
菩薩摩訶薩第六善現行 77 中
大方廣佛華嚴經卷第十九 78 中
大方廣佛華嚴經卷第二十 79 中
十行品第二十一之下 于闐三藏實叉難陀新譯 80 中
佛子何等為菩薩摩訶薩無著行佛子此菩 81 中
薩以無著心於念念中能入阿僧祇世界嚴 82 中
淨阿僧祇世界於諸世界心無所著往詣阿 83 中
僧祇諸如來所恭敬礼拜承事供養以阿僧 84 中
祇華阿僧祇香阿僧祇鬘阿僧祇塗香末 85 中
衣服珍寶幢幡妙蓋諸莊嚴具各阿僧祇以 86 中
用供養如是供養為究竟無作法故為住不 87 中
思議法故於念念中見無數佛於諸佛所心 88 中
無所著於諸佛剎亦無所著於佛相好亦無 89 中
所著見佛光明聽佛說法亦無所著於十方 90 中
世界及佛菩薩所有眾會亦無所著聽佛法 91 中
已心生歡喜志力廣大能攝能行諸菩薩行 92 中
然於佛法亦無所著此菩薩於不可說劫見 93 中
不可說佛出興於世一一佛所承事供養皆 94 中
悉盡於不可說劫心無厭足見佛聞法及見 95 中
菩薩眾會莊嚴皆無所著見不淨世界亦無 96 中
憎惡何以故此菩薩如諸佛法而觀察故諸 97 中
佛法中無垢無淨無闇無明無異無一無實 98 中
無妄無安隱無險難無正道無邪道菩薩如 99 中
是深入法界教化眾生而於眾生不生執著 100 中
受持諸法而於諸法不生執著發菩提心住 101 中

伏眾生轉正法輪不壞因果亦不違於平等 89 下
妙法普與三世諸如來等不斷佛種不壞實 90 下
相深入於法辯才無盡聞法不著至法淵底 91 下
善能開演心無所畏不捨佛住不違世法普 92 下
現世間而不著世間菩薩如是成就難得智 93 下
慧心修習諸行於三惡趣拔出眾生教化調 94 下
伏安置三世諸佛道中令不動搖復作是念 95 下
世間眾生不知恩報更相讎對邪見執著迷 96 下
惑顛倒愚癡無智無有信心隨逐惡友起諸 97 下
惡慧貪愛無明種種煩惱皆悉充滿是我所 98 下
修菩薩行處設有知恩聰明慧解及善知識 99 下
充滿世間我不於中修菩薩行何以故我於 100 下
眾生無所適莫無所冀望乃至不求一縷一 101 下
毫及以一字讚美之言盡未來劫修菩薩行 102 下
未曾一念自為於己但欲度脫一切眾生令 103 下
其清淨永得出離何以故於眾生中為明導 104 下
者法應如是不取不求但為眾生修菩薩道 105 下

於佛住而於佛住不生執著雖有言說而於 102中
言說心無所著入眾生趣於眾生趣心無所 103中
著了知三昧能入能住而於三昧心無所著 104中
往詣無量諸佛國土若入若見若於中住而 105中
於佛土心無所著捨去之時亦無顧戀菩薩 106中
摩訶薩以能如是無所著故於佛法中心無 107中
障礙了佛菩提證法毗尼住佛正教修菩薩 108中

知三世平等
法智光明故而行
智故而行精進但為知
故而行精進但為知一切
行精進但為得一
故而行

衆生心樂故而行
衆生境界故而行精進但
諸根勝劣故而行精進
故而行精進但
為知一切

而
但
險

生門
癡暗不見真實
難衆垢所著種種
道菩薩如是觀諸
衆生未成熟未調伏捨
多羅三藐三菩提是所不應我
於不可說不可說劫行菩薩行
令成熟未調伏者先令調伏
時諸天魔梵沙門婆羅門
阿脩羅等若
事供養及整耳
見整同住止恭敬尊
聞一經心者如是所
世間乳
當成
阿耨多羅三藐三

生死
於火火事無
事無有窮盡
量而火不滅菩薩
而在世間常住不滅非
不取非依非無依非
於清淨法界
菩薩成就如是
法
演言教
薩行常勤
一切法
剎不分別法而
生而能了知衆
身了法

生
無我我所無有真
等皆無所有諸法空故
除此見

佛子何
佛道故是名菩薩
自得覺悟故令他覺
生故憐愍衆生故
當忍受

為菩薩摩訶薩無屈撓行此菩薩
訶薩第三無違逆行
悟故心不退轉故迴向
受衆生故不捨衆生故
故饒益衆生故安樂衆
故我今誓遣苦毒應
了廣

所謂第一精進大精進勝精進殊
勝精進最妙精進上精進無上精
毒性無惰慢

進無
進普遍精進
性不貪藏
性不慳嫉
故而

自能安住於
此法復更思惟此身
性空無二若苦若

巧方便現生相佛
衆生無性為性一切
士無相為相
於中無有依
無依菩薩如是
世間皆悉寂靜
異世間法世間
有雜亂亦無差
三世永不捨離大
心轉更增長大慈
處菩薩爾時復作是
成熟我不調伏衆生
生誰當教化我不覺悟衆生
清淨衆生誰當清淨此我所
作是念若我自解此甚深法
藐三菩提獨

聚世界所有衆生以一一
經無數劫備受衆苦令彼衆生一一得值
無數諸佛出興於世以見佛故具受衆樂
三人於無餘涅槃汝乃當成阿耨多羅三藐
菩提能令不耶答
有無量阿僧
阿鼻地
薩以無
淨

世界及佛菩薩所
心生歡喜
於佛法亦無所著
不可說佛出興於
盡於不可說劫
菩薩衆會
障惡何以故此
佛法中無垢

會亦無所著踊佛法
大能攝能行諸菩薩行
此菩薩於不可說劫
佛所承事供養
無散足見佛
皆無所著見不淨世界
薩如諸佛法而觀察故諸
無暗無明無異無無
無正道無邪道菩薩如
而於衆生不生執著

毫及
未曾一
其清
者法

經卷第十九
卷第二十
之下
于闐三藏實
作悉不
提是名
無
妙其

行佛子此菩
中能入阿僧祇世界嚴
世界心無所著往詣阿
禮拜承事供養以阿僧
僧祇阿僧祇塗香末
蓋諸莊嚴具各阿僧祇以
究竟無作法故為住不
無數佛於諸佛所心
佛相好

諸
去
一切
不去
開
一
向
阿耨
聞內外
法皆無所
聞乘向獨覺
多羅三藐三菩
去名向涂向
不二故譬如虛
可得然非無
可

妙
佛衆生轉正法輪
法音與三世諸
深入於法辯才
能開演心
世間

讚美之言
於己但欲
何以故於
不求但為衆
菩薩乃至不求
一縷
修菩薩行

至法
於佛住不違世法普
薩如是
拔出衆生教化調
令不動搖復作是念
相雖對邪見執著
信心隨逐惡友起諸
皆悉荒滿是我所
明慧解及善

聞中
乱發菩提意心
勤於佛法心無
諸魔業心無
無癡乱此菩

菩薩行心
念於無量
聽聞正
嚴去

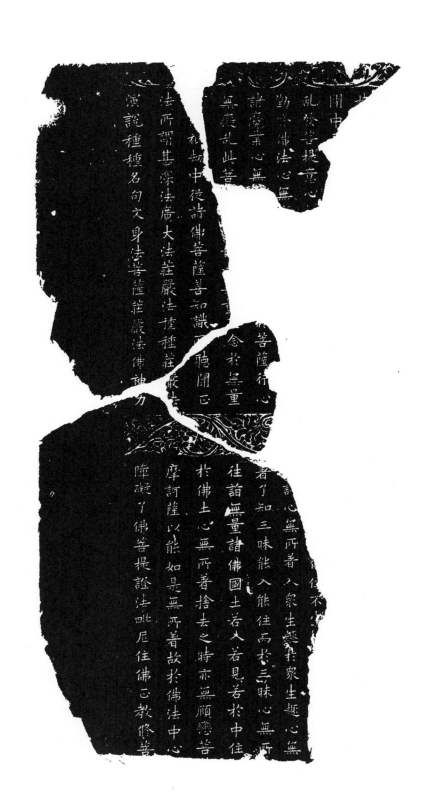

於劫中從諸佛菩薩善知識
法所謂甚深法廣大法莊嚴法種種莊
演說種種名句文身法菩薩莊嚴法佛神力

住不
說心無所著入衆生趣於衆生趣心無
著了知三昧能入能住而於三昧心無所
住詣無量諸佛國土若入若見若於中住
於佛土心無所著捨去之時亦無顧戀菩
摩訶薩以能如是無所著故於佛法中心
障礙了佛菩提證法毗尼住佛正教修菩

第三十石

作清涼法池攝持正法不斷佛種得清淨光 1 上

無盡得不由他悟陀羅尼門故光明辯無盡 7 上
得同辯陀羅尼門故同辯無盡得種種義身 8 上
句身文身中訓釋陀羅尼門故訓釋辯無盡 9 上
得無邊旋陀羅尼故無邊辯無盡此菩薩大 10 上
悲堅固普攝衆生於三千大千世界變身金 11 上

衆生導令得無上出離故為一切衆生師令 47 上
入真實法中故為一切衆生燈令其明見業 48 上
報故為一切衆生光令照甚深妙法故為一 49 上
切三世炬令其曉悟實法故為一切世間照 50 上
令入光明地中故為一切諸趣明示現如來 51 上
自在故佛子是名菩薩摩訶薩第九善法行 52 上
菩薩安住此行為一切衆生作清涼法池能 53 上
盡一切佛法源故 54 上
佛子何等為菩薩摩訶薩真實行此菩薩成 55 上
就第一誠諦之語如說能行如行能說此菩 56 上
薩學三世諸佛真實語入三世諸佛種性與 57 上
三世諸佛善根同等得三世諸佛無二語隨 58 上
如來學智慧成就此菩薩成就知衆生是處 59 上
非處智去來現在業報智諸根利鈍智種種 60 上
界智種種解智一切至處道智諸禪解脫三 61 上
昧垢淨起時非時智一切世界宿住隨念智 62 上
天眼智漏盡智而不捨一切菩薩行何以故 63 上

盡空所有諸國土　悉往說法廣開諭 28 中
所說清淨無能壞　彼勝牟尼行此道 29 中
具足堅固不退轉　成就尊重最勝法 30 中
願力無盡到彼岸　彼善修者所行道 31 中
無量無邊一切地　廣大甚深妙境界 32 中
悉能知見靡有遺　彼論師子所行道 33 中
一切句義皆明了　所有異論悉摧伏 34 中
於法決定無所疑　彼大牟尼行此道 35 中
遠離世間諸過患　普與衆生安隱樂 36 中
能為無等大導師　彼勝德者行斯道 37 中
恒以無畏施衆生　普令一切皆欣慶 38 中
其心清淨離染濁　彼無等者行斯道 39 中
意業清淨極調善　離諸戲論無口過 40 中
威光圓滿衆所欽　彼最勝者行斯道 41 中
入真實義到彼岸　住功德處心永寂 42 中
諸佛護念恒不忘　彼滅有者行斯道 43 中
遠離於我無惱害　恒以大音宣正法 44 中
十方國土靡不周　彼絕譬者行斯道 45 中
檀波羅蜜已成滿　百福相好所莊嚴 46 中
衆生見者皆欣悅　彼最勝慧行斯道 47 中
智地甚深難可入　能以妙慧善安住 48 中
其心究竟不動搖　彼堅固行行斯道 49 中
法界所有悉能入　隨所入處咸究竟 50 中
神通自在靡不該　彼法光明行此道 51 中
諸無等等大牟尼　勤修三昧無二相 52 中

過去未來現在世　無量無邊諸業報 15 下
恒以智慧悉了知　此達解者所行道 16 下
了達世間時非時　如應調伏諸衆生 17 下
悉順其宜而不失　此善了者所行道 18 下

以信而生智慧根　此善學者所行道 34 下
能於一念悉了知　一切衆生無有餘 35 下
了彼衆生心自性　達無性者所行道 36 下
法界一切諸國土　悉能化往無有數 37 下
其身最妙絕等倫　此無比行所行道 38 下
佛剎無邊無有數　無量諸佛在其中 39 下
菩薩於彼悉現前　親近供養生尊重 40 下
菩薩能以獨一身　入於三昧而寂定 41 下
令見其身無有數　一一皆從三昧起 42 下
菩薩所住最深妙　所行所作超戲論 43 下
其心清淨常悅樂　能令衆生悉歡喜 44 下
諸根方便各差別　能以智慧悉明見 45 下
而了諸根無所依　調難調者所行道 46 下
能以方便巧分別　於一切法得自在 47 下
十方世界各不同　悉在其中作佛事 48 下
諸根微妙行亦然　能為衆生廣說法 49 下
誰其聞者不欣慶　此等虛空所行道 50 下
智眼清淨無與等　於一切法悉明見 51 下
如是智慧巧分別　此無等者所行道 52 下
所有無盡廣大福　一切修行使究竟 53 下

欲教化一切眾生悉令清淨故此菩薩復生 64 上
如是增上心若我不令一切眾生住無上解 65 上
脫道而我先成阿耨多羅三藐三菩提者則 66 上

摩訶薩不捨本願故得入無上智慧莊嚴利 75 上
益眾生悉令滿足隨本誓願皆得究竟於一 76 上
切法中智慧自在令一切眾生普得清淨念 77 上
念遍遊十方世界念念普詣不可說不可說 78 上
諸佛國土念念悉見不可說不可說諸佛及 79 上
佛莊嚴清淨國土示現如來自在神力普遍 80 上
法界虛空界此菩薩現無量身普入世間而 81 上
無所依於其身中現一切剎一切眾生一切 82 上
諸法一切諸佛此菩薩知眾生種種想種種 83 上
欲種種解種種業報種種善根隨其所應為 84 上
現其身而調伏之觀諸菩薩如幻一切法如 85 上
化佛出世如影一切世間如夢得義身文身 86 上
無盡藏正念自在決定了知一切諸法智慧 87 上
最勝入一切三昧真實相住一性無二地菩 88 上
薩摩訶薩以諸眾生皆著於二安住大悲修 89 上
行如是寂滅之法得佛十力入因陀羅網法 90 上
界成就如來無礙解脫人中雄猛大師子吼 91 上
得無所畏能轉無礙清淨法輪得智慧解脫 92 上
了知一切世間境界絕生死迴流入智慧大 93 上
海為一切眾生護持三世諸佛正法到一切 94 上
佛法海實相源底菩薩住此真實行已一切 95 上
世間天人魔梵沙門婆羅門乾闥婆阿脩羅 96 上
等有親近者皆令開悟歡喜清淨是名菩薩 97 上

心常在定樂寂靜　彼普見者行斯道 53 中
微細廣大諸國土　更相涉入各差別 54 中
如其境界悉了知　彼智山王行此道 55 中
意常明潔離諸垢　於三界中無所著 56 中
護持眾戒到彼岸　此淨心者行斯道 57 中
智慧無邊不可說　普遍法界虛空界 58 中
善能修學住其中　彼金剛慧行斯道 59 中
三世一切佛境界　智慧善入悉周遍 60 中
未嘗暫起疲厭心　彼最勝者行斯道 61 中
善能分別十力法　了知一切至處道 62 中
身業無礙得自在　彼功德身行此道 63 中
十方無量無邊界　所有一切諸眾生 64 中
我皆救護而不捨　彼無畏者行斯道 65 中
於諸佛法勤修習　心常精進不懈倦 66 中
淨治一切諸世間　彼大龍王行此道 67 中
了知眾生根不同　欲解無量各差別 68 中
種種諸界皆明達　此普入者行斯道 69 中
十方世界無量剎　悉往受生無有數 70 中
未曾一念生疲厭　彼歡喜者行斯道 71 中
普放無量光明網　照耀一切諸世間 72 中
其光所照入法性　此善慧者行斯道 73 中
震動十方諸國土　無量億數那由他 74 中
不令眾生有驚怖　此利世者所行道 75 中
善解一切語言法　問難酬對悉究竟 76 中
聰哲辯慧靡不知　此無畏者所行道 77 中
善解覆仰諸國土　分別思惟得究竟 78 中
悉使住於無盡地　此勝慧者所行道 79 中
功德無量那由他　為求佛道皆修習 80 中
令彼眾生隨類解　此無礙見行斯道 89 中

令諸眾生悉清淨　此無比者所行道 54 下
普勸修成助道法　悉令得住方便地 55 下
度脫眾生無有數　未曾暫起眾生想 56 下
一切機緣悉觀察　先護彼意令無諍 57 下
普示眾生安隱處　此方便者所行道 58 下

為法施主最無上　此不滅者所行道 64 下
一身結跏而正坐　充滿十方無量剎 65 下
而令其身不迫隘　此法身者所行道 66 下
能於一義一文中　演說無量無邊法 67 下
而其邊際不可得　此無邊智所行道 68 下
於佛解脫善修學　得佛智慧無障礙 69 下
成就無畏為世雄　此方便者所行道 70 下
了知十方世界海　亦知一切佛剎海 71 下
智海法海悉了知　眾生見者咸欣慶 72 下
或現入胎及初生　或現道場成正覺 73 下
如是皆令世間見　此無邊者所行道 74 下
無量億數國土中　示現其身入涅槃 75 下
實不捨願歸寂滅　此雄論者所行道 76 下
堅固微密一妙身　與佛平等無差別 77 下
隨諸眾生各異見　一實身者所行道 78 下
法界平等無差別　具足無量無邊義 79 下
樂觀一相心不移　三世智者所行道 80 下
於諸眾生及佛法　建立加持悉究竟 81 下
所有持力同於佛　最上持者行斯道 82 下
神足無礙猶如佛　天眼無礙最清淨 83 下
耳根無礙善聽聞　此無礙意所行道 84 下
所有神通皆具足　隨其智慧悉成就 85 下
善知一切靡所儔　此賢智者所行道 86 下
其心正定不搖動　其智廣大無邊際 87 下

一切文字語言法　智皆善入不分別 90中
住於真實境界中　此見性者所行道 91中
安住甚深大法海　善能印定一切法 92中
了法無相真實門　此見實者所行道 93中
一一佛土皆往詣　盡於無量無邊劫 94中
觀察思惟靡暫停　此匪懈者所行道 95中
無量無數諸如來　種種名號各不同 96中
於一毛端悉明見　此淨福者所行道 97中
一毛端處見諸佛　其數無量不可說 98中
一切法界悉亦然　彼諸佛子行斯道 99中
無量無邊無數劫　於一念中悉明見 100中
知其修促無定相　此解脫行所行道 101中
能令見者無空過　皆於佛法種因緣 102中
而於所作心無著　彼諸最勝所行道 103中
那由他劫常遇佛　終不一念生疲厭 104中
其心歡喜轉更增　此不空見所行道 105中
盡於無量無邊劫　觀察一切眾生界 106中
未曾見有一眾生　此堅固士所行道 107中

所有境界皆明達　一切見者所行道 88下
已到一切功德岸　能隨次第度眾生 89下
其心畢竟無厭足　此常勤者所行道 90下
三世所有諸佛法　於此一切咸知見 91下
從於如來種性生　彼諸佛子行斯道 92下
隨順言辭已成就　乖違談論善摧伏 93下
常能趣向佛菩提　無邊慧者所行道 94下
一光照觸無涯限　十方國土悉充遍 95下
普使世間得大明　此破闇者所行道 96下
隨其應見應供養　為現如來清淨身 97下
教化眾生百千億　莊嚴佛剎亦如是 98下
為令眾生出世間　一切妙行皆修習 99下
此行廣大無邊際　云何而有能知者 100下
假使分身不可說　而與法界虛空等 101下
悉共稱揚彼功德　百千萬劫無能盡 102下
菩薩功德無有邊　一切修行皆具足 103下
假使無量無邊佛　於無量劫說不盡 104下
何況世間天及人　一切聲聞及緣覺 105下
能於無量無邊劫　讚歎稱揚得究竟 106下

大方廣佛華嚴經卷第二十 107下

悉往說
成就尊
彼善修者
廣大
所有

過去未來現
恒以智慧悉了
了達世間時
順其宜

衆生尊令得無上出離故
入真實法中故為一切
衆故為一切衆生悉令
世恒令其曉悟
令入光明地中故
在故佛子是名菩
安住此行
故
摩訶薩真實行此菩
語如說能行如行能
佛真實語入三世諸佛
根同等得三世諸佛
慧成就此菩薩成就知
來現在業報智諸根
智一切至處
一切世
普而不捨一切菩薩行
生悉令清淨故此菩
不令一切衆
羅

其心究竟不
法界所有悉能
神通自在離一
諸無等等
心常在定
微細普
成

離諸
彼最勝
住功德
彼成者
大音演
臨辟者行道
百福相好莊嚴
彼最勝慧行斯道
能以妙慧善安住
堅固行行斯道
所入處咸究竟
法光明行此
無二相
斯道
別

有所行道
生無有餘
者所行道
達無比者
悉能化往
此無比行所行道
無量諸佛在其中
親近供養生尊重
入於三昧而寂定
一一皆從三昧起
所行所作道論
能令衆生悉歡喜
能以智慧悉明見
調難調者所行道
於一切法得自在
悉在其中作佛事
能為衆生廣說法
此等虛空所行道
於一切法悉明見
此無等者所行道
一切修行使究竟
無比者所
悉

數
前
獨一身
無有數
住最深妙
淨常悅樂
處各差別
無所依
方
了諸根
能以方便巧
十方世界各不同
諸根微妙行亦然
誰其聞者不欣
智眼清淨無與等
如是智慧巧分別
所有無盡廣大福
令諸衆生悉清淨
普勸修成助道法
處照衆生無有數
一切機緣悉觀
普。

安住大悲心
十力入因陀羅網法
中雄猛大師子
法輪
觀深入智慧
持三世諸佛正法到一
菩薩住真實一一十方
沙門婆羅門毗闍婆阿脩羅
是名菩薩
安住甚
行法無
土皆往詣
思惟靡覺停
無數諸如來
明
實境界中
大法海
實門
法
能印一切法
此見實者所行
盡於無量無
行

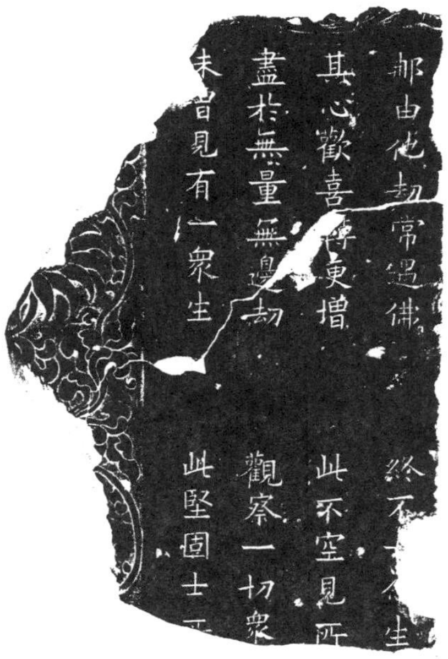
那由他劫常遇佛
其心歡喜倍更增
盡於無量無邊劫
未曾見有一衆生
終不生
此不空見所
觀察一切衆
此堅固士

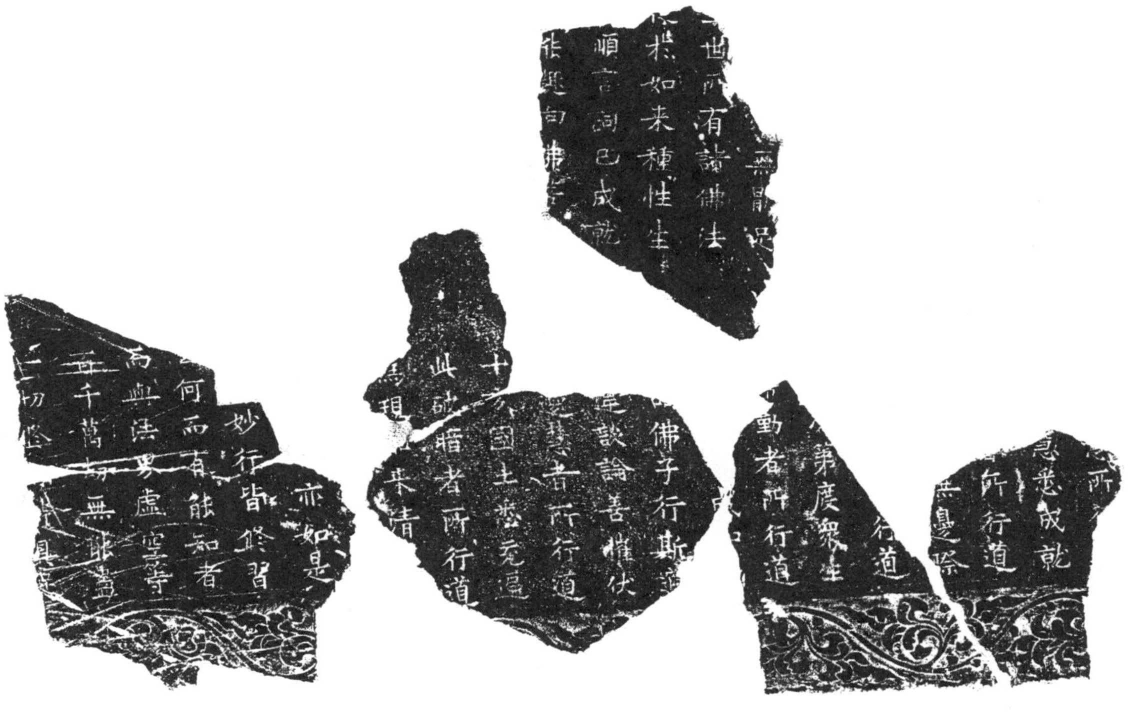
也所有諸佛法
於如來種性生
願言詞已成就
退向佛
無量
此
此破
佛子行斷
議論善惟伏
諸智者所行道
國土悉充遍
暗者所行道
未清
勤者所行道
剃度衆生
行道
所
意悉成就
所行道
無息際
亦如是
妙行皆修習
何而有能知者
法界盡等
百千萬劫無
一切

第三十三石

切寶鈴常出妙音又於佛所生最勝福田心10上
以阿僧祇帳莊嚴虛空雨一切瓔珞雲無有11上
斷絕又於佛所生深信心以阿僧祇諸天宮12上

養佛心之所現無作法門之所印出過諸天38上
諸供養具供養於佛以從波羅蜜所生一切39上
寶蓋於一切佛境界清淨解所生一切華帳40上
無生法忍所生一切衣入金剛法無礙心所41上
生一切鈴網解一切法如幻心所生一切堅42上
固香周遍一切佛境界如來座心所生一切43上

眾生心之所宜現不可說不可說種種差別78上
如來之身非世言辭而歎可盡能令一切常79上
思念佛充滿法界廣度群生隨初發心所欲80上
利益以法惠施令其調伏信解清淨示現色81上
身不可思議等觀眾生心無所著住無礙住82上
得佛十力無所障礙心常寂定未曾散亂住83上
一切智善能開演種種文句真實之義能悉84上
深入無邊智海出生無量功德慧藏恒以佛85上
日普照法界隨本願力常現不沒恒住法界86上
住佛所住無有變異於我我所俱無所著住87上
出世法世法無染於一切世間建智慧幢其88上
智廣大超過世間無所染著拔諸眾生令出89上
淤泥置於最上智慧之地所有福德饒益眾90上
生而無有盡了知一切菩薩智慧信向決定91上

照十方一切世界無不充滿色身妙好見者21中
無厭以大功德智慧神通出生種種菩薩諸22中
行諸根境界自在圓滿作諸佛事作已便沒23中
善能開示過現未來一切智道為諸菩薩普24中
雨無量陀羅尼雨令其發起廣大欲樂受持25中

其心樂隨其業果為現佛身種種神變而為38中
說法令其悟解得法智慧心大歡喜諸根踊39中
躍見無量佛起深重信生諸善根永不退轉40中
一切眾生隨業所繫長眠生死如來出世能41中
覺悟之安慰其心使無憂怖若得見者悉令42中
證入無依義智智慧善巧了達境界莊嚴妙43中
好無能映奪智山法芽悉已清淨或現菩薩44中
或現佛身令諸眾生至無患地無數功德之45中
所莊嚴業行所成現於世間一切諸佛莊嚴46中
清淨莫不皆以一切智業之所成就常守本47中
願不捨世間作諸眾生堅固善友清淨第一48中
離垢光明令一切眾生皆得現見六趣眾生49中
無量無邊佛以神力常隨不捨若有往昔同50中
種善根皆令清淨而於六趣一切眾生不捨51中

欲開示不可思議佛法門故92中

爾時如來大悲普覆示一切智所有莊嚴欲1下
令不可說百千億那由他阿僧祇世界中眾2下
生未信者信已信者增長已增長者令其清3下
淨已清淨者令其成熟已成熟者令心調伏4下

願皆清淨故勤集善根無懈息故發大誓願38下
求一切智故受天王請入一切寶莊嚴殿如39下
此世界十方所有一切世界悉亦如是40下
爾時一切寶莊嚴殿自然而有妙好莊嚴出41下
過諸天莊嚴之上一切寶網周匝彌覆普雨42下
一切上妙寶雲普雨一切莊嚴具雲普雨一43下
切寶衣雲普雨一切栴檀香雲普雨一切堅44下
固香雲普雨一切寶莊嚴蓋雲普雨不可思45下
議華聚雲普出不可思議妓樂音聲讚揚如46下
來一切種智悉與妙法而共相應如是一切47下
諸供養具悉過諸天供養之上時兜率宮中48下
妓樂歌讚熾然不息以佛神力令兜率王心49下
無動亂往昔善根皆得圓滿無量善法益加50下
堅固增長淨信起大精進生大歡喜淨深志51下
樂發菩提心念法無斷總持不忘爾時兜率52下
陀天王承佛威力即自憶念過去佛所種53下

十方一切兜率陀天悉亦如是91下
大方廣佛華嚴經卷第二十二92下

當成正覺以大慈悲現不可說無量佛身種 92上

切寶
以阿僧
斷絕又

滿色身妙好見者
功德智慧神通出生種種菩薩諸
界自在圓滿作諸佛事作已
過現未來一切智道

尒時如來大悲
令不可說百千
生未信者信已
淨已清淨者令

所示出過諸天[illegible]其心樂隨
羅蜜所生一切[illegible]說法令其悟
所生一切華帳[illegible]雖見無量
[illegible]嚴心所[illegible]一切衆生隨
[illegible]一切[illegible]覺悟
[illegible]一切[illegible]

[illegible]法智慧心大歡喜諸根
深重信生諸善根永不退
所繫長眠生死如来出世
其心使無憂怖若得見者悉
智智慧善巧了達境界莊嚴
智山法牙悉已清淨或現菩薩
諸衆生至無患地無數功德之
所感現於世間一切諸佛莊嚴
以一切智業之所成就常守本
[illegible]諸衆生堅固善友清淨
一切衆生[illegible]得現見[illegible]
神力[illegible]

願皆[illegible]故勤集善根
求一切智故受天王請
此世界十方所有一切
介時一切寶莊嚴殿自然
過諸天莊嚴之上一切寶網
一切上妙寶普雨一切莊嚴具
切寶衣雲普雨一切幢幡雲
固香雲普雨一切寶莊嚴
議華鬘雲普雨不可思議
来一切種智悉無分別而共
諸供養其悉遍諸天供養之上
妓樂歌讚燃然不息以佛神力
無動乱往昔善根皆得圓滿
堅固增長淨信起大精進生大歡
樂發菩提心念法無斷總持不
天王[illegible]

不可思議

率陁天
華嚴經卷第二十二

第三十四石

（大方廣佛華嚴經卷第二十三）1上
（兜率宮中偈讚品第二十四于闐三藏實叉難陀新譯）2上

如來善通達　一切處行道　法界眾國土 12中
所往皆無礙 13中
爾時智幢菩薩承佛神力普觀十方而說頌 14中
言 15中
若人能信受　一切智無礙　修習菩提行 16中
其心不可量　一切國土中　普現無量身 17中
而身不在處　亦不住於法　一一諸如來 18中
神力示現身　不可思議劫　算數莫能盡 19中
三世諸眾生　悉可知其數　如來所示現 20中
其數不可得　或時示一二　乃至無量身 21中
普現十方剎　其實無二種　譬如淨滿月 22中
普現一切水　影像雖無量　本月未曾二 23中
如是無礙智　成就等正覺　普現一切剎 24中
佛體亦無二　非一亦非二　亦復非無量 25中
隨其所應化　示現無量身　佛身非過去 26中
亦復非未來　一念現出生　成道及涅槃 27中
如幻所作色　無生亦無起　佛身亦如是 28中
示現無有生 29中
爾時寶幢菩薩承佛神力普觀十方而說頌 30中
言 31中
佛身無有量　能示有量身　隨其所應覩 32中
導師如是現　佛身無處所　充滿一切處 33中
如空無邊際　如是難思議　非心所行處 34中
心不於中起　諸佛境界中　畢竟無生滅 35中
如翳眼所覩　非內亦非外　世間見諸佛 36中

生死久流轉　不了真實法　諸佛故興世 4下
諸法不可壞　亦無能壞者　自在大光明 5下
普示於世間 6下
大方廣佛華嚴經十迴向品第二十五之一 7下
爾時金剛幢菩薩承佛神力入菩薩智光三 8下
昧入是三昧已十方各過十萬佛剎微塵數 9下
世界外有十萬佛剎微塵數諸佛皆同一号 10下
號金剛幢而現其前咸稱讚言善哉善哉善 11下
男子乃能入此菩薩智光三昧善男子此是 12下
十方各十萬佛剎微塵數諸佛神力共加於 13下
汝亦是毗盧遮那如來往昔願力威神之力 14下
及由汝智慧清淨故諸菩薩善根增勝故令 15下
汝入是三昧而演說法為令諸菩薩得清淨 16下
無畏故具無礙辯才故入無礙智地故住一 17下
切智大心故成就無盡善根故滿足無礙白 18下
法故入於普門法界故現一切佛神力故前 19下
際念智不斷故得一切佛護持諸根故以無 20下
量門廣說眾法故聞悉解了受持不忘故攝 21下
諸菩薩一切善根故成辦出世助道故不斷 22下
一切智智故開發大願故解釋實義故了知 23下
法界故令諸菩薩皆悉歡喜故修一切佛平 24下
等善根故護持一切如來種性故所謂演說 25下
諸菩薩十迴向佛子汝當承佛威神之力而 26下
演此法得佛護念故安住佛家故增益出世 27下
功德故得陀羅尼光明故入無障礙佛法故 28下

應知亦如是　饒益眾生故　如來出世間　37中
眾生見有出　而實無興世　不可以國土　38中
晝夜而見佛　歲月一剎那　當知悉如是　39中
眾生如是說　某日佛成道　如來得菩提　40中
實不繫於日　如來離分別　非世超諸數　41中
三世諸導師　出現皆如是　譬如淨日輪　42中
不與昏夜合　而說某日夜　諸佛法如是　43中
三世一切劫　不與如來合　而說三世佛　44中
導師法如是　45中
爾時精進幢菩薩承佛神力普觀十方而說　46中
頌言　47中
一切諸導師　身同義亦然　普於十方剎　48中
隨應種種現　汝觀牟尼尊　所作甚奇特　49中
充滿於法界　一切悉無餘　佛身不在內　50中
如來無所住　普住一切剎　一切土皆往　80中
一切處咸見　佛隨眾生心　普現一切身　81中
成道轉法輪　及以般涅槃　諸佛不思議　82中
誰能思議佛　誰能見正覺　誰能現最勝　83中
一切法皆如　諸佛境亦然　乃至無一法　84中

大光普照法界故集無過失淨法故住廣大　29下
智境界故得無障礙法光故爾時諸佛即與　30下
金剛幢菩薩無量智慧與無留礙辯與分別　31下
句義善方便與無礙法光明與如來平等身　32下
與無量差別淨音聲與菩薩不思議善觀察　33下
三昧與不可沮壞一切善根迴向智與觀察　34下
一切法成就巧方便與一切處說一切法無　35下
斷辯何以故入此三昧善根力故爾時諸佛　36下
各以右手摩金剛幢菩薩頂金剛幢菩薩得　37下
摩頂已即從定起告諸菩薩言佛子菩薩摩　38下
訶薩有不可思議大願充滿法界普能救護　39下
一切眾生所謂修學去來現在一切佛迴向　40下
佛子菩薩摩訶薩迴向有幾種佛子菩薩摩　41下
訶薩迴向有十種三世諸佛咸共演說何等　42下
提樹崇巖邃谷塵霧煙雲如是等物之所覆　81下
障故隱而不現亦復不以時節變改故隱而　82下
不現菩薩摩訶薩亦復如是有大福德其心　83下
深廣正念觀察無有退屈為欲究竟功德智　84下
慧於上勝法心生志欲法光普照見一切義於　85下
諸法門智慧自在常為利益一切眾生而修　86下
善法曾不誤起捨眾生心不以眾生其性　87下
弊惡邪見瞋濁難可調伏便即棄捨不修　88下
迴向但以菩薩大願甲冑而自莊嚴救護眾　89下

行道　法界
菩觀十方

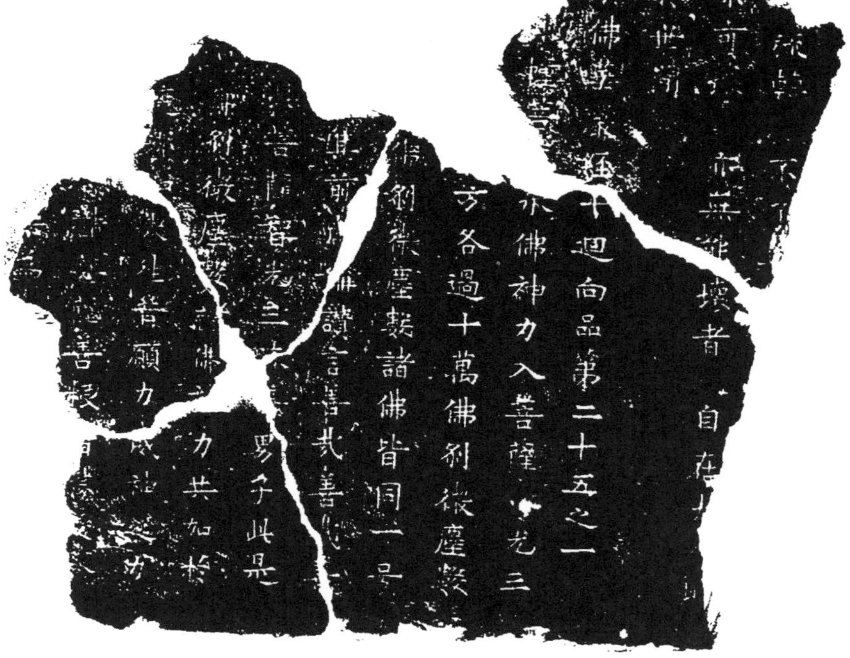

而無能壞者
十迴向品第二十五之一
承佛神力入菩薩
方各過十萬佛剎微塵數
剎微塵數諸佛皆同一號
讚言善哉善
男子此是
力共加於

剎那　當知
佛成道　如来得
離分別　非世　諸
現皆如是　辟如　日輪
說其日夜　諸佛法如是
不與如来合　而說三世佛
菩薩承佛神力普觀十

向義
觀平
切

土皆往
一切身
不思議
現最勝
法

提樹崇嚴
障故隱而
不現菩薩摩
廣正念觀察

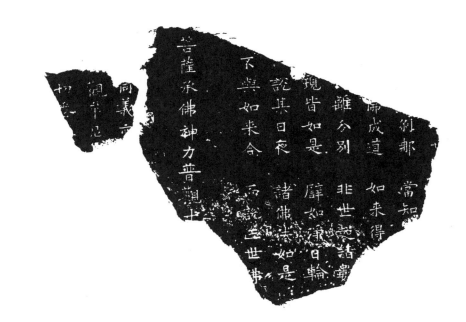

門知
不得
見瞋

第三十五石

諸佛無空過者於諸佛所淨信不壞聽聞正 11上
法斷諸疑惑憶持不忘如說修行於如來所 12上
起恭敬心身業清淨安住無量廣大善根永 13上
離貧窮七財滿足於諸佛所常隨修學成就 14上
無量勝妙善根平等悟解住一切智以無 15上
礙眼等視眾生眾相嚴身無有玷缺 16上

（大方廣佛華嚴經卷第二十三）69中
（大方廣佛華嚴經卷第二十四）70中
（十迴向品第二十五之二于闐三藏實叉難陀新譯）71中

座阿僧祇栴檀座阿僧祇衣座阿僧祇金剛 1下
座阿僧祇摩尼座阿僧祇寶繒座阿僧祇寶 2下
色座阿僧祇寶經行處阿僧祇華經行處阿 3下
僧祇香經行處阿僧祇鬘經行處阿僧祇衣 4下
經行處阿僧祇寶間錯經行處阿僧祇一切 5下
寶繒綵經行處阿僧祇一切寶多羅樹經行 6下
處阿僧祇一切寶欄楯經行處阿僧祇一切 7下
寶鈴網彌覆經行處阿僧祇一切寶宮殿阿 8下
僧祇一切華宮殿阿僧祇一切香宮殿阿僧 9下
祇一切鬘宮殿阿僧祇一切栴檀宮殿阿僧 10下
祇一切堅固妙香藏宮殿阿僧祇一切金剛 11下
宮殿阿僧祇一切摩尼宮殿皆悉殊妙出過 12下
諸天阿僧祇諸雜寶樹阿僧祇種種香樹阿 13下
僧祇諸寶衣樹阿僧祇諸音樂樹阿僧祇寶 14下
莊嚴具樹阿僧祇妙音聲樹阿僧祇無厭寶 15下

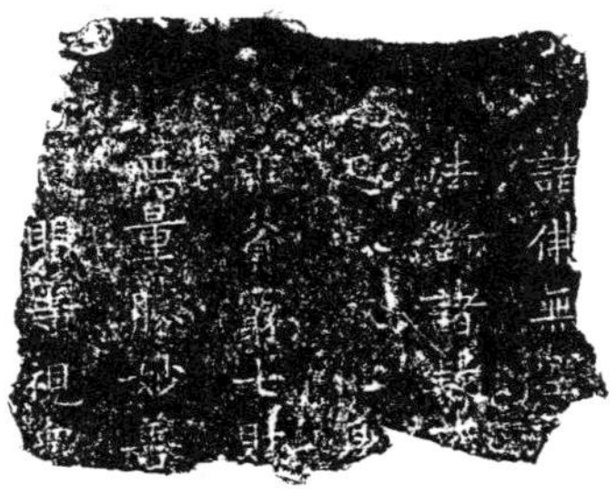

第三十六石

一切諸法無有餘　悉入於如無體性1上
以是淨眼而迴向　開彼世間生死獄2上
雖令諸有悉清淨　亦不分別於諸有3上
知諸有性無所有　而令歡喜意清淨4上
於一佛土無所依　一切佛土悉如是5上
亦不染著有為法　知彼法性無依處6上
以是修成一切智　以是無上智莊嚴7上
以是諸佛皆歡喜　是為菩薩迴向業8上
菩薩專心念諸佛　無上智慧巧方便9上
如佛一切無所依　願我修成此功德10上

可思寶蓋廣說乃至不可思寶宮殿不可量1下
燈光明蓋廣說乃至不可量燈光明宮殿不2下
（大方廣佛華嚴經卷第二十四）107下

一切諸法無有餘　開彼世
以是淨眼而迴向　亦不分別於
令諸有悉清淨　而令歡喜意
無所有　一切佛
所依
作爲法
切智　以是無
歡喜　是爲菩
諸佛　無上

思寶宮殿不可量
光明宮殿不

第四十石

大方廣佛華嚴經卷第二十七1上
十迴向品第二十五之五2上
于闐三藏實叉難陀新譯3上
佛子菩薩摩訶薩布施乞者連膚頂髻如寶4上
髻王菩薩勝妙身菩薩及餘無量諸菩薩等5上
菩薩是時見乞者來心生歡喜而語之言汝6上
今若須連膚頂髻可就我取我此頂髻閻浮7上
提中最為第一作是語時心無動亂不念餘8上
業捨離世間志求寂靜究竟清淨精勤質直9上
向一切智便執利刀割其頭上連膚頂髻右10上
膝著地合十指掌一心施與正念三世一切11上
諸佛菩薩所行發大歡喜增上志樂於諸法12上
中意善開解不取於苦了知苦受無相無生13上
諸受互起無有常住是故我應同去來今一14上
切菩薩修行大捨發深信樂求一切智無有15上
退轉不由他教善知識力菩薩摩訶薩作是16上
施時以諸善根如是迴向所謂願一切眾生17上
得無見頂成就菩薩如塔之髻願一切眾生18上
得紺青髮金剛髮細軟髮能滅眾生一切煩19上
惱願一切眾生得潤澤髮密緻髮不侵鬢額20上
髮願一切眾生得柔軟髮盡於鬢額而生髮21上
願一切眾生得如卍字髮螺文右旋髮願一22上
切眾生得佛相髮永離一切煩惱結習願一23上
切眾生得光明髮其光普照十方世界願一24上
切眾生得無亂髮如如來髮淨妙無雜願一25上

極施勝施最勝施輟身要用無所嫌恨心施1中
菩薩爾時以諸善根如是迴向所謂願一切2中
眾生得銛白牙齒成最勝塔受天人供願一3中
切眾生得齊平牙齒如佛相好無有踈缺願4中
一切眾生得調伏心善趣菩薩波羅蜜行願5中
一切眾生口善清淨牙齒鮮白分明顯現願6中
一切眾生得可憶念莊嚴牙齒其口清淨無7中
可惡相願一切眾生牙齒成就具滿四十常8中
出種種希有妙香願一切眾生意善調伏牙9中
齒鮮潔如白蓮華文理迴旋卍字成就願一10中
切眾生口脣鮮淨牙齒潔白放無量光周遍11中
照耀願一切眾生牙齒堅利食無完粒無所12中
味著為上福田願一切眾生於牙齒間常放13中
光明授諸菩薩第一記別是為菩薩摩訶薩14中
施牙齒時善根迴向為令眾生具一切智於15中
諸法中智慧清淨故佛子菩薩摩訶薩若有16中
人來從乞舌時於乞者所以慈悲心軟語愛17中
語猶如往昔端正面王菩薩不退轉菩薩及18中
餘無量諸菩薩等佛子菩薩摩訶薩於諸趣19中
中而受生時有無量百千億那由他眾生而20中
來乞舌菩薩爾時安置其人在師子座以無21中
恚心無害心無恨心大威德心從佛種性所22中
生心住於菩薩所住心常不濁亂心住大勢23中
力心於身無著心於語無著心兩膝著地開24中
口出舌以示乞者慈心軟語而告之言我今25中

生處以其髓肉施乞者時歡喜廣大施心增1下
長同諸菩薩修習善根離世塵垢得深志樂2下
以身普施心無有盡具足無量廣大善根攝3下
受一切妙功德寶如菩薩法受行無厭心常4下
愛樂布施功德一切周給心無有悔審觀諸5下
法從緣無體不貪施業及業果報隨所會遇6下
平等施與佛子菩薩摩訶薩如是施時一切7下
諸佛皆悉現前想之如父得護念故一切眾8下
生皆悉現前普令安住清淨法故一切世界9下
皆悉現前嚴淨一切佛國土故一切眾生皆10下
悉現前以大悲心普救護故一切佛道皆悉11下
現前樂觀如來十種力故去來現在一切菩12下
薩皆悉現前同共圓滿諸善根故一切無畏13下
皆悉現前能作最上師子吼故一切三世皆14下
悉現前得平等智普觀察故一切世間皆悉15下
現前發廣大願盡未來劫修菩提故一切菩16下
薩無疲厭行皆悉現前發無數量廣大心故17下
佛子菩薩摩訶薩施髓肉時以此善根如是18下
迴向所謂願一切眾生得金剛身不可沮壞19下
願一切眾生得堅密身恒無缺減願一切眾20下
生得意生身猶如佛身莊嚴清淨願一切眾21下
生得百福相身三十二相而自莊嚴願一切22下
眾生得八十種好妙莊嚴身具足十力不可23下
斷壞願一切眾生得如來身究竟清淨不可24下
限量願一切眾生得堅固身一切魔怨所不25下

切眾生得成應供頂塔之髮令其見者如見 26上
佛髮願一切眾生皆得如來無染著髮永離 27上
一切闇翳塵垢是為菩薩摩訶薩施連膚髻 28上
時善根迴向為令眾生其心寂靜皆得圓滿 29上
諸陀羅尼究竟如來一切種智十種力故佛 30上
子菩薩摩訶薩以眼布施諸來乞者如歡喜 31上
行菩薩月光王菩薩及餘無量諸菩薩等所 32上
行慧施菩薩摩訶薩布施眼時起清淨施眼 33上
心起清淨智眼心起依止法光明心起現觀 34上
無上佛道心發迴向廣大智慧心發與三世 35上
菩薩平等捨施心發於無礙眼起不壞淨信 36上
心於其乞者起歡喜攝受心為究竟一切神 37上
通故為生佛眼故為增廣大菩提心故為修 38上
習大慈悲故為制伏六根故於如是法而生 39上
其心佛子菩薩摩訶薩布施眼時於其乞者 40上
心生愛樂為設施會增長法力捨離世間愛 41上
見放逸除斷欲縛修習菩提隨彼所求心安 42上
不動不違其意皆令滿足而常隨順無二捨 43上
行以此善根如是迴向所謂願一切眾生得 44上
最勝眼示導一切願一切眾生得無礙眼開 45上
廣智藏願一切眾生得淨肉眼光明鑒徹無 46上
能蔽者願一切眾生得淨天眼悉見眾生生 47上
死業果願一切眾生得淨法眼能隨順入如 48上
來境界願一切眾生得智慧眼捨離一切分 49上
別取著願一切眾生具足佛眼悉能覺悟一 50上
切諸法願一切眾生成就普眼盡諸境界無 51上
所障礙願一切眾生成就清淨離癡翳眼了 52上
眾生界空無所有願一切眾生具足清淨無障 53上
礙眼皆得究竟如來十力是為菩薩摩訶薩 54上
布施眼時善根迴向為令眾生得一切智清 55上

此身普皆屬汝可取我舌隨意所用令汝所 26中
願皆得滿足菩薩爾時以諸善根如是迴向 27中
所謂願一切眾生得周普舌悉能宣示諸語 28中
言法願一切眾生得覆面舌所言無二皆悉 29中
真實願一切眾生得普覆一切佛國土舌示 30中
現諸佛自在神通願一切眾生得軟薄舌恒 31中
受美妙清淨上味願一切眾生得辯才舌能 32中
斷一切世間疑網願一切眾生得光明舌能放 33中
無數萬億光明願一切眾生得決定舌辯說 34中
諸法無有窮盡願一切眾生得普調伏舌善 35中
能開示一切祕要所有言說皆令信受願一 36中
切眾生得普通達舌善入一切語言大海願 37中
一切眾生得善說一切諸法門舌於言語智 38中
悉到彼岸是為菩薩摩訶薩布施舌時善根 39中
迴向為令眾生皆得圓滿無礙智故佛子菩 40中
薩摩訶薩以頭布施諸來乞者如最勝智菩 41中
薩及大丈夫迦尸國王等諸大菩薩所行布 42中
施為欲成就入一切法最勝智首為欲成就 43中
證大菩提救眾生首為欲具足見一切法最 44中
第一首為得正見清淨智首為欲成就無障 45中
礙首為欲證得第一地首為求世間最勝智 46中
首欲成三界無能見頂淨智慧首為得示現 47中
普到十方智慧王首為欲滿足一切諸法無 48中
能破壞自在之首佛子菩薩摩訶薩安住是 49中
法精勤修習則為已入諸佛種性學佛行施 50中
於諸佛所生清淨信增長善根令諸乞者皆 51中
得喜足其心清淨慶悅無量心淨信解照明 52中
佛法發菩提意安住捨心諸根悅豫功德增 53中
長生善樂欲常好修行廣大施行菩薩爾時 54中
以諸善根如是迴向所謂願一切眾生得如 55中

能壞願一切眾生得一相身與三世佛同一 26下
身相願一切眾生得無礙身以淨法身遍虛 27下
空界願一切眾生得菩提藏身普能容納一 28下
切世間是為菩薩摩訶薩求一切智施髓肉 29下
時善根迴向為令眾生皆得如來究竟清淨 30下
無量身故佛子菩薩摩訶薩以心布施諸來 31下
乞者如無悔厭菩薩無礙王菩薩及餘無量 32下
諸大菩薩以其自心施乞者時學自在施心 33下
修一切施心習行檀波羅蜜心成就檀波羅 34下
蜜心學一切菩薩布施心一切悉捨無盡心 35下
一切悉施慣習心荷負一切菩薩施行心正 36下
念一切諸佛現前心供養一切諸來乞者無 37下
斷絕心菩薩摩訶薩如是施時其心清淨為 38下
度一切諸眾生故為得十力菩提處故為依 39下
大願而修行故為欲安住菩薩道故為欲成 40下
就一切智故為不捨離本誓願故以諸善根 41下
如是迴向所謂願一切眾生得金剛藏心一 42下
切金剛圍山等所不能壞願一切眾生得卍 43下
相莊嚴金剛界心得無能動搖心得不可恐 44下
怖心得利益世間常無盡心得大勇猛幢智 45下
慧藏心得如那羅延堅固幢心得如眾生海 46下
不可盡心得那羅延藏無能壞心得滅諸魔 47下
業魔軍眾心得無所畏心得大威德心得常 48下
精進心得大勇猛心得不驚懼心得被金剛 49下
甲冑心得諸菩薩最上心得成就佛法菩提 50下
光明心得菩提樹下坐安住一切諸佛正法 51下
離諸迷惑成一切智心得成就十力心是為 52下
菩薩摩訶薩布施心時善根迴向為令眾生 53下
不染世間具足如來十力心故佛子菩薩摩 54下
訶薩若有乞求腸腎肝肺悉皆施與如善施 55下

淨眼故佛子菩薩摩訶薩能以耳鼻施諸乞 56 上
者如勝行王菩薩無怨勝菩薩及餘無量諸 57 上
菩薩等布施之時親附乞者專心修習諸菩 58 上
薩行具佛種性生如來家念諸菩薩所修施 59 上
行常勤發起諸佛菩提清淨諸根功德智 60 上
慧觀察三有無一堅固願常得見諸佛菩薩 61 上
隨順憶念一切佛法知身虛妄空無所有無 62 上
所貪惜菩薩如是施耳鼻時心常寂靜調伏 63 上
諸根免濟眾生險惡諸難生長一切智慧功 64 上
德入大施海了達法義具修諸道依智慧行 65 上
得法自在以不堅身易堅固身佛子菩薩摩 66 上
訶薩布施耳時以諸善根如是迴向所謂願 67 上
一切眾生得無礙耳普聞一切說法之音願 68 上
一切眾生得無障耳悉能解了一切音聲願 69 上
一切眾生得如來耳一切聰達無所壅滯願 70 上
一切眾生得清淨耳不因耳處生分別心願 71 上

來頭得無見頂於一切處無能映蔽於諸佛 56 中
剎最為上首其髮右旋光淨潤澤卍字嚴飾 57 中
世所希有具足佛首成就智首一切世間最 58 中
第一首為具足首為清淨首為坐道場圓滿 59 中
智首是為菩薩摩訶薩布施頭時善根迴向 60 中
為令眾生得最勝法成於無上大智慧故佛 61 中
子菩薩摩訶薩以其手足施諸眾生如常精 62 中
進菩薩無憂王菩薩及餘無量諸菩薩等於 63 中
諸趣中種種生處布施手足以信為手起饒 64 中
益行往返周旋勤修正法願得寶手以手為 65 中
施所行不空具菩薩道常舒其手擬將廣惠 66 中
安步遊行勇猛無怯以淨信力具精進行除 67 中
滅惡道成就菩提佛子菩薩摩訶薩如是施 68 中
時以無量無邊廣大之心開淨法門入諸佛 69 中
海成就施手周給十方願力任持一切智道 70 中
住於究竟離垢之心法身智身無斷無壞一 71 中
切魔業不能傾動依善知識堅固其心同諸 72 中
菩薩修行施度佛子菩薩摩訶薩為諸眾生 73 中
求一切智施手足時以諸善根如是迴向所 74 中
謂願一切眾生具神通力皆得寶手得寶手 75 中
已各相尊敬生福田想以種種寶更相供養 76 中
又以眾寶供養諸佛興妙寶雲遍諸佛土令 77 中
諸眾生互起慈心不相惱害遊諸佛剎安住 78 中

菩薩降魔自在王菩薩及餘無量諸大菩薩 56 下
行此施時見乞者來其心歡喜以愛眼觀為 57 下
求菩提隨其所須悉皆施與心不中悔觀察 58 下
此身無有堅固我應施彼取堅固身復念此 59 下
身尋即敗壞見者生厭狐狼餓狗之所噉食 60 下
此身無常會當棄捨為他所食無所覺知佛 61 下
子菩薩摩訶薩作是觀時知身無常穢污 62 下
之極於法解悟生大歡喜敬心諦視彼來乞 63 下
者如善知識而來護想隨所乞求無不惠施 64 下
以不堅身易堅固身佛子菩薩摩訶薩如 65 下
是施時所有善根悉以迴向願一切眾生得 66 下
智藏身內外清淨願一切眾生得福藏身能 67 下
普任持一切智願願一切眾生得上妙身內蘊 68 下
妙香外發光明願一切眾生得腹不現身上 69 下
下端直肢節相稱願一切眾生得智慧身以 70 下
佛法味充悅滋長願一切眾生得無盡身修習 71 下
安住甚深法性願一切眾生得陀羅尼清淨 72 下
藏身以妙辯才顯示諸法願一切眾生得清 73 下
淨身若身若心內外俱淨願一切眾生得如 74 下
來智深觀行身智慧充滿雨大法雨願一切 75 下
眾生得內寂身外為眾生作智幢王放大光 76 下
明普照一切是為菩薩摩訶薩施腸腎肝肺 77 下
善根迴向為令眾生內外清淨皆得安住無 78 下
礙智故佛子菩薩摩訶薩布施乞者肢節諸 79 下
骨如法藏菩薩光明王菩薩及餘無量諸大 80 下
菩薩施其身分支節骨時見乞者來生愛樂 81 下
心歡喜心淨信心安樂心勇猛心慈心無礙 82 下
心清淨心隨所乞求皆施與心菩薩摩訶薩 83 下
施身骨時以諸善根如是迴向所謂願一切 84 下
眾生得如化身不復更受骨肉血身願一切 85 下

眾生得金剛身不可破壞無能勝者願一切86下
眾生得一切智圓滿法身於無縛無著無繫87下
界生願一切眾生得智力身諸根圓滿不斷88下
不壞願一切眾生得法力身智力自在到於89下
彼岸願一切眾生得堅固身其身貞實常無90下
散壞願一切眾生得隨應身教化調伏一切91下
眾生願一切眾生得智熏身具那羅延肢節92下
大力願一切眾生得堅固相續不斷絕身永93下
離一切疲極勞倦願一切眾生得大力安住94下
身悉能具足精進大力願一切眾生得遍世95下
間平等法身住於無量最上智處願一切眾96下
生得福德力身見者蒙益遠離眾惡願一切97下
眾生得無依處身皆得具足無依著智願一98下
切眾生得佛攝受身常為一切諸佛加護願99下

菩薩…
其身分支節骨
心尊信心安樂心勇
得心隨所乞求皆施
骨時以諸善根如是迴
如化身不復更受骨肉
金剛身不可破壞無能
一切智相續善身於無
一切眾生得智力身諸根
一切眾生得法力身智力具
一切眾生得堅固身其身貞
一切眾生得隨應身…化調
一切眾…羅
一切眾生得…間相續不
波羅蜜佛願一切眾生得士
具足精進大力願一切眾
法身住於無量家中智慧
見有蒙益遠離
愛身皆得具足
愛身常為

切衆生得
切衆生得成
佛眼願一切
一切盲翳
時善根迴向
諸陀羅尼
子菩薩摩
行菩薩月光王菩薩
行慧施菩薩摩訶
心執清淨智眼心
無上佛道心發迴
菩薩平等捨施
心於其乞者起
圓滿
力故佛
者如歡喜
無量諸菩薩等
施眼清淨清淨施眼
依止法光明心執現觀
廣大智慧心發其三世
於無礙眼起
歡喜攝受心爲究竟一切神
道故爲生佛眼故爲增廣大菩提心故爲修
習大慈悲爲制伏六根故於如是法而生
其心佛子菩薩摩訶薩布施眼時於其乞者
心生愛樂爲設施會增長法力捨離世間愛
見放逸除所欲縛修習菩提隨彼所求心安
不動不其意皆令滿足而無二捨
亦以此善根如是迴向所謂願一切衆生得
示導一切願一切衆生得無障礙眼開
最勝眼
廣智藏願一切衆生得清淨肉眼光明
能蔽願一切衆生得淨天眼悉見衆生生
死業願一切衆生得淨法眼能隨順入如
來界願一切衆生得智慧眼捨離一切分
別願一切衆生具足佛眼悉能覺悟
切一切衆生成就普眼盡諸境界
諸衆生成就清淨離癡翳眼
所障礙
此身普皆屬汝可取我
願皆得滿足菩薩爾時
所謂願一切衆生
言法願
舌隨意所用令彼所
諸善根如是迴向
舌悉能宣示諸語
舌所言無
受美妙清淨上妙舌願一切衆
斷一切世間疑網願一切衆生得光明舌能放
無數億光明願一切衆生得決定舌辯說
諸法無有窮盡願一切衆生得
能開示一切秘密說皆令信受願一
切衆生得普通達舌善入一切語言大海願
一切衆生得善說一切諸法門舌於言語智
悉到彼岸是爲菩薩摩訶薩布施舌時善
迴向爲令衆生皆得圓滿無礙智故佛子菩
薩摩訶薩以頭布施諸來乞者如最勝智菩
薩及大丈夫迦尸國王等諸大菩薩所行布
施爲欲成就入一切法最勝智首爲欲成就
證大菩提救衆生首爲欲具足見一切法最
第一首爲得正見清淨智首爲欲成就無障
礙首爲欲證得第一地首爲求世間最勝智
首欲成三界無能見頂淨智慧首爲得示現
普到十方智慧王首爲欲滿足一切諸法無
能破壞自在之首佛子菩薩摩訶薩安住是
法精勤修習則爲已入諸佛種性學佛行
於諸佛所生清淨信增長善根令諸
得喜足其心清淨慶悅無量心淨
佛法發菩提意安住捨心諸
長生喜樂欲常
見頂於一
爲上首其髮右
願
無能映蔽於諸
莊嚴飾
照明
心增
爾時
女那羅延堅
益心得那羅延藏
魔軍衆心得無所畏
精進心得大勇猛心得
甲胄心得諸菩薩最上
光明心得菩提樹下坐
離諸迷惑成一切智心
菩薩摩訶薩布施心時
不染世間具足如來十
訶薩若有乞求腸腎肝
力心故佛子菩
善根迴向爲令
肺皆悉施與
及餘無量諸
行此施時
者來其心歡喜以入眼觀爲
時
無
乞
諸
修
一
念
斷
就

大方廣佛華嚴經
十迴向品第二十五之
卷第二十七
佛子菩薩摩訶薩

第四十一石

金色皮如閻浮檀上妙真金清淨明潔願一 8上
切眾生得無量色皮隨其心樂現清淨色願 9上
一切眾生得淨妙色皮具足沙門善軟清淨 10上
如來色相願一切眾生得第一色皮自性清 11上
淨色相無比願一切眾生成就如來清淨色 12上
皮以諸相好而自莊嚴願一切眾生得妙色 13上
皮放大光明普照一切願一切眾生得明網 14上
皮如世高幢放不可說圓滿光明願一切眾 15上
生得潤澤色皮一切色相悉皆清淨是為菩 16上
薩摩訶薩施身皮時善根迴向為令眾生皆 17上
得一切嚴淨佛剎具足如來大功德故佛子 18上
菩薩摩訶薩以手足指施諸乞者如堅精進 19上
菩薩閻浮提自在王菩薩及餘無量諸大菩 20上
薩菩薩爾時顏貌和悅其心安善無有顛倒 21上
乘於大乘不求美欲不尚名聞但發菩薩廣 22上
大之意遠離慳嫉一切諸垢專向如來無上 23上
妙法佛子菩薩摩訶薩如是施時攝諸善根 24上
悉以迴向願一切眾生得纖長指與佛無異 25上
願一切眾生得傭圓指上下相稱願一切眾 26上
生得赤銅甲指其甲隆起清淨鑒徹願一切 27上
眾生得一切智勝丈夫指悉能攝持一切諸 28上
法願一切眾生得隨好指具足十力願一切 29上
眾生得大人指纖傭齊等願一切眾生得輪 30上
相指指節圓滿文相右旋願一切眾生得如 31上
蓮華卍字旋指十力業報相好莊嚴願一切 32上

眾生常樂惠施一切悉捨願一切眾生能捨 1中
所有心無中悔願一切眾生常求正法不惜 2中
身命資生之具願一切眾生悉得法利能斷 3中
一切眾生疑惑願一切眾生得善法欲心常 4中
喜樂諸佛正法願一切眾生為求佛法能捨 5中
身命及以王位大心修習無上菩提願一切 6中
眾生尊重正法常深愛樂不惜身命願一切 7中
眾生護持諸佛甚難得法常勤修習願一切 8中
眾生皆得諸佛菩提光明成菩提行不由他 9中
悟願一切眾生常能觀察一切佛法拔除疑 10中
箭心得安隱是為菩薩摩訶薩為求正法捨 11中
國城時善根迴向為令眾生知見圓滿常得 12中
住於安隱道故佛子菩薩摩訶薩作大國王 13中
於法自在普行教命令除殺業閻浮提內城 14中
邑聚落一切屠殺皆令禁斷無足二足四足 15中
多足種種生類普施無畏無欺奪心廣修一 16中
切菩薩諸行仁慈莅物不行侵惱發妙寶心 17中
安隱眾生於諸佛所立深志樂常自安住三 18中
種淨戒亦令眾生如是安住菩薩摩訶薩令 19中
諸眾生住於五戒永斷殺業以此善根如是 20中
迴向所謂願一切眾生發菩薩心具足智慧 21中
永保壽命無有終盡願一切眾生住無量劫 22中
供一切佛恭敬勤修更增壽命願一切眾生 23中
具足修行離老死法一切災毒不害其命願 24中
一切眾生具足成就無病惱身壽命自在能 25中

樂願一切眾生獲善方便住佛諸力無畏法 1下
中願一切眾生得如地智自在修行一切佛 2下
法是為菩薩摩訶薩施大地時善根迴向為 3下
令眾生皆得究竟一切如來清淨地故佛子 4下
菩薩摩訶薩布施僮僕供養一切諸佛菩薩 5下
真善知識或施僧寶或奉父母尊勝福田或 6下
復給施病苦眾生令無闕乏以存其命或復 7下
施與貧窮孤露及餘一切無瞻侍者或為守 8下
護如來塔廟或為書持諸佛正法以百千億 9下
那由他僕使隨時給施其諸僕使皆聰慧善 10下
巧性自調順常勤精進無有懈惰具質直心 11下
安樂心利益心仁慈心恭恪心無怨恨心無 12下
讎敵心能隨受者方俗所宜於彼中作諸 13下
利益又皆從菩薩淨業所感才能技藝工巧 14下
算數靡不通達善能供侍悅可其心菩薩爾 15下
時以諸善根如是迴向所謂願一切眾生得 16下
調順心一切佛所修習善根願一切眾生隨 17下
順供養一切諸佛於佛所說悉能聽受願一 18下
切眾生得佛攝受常觀如來更無餘念願一 19下
切眾生不壞佛種勤修一切順佛善根願一 20下
切眾生常勤供養一切諸佛無空過時願一 21下
切眾生攝持一切諸佛妙義言辭清淨遊行 22下
無畏願一切眾生常樂見佛心無厭足於諸 23下
佛所不惜身命願一切眾生得見諸佛心無 24下
染著離世所依願一切眾生但歸於佛永離 25下

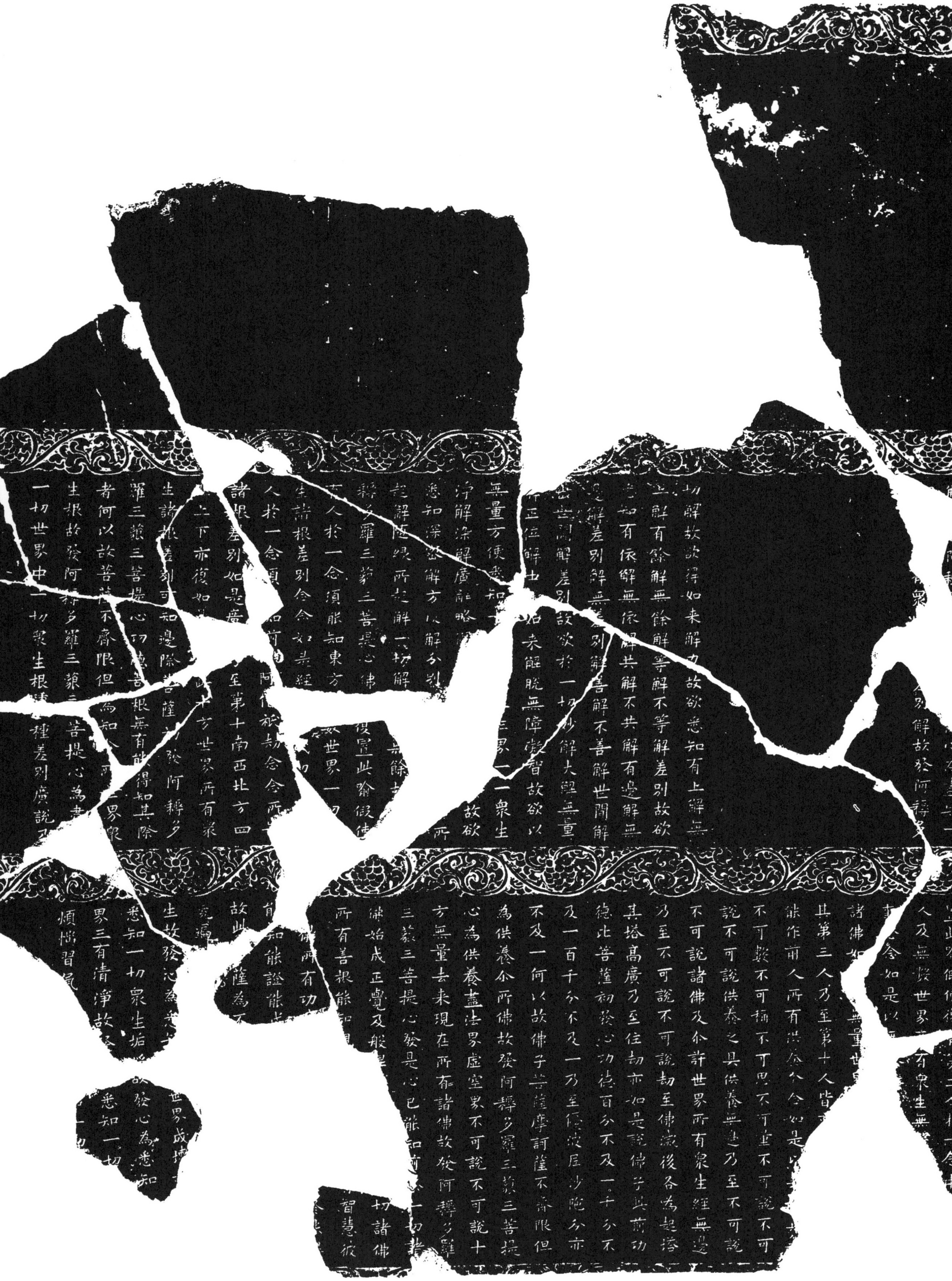

其第三人乃至第十人皆
能作前人所有供養分合如是
不可數不可稱不可思不可量不可說不可
說不可說供養之具供養無邊乃至不可說
不可說諸佛及介許世界所有衆生經無邊
乃至不可說不可說劫至佛滅後各為起塔
其塔高廣乃至住劫亦如是說佛子此前功
德比菩薩初發心功德百分不及一千分不
及一百千分不及一乃至優波尼沙陀分亦
不及一何以故佛子菩薩摩訶薩不齊限但
為供養介所佛故發阿耨多羅三藐三菩提
心為供養盡法界虛空界不可說不可說十
方無量去來現在所有諸佛故發阿耨多羅
三藐三菩提心發是心已能知前
佛始成正覺及般涅
所有善根能知

諸佛體性
佛助道之法成就三世
莊嚴三世
切諸佛說
故應知
諸佛

劫
人於一念
如是廣說乃
亦復如是佛子此
數可知其際菩薩
菩提心功德善根
得知其
菩薩不齊限但爲知爾所世界成
故發阿耨多羅三藐三菩提心爲悉
世界成壞劫盡無餘故發阿耨多羅
是心所……等提

十
心是名初發
智佛子復置……假使有人於
東方阿僧祇……界所有衆生種種差別解
念如是盡阿僧祇劫有第二人於一念須臾
前人阿僧祇劫所知衆生諸解差別如是
亦盡阿僧祇劫次第展轉乃至第十南西北
方四維上下亦復如是佛子此十方衆生種
種差……解可知邊際菩薩初發阿耨多羅三

未形像
北方四維
此人功德
乃知餘無
別佛子此人功德
是

第二十六石

若諸佛若諸佛法若菩薩若菩薩法若獨覺1上
若獨覺法若聲聞若聲聞法若世間若世間2上
法若出世間若出世間法若眾生若眾生法3上
唯求一切智於諸法界心無所著爾時佛神4上
力故十方各一萬佛剎微塵數世界六種震5上
動所謂動遍動等遍動起遍起等遍起涌遍6上
踊等遍涌震遍震等遍震吼遍吼等遍吼擊7上
遍擊等遍擊雨眾天華天香天末香天華鬘8上
天衣天寶天莊嚴具作天妓樂放天光明及9上
天音聲是時十方各過十佛剎微塵數世界10上
外有萬佛剎微塵數佛同名法慧各現其11上
身在法慧菩薩前作如是言善哉善哉法慧汝12上
於今者能說此法我等十方各萬佛剎微塵13上
數佛亦說是法一切諸佛悉如是說汝說此14上
法時有萬佛剎微塵數菩薩發菩提心我等15上
今者悉授其記於當來世過千不可說無邊16上
劫同一劫中而得作佛出興於世皆號清淨17上
心如來所住世界各各差別我等悉當護持18上
此法令未來世一切菩薩未曾聞者皆悉得19上
聞如此娑婆世界四天下須彌頂上說如是20上
法令諸眾生聞已受化如是十方百千億那21上
由他無數無量無邊無等不可數不可稱不22上
可思不可量不可說盡法界虛空界諸世界23上
中亦說此法教化眾生其說法者同名法慧24上
悉以佛神力故世尊本願力故為欲顯示佛25上

或現始修殊勝行　或現初生及出家1中
或現樹下成菩提　或為眾生示涅槃2中
菩薩所住希有法　唯佛境界非二乘3中
身語意想皆已除　種種隨宜悉能現4中
菩薩所得諸佛法　眾生思惟發狂亂5中
智入實際心無礙　普現如來自在力6中
此於世間無與等　何況復增殊勝行7中
雖未具足一切智　已獲如來自在力8中
已住究竟一乘道　深入微妙最上法9中
善知眾生時非時　為利益故現神通10中
分身遍滿一切剎　放淨光明除世暗11中
譬如龍王起大雲　普雨妙雨悉充洽12中
觀察眾生如幻夢　以業力故常流轉13中
大悲哀愍咸救拔　為說無為淨法性14中
佛力無量此亦然　譬如虛空無有邊15中
為令眾生得解脫　億劫勤修而不倦16中
種種思惟妙功德　善修無上第一業17中
於諸勝行恒不捨　專念生成一切智18中
一身示現無量身　一切世界悉周遍19中
其心清淨無分別　一念難思力如是20中
於諸世間不分別　於一切法無妄想21中
雖觀諸法而不取　恒救眾生無所度22中
一切世間唯是想　於中種種各差別23中
知想境界險且深　為現神通而救脫24中
譬如幻師自在力　菩薩神變亦如是25中

又教億眾成緣覺　獲無諍行微妙道1下
以彼而校菩提心　算數譬諭無能及2下
一念能過塵數剎　如是經於無量劫3下
此諸剎數尚可量　發心功德不可知4下
過去未來及現在　所有劫數無邊量5下

於一念中悉了知　一切智智心同等14下
一切眾生諸惑業　三有相續無暫斷15下
此諸邊際尚可知　發心功德難思議16下
發心能離業煩惱　供養一切諸如來17下
業惑既離相續斷　普於三世得解脫18下
一念供養無邊佛　亦供無數諸眾生19下
悉以香華及妙鬘　寶幢幡蓋上衣服20下
美食珍座經行處　種種宮殿悉嚴好21下
毗盧遮那妙寶珠　如意摩尼發光耀22下

空無相願無依處　以願力故皆明顯58下
了法自性如虛空　一切寂滅悉平等59下
法門無數不可說　為眾生說無所著60下
十方世界諸如來　悉共讚歎初發心61下
此身無量德所嚴　能到彼岸同於佛62下
如眾生數爾許劫　說其功德不可盡63下
以住如來廣大家　三界諸法無能諭64下
欲知一切諸佛法　宜應速發菩提心65下
此心功德中最勝　必得如來無礙智66下

衆生得光藏指放大光明照不可說諸佛世 33上
界願一切衆生得善安布指善巧分布網縵 34上
具足是為菩薩摩訶薩布施指時善根迴向 35上
為令衆生一切皆得心清淨故佛子菩薩摩 36上
訶薩請求法時若有人言汝能施我連肉爪 37上
甲當與汝法菩薩答言但與我法連肉爪甲 38上
隨意取用如求法自在王菩薩無盡菩薩及 39上
餘無量諸大菩薩為求法故欲以正法開示 40上
演說饒益衆生一切皆令得滿足故捨連肉 41上
爪甲與諸乞者菩薩爾時以此善根如是迴 42上
向所謂願一切衆生皆得諸佛赤銅相爪願 43上
一切衆生得潤澤爪隨好莊嚴願一切衆生 44上
得光淨爪鑒徹第一願一切衆生得一切智 45上
爪具大人相願一切衆生得無比爪於諸世 46上
間無所染著願一切衆生得妙莊嚴爪光明 47上
普照一切世間願一切衆生得不壞爪清淨 48上
無缺願一切衆生得入一切佛法方便相爪 49上

廣大智慧皆悉清淨願一切衆生得善生爪 50上
菩薩業果無不淨妙願一切衆生得一切智 51上
大導師爪放無量色妙光明藏是為菩薩摩 52上
訶薩為求法故施連肉爪甲時善根迴向為 53上
令衆生具足諸佛一切智爪無礙力故佛子 54上
菩薩摩訶薩求佛法藏恭敬尊重生難得想 55上
有能說者來語之言若能投身七仞火阬當 56上
施汝法菩薩聞已歡喜踊躍作是思惟我為 57上
法故尚應久住阿鼻獄等一切惡趣受無量 58上
苦何況纔入人間火阬即得聞法奇哉正法 59上
甚為易得不受地獄無量楚毒但入火阬即 60上
便得聞但為我說我入火阬如求善法王菩 61上

隨意住願一切衆生得無盡命窮未來劫住 26中
菩薩行教化調伏一切衆生願一切衆生為 27中
壽命門十力善根於中增長願一切衆生善 28中
根具足得無盡命成滿大願願一切衆生悉 29中
見諸佛供養承事住無盡壽修集善根願一 30中
切衆生於如來處善學所學得聖法喜無盡 31中
壽命願一切衆生得不老不病常住命根勇 32中
猛精進入佛智慧是為菩薩摩訶薩住三聚 33中
淨戒永斷殺業善根迴向為令衆生得佛十 34中
力圓滿智故佛子菩薩摩訶薩見有衆生心 35中
懷殘忍損諸人畜所有男形令身缺減受諸 36中
楚毒見是事已起大慈悲而哀救之令閻浮 37中
提一切人民皆捨此業菩薩爾時語其人言 38中
汝何所為作是惡業我有庫藏百千萬億一 39中
切樂具悉皆充滿隨汝所須盡當相給汝之 40中
所作衆罪由生我今勸汝莫作是事汝所作 41中
業不如道理設有所獲於何可用損他益己 42中
終無是處如此惡行諸不善法一切如來所 43中
不稱歎作是語已即以所有一切樂具盡皆 44中
施與復以善語為說妙法令其歡悅所謂示 45中
寂靜法令其信受滅除不善修行淨業互起 46中
慈心不相損害彼人聞已永捨罪惡菩薩爾 47中
時以此善根如是迴向所謂願一切衆生具 48中
丈夫形成就如來馬陰藏相願一切衆生具 49中
男子形發勇猛心修諸梵行願一切衆生具 50中

勇猛力恒為主導住無礙智永不退轉願一 51中
切衆生皆得具足大丈夫身永離欲心無所 52中
染著願一切衆生悉得成就善男子法智慧 53中
增長諸佛所歎願一切衆生普得具於大人 54中

一切邪歸依處願一切衆生隨順佛道心常 26下
樂觀無上佛法是為菩薩摩訶薩施僕使時 27下
善根迴向為令衆生遠離塵垢淨治佛地能 28下
現如來自在身故佛子菩薩摩訶薩以身布 29下
施諸來乞者布施之時生謙下心生如地心 30下
生忍受衆苦無變動心生給侍衆生不疲厭 31下
心生於諸衆生猶如慈母所有衆善悉迴與 32下
心生於諸愚險極惡衆生種種侵陵皆寬宥 33下
心安住善根精勤給事菩薩爾時悉以善根 34下
如是迴向所謂願一切衆生隨其所須常無 35下
闕乏修菩薩行恒不間斷不捨一切菩薩義 36下
利善住菩薩所行之道了達菩薩平等法性 37下
得在如來種族之數住真實語持菩薩行令 38下
諸世間得淨佛法深心信解證法究竟令諸 39下
衆生出生清淨增上善根住大功德具一切 40下
智又以此善根令一切衆生常得供養一切 41下
諸佛解一切法受持讀誦不忘不失不壞不 42下
散心善調伏不調令調以寂靜法而調習之 43下
令彼衆生於諸佛所住如是事又以此善根 44下
令一切衆生作第一塔應受世間種種供養 45下
令一切衆生成最上福田得佛智慧開悟一 46下
切令一切衆生作最上受者普能饒益一切 47下
衆生令一切衆生成最上福利能使具足一 48下
切善根令一切衆生成第一好施處能使獲 49下
得無量福報令一切衆生於三界中皆得出 50下
離令一切衆生作第一導師能為世間示如 51下
實道令一切衆生得妙總持具持一切諸佛 52下
正法令一切衆生證得無量第一法界具足 53下
虛空無礙正道是為菩薩摩訶薩施自己身 54下
善根迴向為令衆生皆得應供無量智身故 55下

薩金剛思惟菩薩為求法故入火阬中菩薩 62 上
爾時以此善根如是迴向所謂願一切眾生 63 上
住佛所住一切智法永不退轉無上菩提願 64 上
一切眾生離諸險難受佛安樂願一切眾生 65 上
得無畏心離諸恐怖願一切眾生常樂求法 66 上
具足喜樂眾法莊嚴願一切眾生離諸惡趣 67 上
滅除一切三毒熾火願一切眾生常得安樂 68 上
具足如來勝妙樂事願一切眾生得菩薩心 69 上
永離一切貪恚癡火願一切眾生悉得菩薩 70 上
諸三昧樂普見諸佛心大歡喜願一切眾生 71 上
善說正法於法究竟常無忘失願一切眾生 72 上
具足菩薩神通妙樂究竟安住一切種智是 73 上
為菩薩摩訶薩為求正法投火阬時善根迴 74 上
向為令眾生離障礙業皆得具足智慧火故 75 上
佛子菩薩摩訶薩為求正法分別演說開菩 76 上
薩道示菩提路趣無上智勤修十力廣一切 77 上
智心獲無礙智法令眾生清淨住菩薩境界 78 上
勤修大智護佛菩提時以身具受無量苦惱 79 上
如求善法菩薩勇猛王菩薩及餘無量諸大 80 上
菩薩為求法故受無量苦乃至攝取誹謗正 81 上
法惡業所覆魔業所持極大惡人彼所應受 82 上
一切苦惱以求法故悉皆為受以此善根如 83 上
是迴向所謂願一切眾生永離一切苦惱逼 84 上
迫成就安樂自在神通願一切眾生永離諸 85 上
苦得一切樂願一切眾生永滅苦蘊得照現 86 上
身恒受安樂願一切眾生超出苦獄成就智 87 上
行願一切眾生見安隱道離諸惡趣願一切 88 上
眾生得法喜樂永斷眾苦願一切眾生永拔 89 上
眾苦互相慈愛無損害心願一切眾生得諸 90 上
佛樂離生死苦願一切眾生成就清淨無比 91 上

之力常能修習十力善根願一切眾生永不 55 中
失壞男子之形常修福智未曾有法願一切 56 中
眾生於五欲中無著無縛心得解脫厭離三 57 中
有住菩薩行願一切眾生成就第一智慧丈 58 中
夫一切宗信伏從其化願一切眾生具足菩 59 中
薩丈夫智慧不久當成無上大雄是為菩薩 60 中
摩訶薩禁絕一切毀敗男形善根迴向為令 61 中
眾生具丈夫形皆能守護諸善丈夫生賢聖 62 中
家智慧具足常勤修習丈夫勝行有丈夫用 63 中
巧能顯示七丈夫道具足諸佛善丈夫種丈 64 中
夫正教丈夫勇猛丈夫精進丈夫智慧丈夫 65 中
清淨普令眾生究竟皆得 66 中
大方廣佛華嚴經卷第二十七 67 中
大方廣佛華嚴經卷第二十八 68 中
三藏□□實叉難陀新譯 69 中
十迴向品第二十五之六 70 中
佛子菩薩摩訶薩若見如來出興於世開演 71 中
正法以大音聲普告一切如來出世如來出 72 中
世令諸眾生得聞佛名捨離一切我慢戲論 73 中
復更勸導令速見佛令憶念佛令歸向佛令 74 中
攀緣佛令觀察佛令讚歎佛復為廣說佛難 75 中
值遇千萬億劫時乃一出眾生由此得見於 76 中
佛生清淨信踊躍歡喜尊重供養復於佛所 77 中
聞諸佛名轉更值遇無數諸佛植諸善本修 78 中
習增長爾時無數百千萬億那由他眾生因 79 中
見佛故皆得清淨究竟調伏彼諸眾生於菩 80 中
薩所皆生最上善知識想因菩薩故成就佛 81 中
法以無數劫所種善根普於世間施作佛事 82 中
佛子菩薩摩訶薩開示眾生令見佛時以諸 83 中
善根如是迴向所謂願一切眾生不待勸誘 84 中

佛子菩薩摩訶薩聞法喜悅生淨信心能以 56 下
其身供養諸佛欣樂信解無上法寶於諸佛 57 下
所生父母想讀誦受持無礙道法普入無數 58 下
那由他法大智慧寶諸善根門心常憶念無 59 下
量諸佛入佛境界深達義理能以如來微密 60 下
梵音興佛法雲雨佛法雨勇猛自在能分別 61 下
說一切智人第一之地具足成就薩婆若乘 62 下
以無量百千億那由他大法成滿諸根佛子 63 下
菩薩摩訶薩於諸佛所聞如是法歡喜無量 64 下
安住正法自斷疑惑亦令他斷心恒怡暢功 65 下
德成滿善根具足意恒相續利益眾生心常 66 下
不匱獲最勝智成金剛藏親近諸佛淨諸佛 67 下
剎常勤供養一切如來菩薩爾時以諸善根 68 下
如是迴向所謂願一切眾生皆得圓滿最勝 69 下
之身一切諸佛之所攝受願一切眾生常近 70 下
諸佛依諸佛住恒得覲仰未曾遠離願一切 71 下
眾生皆得清淨不壞之身具足一切功德智 72 下
慧願一切眾生常勤供養一切諸佛行無所 73 下
得究竟梵行願一切眾生得無我身離我我 74 下
所願一切眾生悉能分身遍十方剎猶如影 75 下
現而無來往願一切眾生得自在身普往十 76 下
方無我無受願一切眾生從佛身處在如來 77 下
無上身家願一切眾生得法力身忍辱大力 78 下
無能壞者願一切眾生得無比身成就如來 79 下
清淨法身願一切眾生成就出世功德之身 80 下
生無所得清淨法界是為菩薩摩訶薩以身 81 下
供佛善根迴向為令眾生永住三世諸佛 82 下
家故佛子菩薩摩訶薩以身布施一切眾生 83 下

安樂一切苦惱無能損害願一切眾生得一 92 上
切勝樂究竟具足佛無礙樂是為菩薩摩訶 93 上
薩為求法故受眾苦時善根迴向為欲救護 94 上
一切眾生令離險難住一切智無所障礙解 95 上
脫處故佛子菩薩摩訶薩處於王位求正法 96 上
時乃至但為一文一字一句一義生難得想 97 上
能悉罄捨海內所有若近若遠國土城邑人 98 上
民庫藏園池屋宅樹林華果乃至一切珍奇 99 上

自往見佛承事供養皆令歡喜願一切眾生 85 中
常樂見佛心無廢捨願一切眾生常勤修習 86 中
廣大智慧受持一切諸佛法藏願一切眾生 87 中
隨所聞聲皆悟佛法於無量劫修菩薩行願 88 中
一切眾生安住正念恒以智眼見佛出興願 89 中
一切眾生不念異業常憶見佛勤修十力願 90 中
一切眾生於一切處常見諸佛了達如來遍 91 中
虛空界願一切眾生皆得具足佛自在身普 92 中
於十方成道說法願一切眾生遇善知識常 93 中
聞佛法於諸如來得不壞信願一切眾生悉 94 中
能稱歎諸佛出興令其見者普得清淨是為 95 中
菩薩摩訶薩歎佛出世善根迴向為令眾生 96 中
見一切佛供養承事於無上法究竟清淨故 97 中
佛子菩薩摩訶薩捨於大地或施諸佛造立 98 中
精舍或施菩薩及善知識隨意所用或施眾 99 中
僧以為住處或施父母或施別人聲聞獨覺 100 中
種種福田乃至一切貧窮孤露及餘四眾隨 101 中
意悉與令無所乏或施造立如來塔廟於如 102 中
是等諸處之中悉為辦具資生什物令隨意 103 中
用無所恐懼菩薩摩訶薩隨何方所布施地 104 中
時以諸善根如是迴向所謂願一切眾生具 105 中
足清淨一切智地悉到普賢眾行彼岸願一 106 中
切眾生得總持地正念受持一切佛法願一 107 中
切眾生得住持力常能守護一切佛教願一 108 中
切眾生得如地心於諸眾生意常清淨無有 109 中
惡念願一切眾生持諸佛種成就菩薩諸地 110 中
次第無有斷絕願一切眾生普為一切作安 111 中
隱處悉令調伏住清淨道願一切眾生同諸 112 中
如來利益世間普使勤修安住佛力願一切 113 中
眾生普為世間之所愛樂悉令安住無上佛 114 中

菩薩爾時以此善根如是迴向所謂願一切 108 下
眾生得清淨心一切智寶而自莊嚴願一切 109 下
眾生住善調伏遠離一切諸不善業願一切 110 下
眾生得不可壞堅固眷屬普能攝受諸佛正 111 下
法願一切眾生為佛弟子到於菩薩灌頂之 112 下
地願一切眾生常為諸佛之所攝受永離一 113 下
切不善之法願一切眾生隨順諸佛修行菩 114 下
薩最勝之法願一切眾生入佛境界悉皆得 115 下
授一切智記願一切眾生與諸如來皆悉平 116 下
等一切佛法無不自在願一切眾生悉為諸 117 下
佛之所攝受常能修行無取著業願一切眾 118 下
生常為諸佛第一侍者一切佛所修智慧行 119 下
是為菩薩摩訶薩給侍諸佛善根迴向為欲 120 下
證得諸佛菩提為欲救護一切眾生為欲出 121 下
離一切三界為欲成就無損惱心為得無量 122 下
廣大菩提為欲成就照佛法智為欲常蒙諸 123 下
佛攝受為得諸佛之所護持為欲信解一切 124 下
佛法為欲成就與三世佛平等善根為欲圓 125 下
滿無悔恨心證得一切諸佛法故佛子菩薩 126 下
摩訶薩布施國土一切諸物乃至王位悉亦 127 下
能捨於諸世事心得自在無繫無縛無所戀 128 下
著遠離惡業饒益眾生不著業果不樂世法 129 下
不復貪染諸有生處雖住世間非此處生心 130 下
不執著蘊界處法於內外法心無依住常不 131 下
忘失諸菩薩行未曾遠離諸善知識持諸菩 132 下

衆生常樂
切悲捨願一切衆生能捨
一切衆生常求正法不惜
有心無悋
身命資生之具願
一切衆生疑惑願
喜樂諸佛正法願
身命及以王位大
衆生尊重正法
衆生護持諸
衆生

一切衆生得善法
切衆生為求佛法能捨
習無上菩
一切
樂不惜
法常

菩
真
復
施與
護如來
那由他僕
性自調順
安樂心利益
敬
能隨受者方便
利益又皆從菩薩淨業
無數靡不通達善能供
以諸善根如是迴向
順心
所修習

無畏法
一切佛
復
為守
千億
慧善
直心

…佛子
訶薩以手足指施諸乞者如堅精進
閻浮提自在王菩薩及餘無量諸大菩
薩菩薩尒時顏貌和悅其心安喜無有顛倒
乘於大乘不求美欲不尚名聞但發菩薩廣
大之意遠離慳嫉一切諸趣專向如來無上
妙法佛子菩薩摩訶薩如是施時攝諸善根
悉以迴向願一切衆生得纖長指與佛無異
願一切衆生得傭圓指上下相稱願一切衆
生得赤銅甲指其甲隆起清淨鑒徹願一切
衆生得一切智勝丈夫指悉能攝持一切諸
法願一切衆生得隨好指具足十力願一切
衆生得大人指纖傭齊等願一切衆生得輪
相指指節圓滿文相右旋願一切衆生得如
蓮華卍字旋指十力業報相好莊嚴願一切
衆生得光藏指放大光明照不可說諸佛世
界願一切衆生得善安布指善巧分布網縵
具足是為菩薩摩訶薩布施指時善根迴向
為令衆生一切皆得心清淨故佛子菩薩摩
訶薩請求法時若有人言汝能施我連肉爪
甲當與汝法菩薩答言但與我法連肉爪甲
隨意取用如求法自在王菩薩無盡菩薩及
餘無量諸大菩薩為求法故欲以正法開示
演說饒益衆生一切皆令得滿足故捨連肉
爪甲與諸乞者菩薩尒時以此善根如是迴
向所謂願一切衆生皆得諸佛赤銅相爪願
一切衆生得潤澤爪隨好莊嚴願一切衆生
得光淨爪鑒徹第一願一切衆生得一切智
爪具大人相願一切衆生得無比爪於諸世
間無所染著願一切衆生得妙莊嚴爪光明
一切世間願一切衆生得不壞爪清淨
切衆生得入一切佛法方便相爪

種淨戒永斷衆生施與安位菩薩
諸衆生住於正戒永斷殺業以此
迴向所謂願一切衆生發菩薩
永保壽命無有終盡願一切衆
供一切佛恭敬勤修更增壽
具足修行離老死法一切災毒
一切衆生具足成就無病惱自
隨意住願一切衆生得無盡命
菩薩行教化調伏一切衆生願
壽命門十力善根於中增長
根具足得無盡命成滿大願
見諸佛供養承事住無盡
切衆生於如來處善學所學
壽命願一切衆生得不老不
勤精進入佛智慧是為菩薩
淨戒永斷殺業善根迴向
力圓滿智故佛子菩薩摩
懷殘忍損諸人畜所有男形
楚毒見是事已起大慈悲而
提一切人民皆捨此業菩薩
汝何所為作是惡業我有庫
切樂具悉皆充滿隨汝所須
所作衆罪由生我今勸汝
業不如道理設有所獲於何
終無是處如此惡行諸不善法一
不稱歎作是語已即以所有一切樂具
施與復以善語為說妙法令其歡悅所謂
寂靜法令其信受滅除不善修行淨業
慈心不相損害彼人聞已永捨罪惡菩
時以此善根如是迴向所謂願一切衆
丈夫形成就如來馬陰藏相願一
男子形發勇猛心修諸梵行願一切
…生具…具…具…

佛心無…
生得見諸佛心無
生但歸於佛永離
生隨順佛道心常
薩摩訶薩施僕使時
離塵垢淨治佛地從
善薩摩訶薩以身布
時生謙下心生如地心
生給侍衆生不疲猒
所有衆善悉迴與
種種侵陵皆寬
善薩尒時以善根
生隨其…須常…
…切…菩薩善
忠勤給事
誦願一切衆
薩修恒不間斷
薩所行之道
種族之…
得淨佛…
…平等法性
…實語持菩薩行令
…法深心信解證法究竟令
生清淨增上善根住大功德具一切
…又以此善根令一切衆生常得供養一切
諸佛解一切法受持讀誦不忘不失不壞
散心善調伏不調令調以寂靜法而調
令彼衆生於諸佛所住如是事又以此善根
令一切衆生作第一塔應受世間種種供養
令一切衆生成最上福田得佛智慧開悟一
切令一切衆生作最上受者普能饒益一切
衆生令一切衆生成最上福利能使具足一
切善根令一切衆生成第一好施處能使獲
得無量福報令一切衆生於三界中皆得出
離令一切衆生作第一導師能為世間示如
實道令一切衆生得妙揔持具持一切諸佛
正法令一切衆生證得無量第一法界具足
虛空無礙正道是為菩薩摩訶薩施自己身
善根迴向為令衆生皆得應供無量智身故
佛子菩薩摩訶薩聞法憙悅生淨信心能以
其身供養諸佛欣樂信解無上法寶於諸佛
所生父母想讀誦受持無礙道法普入無數
那由他…

廣大智慧皆悉清淨願一切衆生……
菩薩業果無不淨妙願一切衆生得一切智
大導師爪放無量色光光明藏是菩薩摩
訶薩為求法故施連肉爪甲時善根迴向為
令衆生具足諸佛一切智爪無礙力故佛子
菩薩摩訶薩求佛法藏恭敬尊重生難得想
……者來語之言若能投身七仞火坑當
……色歡喜踊躍作是思惟我為
……界獄等一切惡趣受無量
……間火坑即得聞法奇哉正法
不受地獄無量楚毒但入火坑即
但為我說我入火坑如求善法王菩
金剛思惟菩薩為求法故入火坑中菩薩
尒時以此善根如是迴向所謂願一切衆生
往佛所住一切智法永不退轉無上菩提願
一切衆生離諸險難受佛安樂願一切衆生
得無畏心離諸恐怖願一切衆生常樂求法
具足喜樂衆法莊嚴願一切衆生離諸惡趣
……願一切衆生常得安樂
……達心

勇猛力恒為主導住無礙智永不退轉願一
切衆生皆得具足大丈夫身永離欲心無所
染著願一切衆生悉得成就善男子法智慧
增長諸佛所歎願一切衆生普得具於大人
之力常能修習十力善根願一切衆生永不
失壞男子之形常修福智未曾有法願一切
衆生於五欲中無著無縛心得解脫猒離三
有住菩薩行願一切衆生成就第一智慧丈
夫一切宗信伏從其化願一切衆生具足菩
薩丈夫智慧不久當成無上大雄是為菩薩
摩訶薩禁絶一切毀敗男形善根迴向為令
衆生具丈夫形皆能守護諸善丈夫生賢聖
家智慧具足常勤修習丈夫勝行有丈夫用
巧能顯示七丈夫道具足諸佛善丈夫種丈
夫正教丈夫勇猛丈夫精進丈夫智慧丈夫
清淨普令衆生究竟皆得

大方廣佛華嚴經卷第二十七

大方廣佛華嚴經卷第二十八

三藏……難陁新譯

十迴向品第二十五……

佛子……

量諸……入佛境界深達義理能以如來微密
梵音興佛法雲雨佛法雨勇猛自在能分別
說一切智人第一之地具足成就薩婆若乘
以無量百千億那由他大法成滿諸根佛子
菩薩摩訶薩於諸佛所聞如是法歡喜無量
安住正法自斷疑惑亦令他斷心恒怡暢功
德成滿善根具足意恒相續利益衆生心常
不匱獲最勝智成金剛藏親近諸佛淨諸佛
剎常勤供養一切如來菩薩尒時以諸善根
如是迴向所謂願一切衆生皆得圓滿最勝
之身一切諸佛之所攝受願一切衆生常近
諸佛依諸佛住恒得勤仰未曾遠離願一切
衆生皆得清淨不壞之身具足一切功德智
慧願一切衆生常勤供養一切諸佛行無所
得究竟梵行願一切衆生得無我身離我我
所願一切衆生悉能分身遍十方剎猶如影
現而無來往願一切衆生得自在身普往十
方無我無受願一切衆生從佛身處在如來
無上身家願一切衆生得法力身忍辱大力
無能壞者願一切衆生得無比身成……
清淨法身願一切衆生成就出世功……
生無所得清淨法界是為菩薩摩……
供佛善根迴向為令衆生永住一……
……佛子菩薩摩訶薩……

爲一切衆
永離一切貪恚癡火願一切衆生悉得菩薩
諸三昧樂普見諸佛心大歡喜願一切衆生
善說正法於法究竟常無忘失願一切衆生
見□菩薩神通妙樂究竟安住一切種智是
□□薩摩訶薩爲求正法投大坑時善根迴
□□衆生離障礙業皆得具足智慧光故
□□薩摩訶薩爲求正法分別演說開善
□菩提路趣無上智勤修十力廣一切
□獲無礙智法令衆生清淨佛菩薩境界
勤修大智證佛菩提時以身具受無量苦惱
如來菩法菩薩勇猛王菩薩及餘無量諸大
菩薩爲求法故受無量苦乃至攝取誹謗正
法惡業所覆魔業所持極大愚人彼所應受
一切苦惱以求法故悉皆爲受以此善根如
是迴向所謂願一切衆生永離一切苦惱逼
迫成就安樂自在神通願一切衆生永離諸
苦得一切樂願一切衆生永滅苦蘊得照現
光恆受安樂願一切衆生超出苦獄成就智
行願一切衆生見安隱道離諸惡趣願一切
衆生得法喜樂永斷衆苦願一切衆生永拔
衆苦互相慈愛無損害心願一切衆生得諸
佛樂離生死苦願一切衆生成就清淨無比
安樂一切苦惱無能損害願一切衆生得一
切勝樂究竟具足佛無礙樂是爲菩薩摩訶
薩爲求法故受衆苦時善根迴
一切衆
險難往一切智無所障
佛子菩薩摩訶薩爲於王位求
但爲□受一字一句一義生難得
捨法門所有若近若遠國土城
園池屋宅樹林華

攀
値遇
佛生清淨
聞諸佛名
習增長念
見佛故皆
薩所皆生最
法以無數劫
佛子菩薩摩訶
善根如是迴向所
自往見佛承事供
常樂見佛心無
廣大智慧受持
隨所聞聲皆悟
一切衆生安住
一切衆生不念
一切衆生於一
虛空界願一切
於十方成道說
聞佛法於諸如
能稱歎諸佛
菩薩摩訶薩
一切佛住
佛子菩薩摩
精舍或施菩薩
僧以爲住處或
連種福田乃至

[illegible]淨故
諸佛造立
所用或施衆
別人聲聞獨覺
射孤露及餘四衆隨
施造立如來塔廟於如
爲辦具資生什物令隨意
[illegible]訶薩隨何方所有諸施
是迴向所謂願一切衆生具
地[illegible]到普賢衆行彼岸願一
[illegible]持地[illegible]受持一切佛法願十
得住持力常能守護一切佛教願一
衆生得如地心於諸衆生意常清淨無有
[illegible]念願一切衆生持諸佛種成就菩提諸[illegible]
次第[illegible]有所繼願一切衆生[illegible]一切佛安
隱處養令調伏住清淨道願一切衆生同諸
如來利益世間常使勤修安住佛力願一切
衆生普爲世間之所愛樂令安住無上佛

智寶而自莊
離一切諸不
衆[illegible]壞堅固眷屬普
法願一切衆生爲佛廣十刹
地願一切衆生常爲諸佛之
切不喜之法願一切衆生隨
薩所修之法願一切衆生入佛
授一切智記願一切衆生與諸
等一切佛法無不自在願一切
佛[illegible]所攝受常能修行無厭
[illegible]常爲諸佛[illegible]一得普一切佛
是爲菩薩摩訶薩給侍諸佛
[illegible]行諸佛菩提爲教護一
離一切[illegible]爲[illegible]成就無煩惱
普大菩提爲欲成就諸佛[illegible]智
佛[illegible]受爲得諸佛之所[illegible]
[illegible]

第四十二石

薩廣大行願常樂承事一切善友菩薩爾時 1 上
以此善根如是迴向所謂願一切衆生為大 2 上
法王於法自在到於彼岸願一切衆生成佛 3 上
法王摧滅一切煩惱怨賊願一切衆生住佛 4 上
王位得如來智開演佛法願一切衆生住佛 5 上

薩願一切衆生住淨法界為大法王現佛出 9 上
興相繼不斷願一切衆生於諸世界作智慧 10 上
王化導群生無時暫捨願一切衆生普為法 11 上
界虛空界等諸世界中一切衆生作法施主 12 上
使其咸得住於大乘願一切衆生得成具足 13 上

薩甚深三昧於諸禪定而得自在願一切衆 63 上
生得解脫心成就一切三昧眷屬願一切衆 64 上
生種種三昧皆得善巧悉能攝取諸三昧相 65 上
願一切衆生得勝智三昧普能學習諸三昧 66 上
門願一切衆生得無礙三昧入深禪定終不 67 上
退失願一切衆生得無著三昧心恒正受不 68 上
取二法是為菩薩摩訶薩布施一切內宮眷 69 上
屬時善根迴向為欲令一切衆生皆得不壞 70 上
清淨眷屬故為欲令一切衆生皆得菩薩眷 71 上
屬故為欲令一切衆生悉得滿足佛法故為 72 上
欲令一切衆生滿足一切智力故為欲令一 73 上
切衆生證於無上智慧故為欲令一切衆生 74 上
得於隨順眷屬故為欲令一切衆生得同志 75 上

衆生得善欲心清淨莊嚴一切佛刹是為菩 31 中
薩摩訶薩布施一切園林臺榭善根迴向為 32 中
令衆生見一切佛遊戲一切佛園林故佛子 33 中
菩薩摩訶薩作百千億那由他無量無數廣 34 中
大施會一切清淨諸佛印可終不損惱於一 35 中
衆生普令衆生遠離衆惡淨三業道成就智 36 中
慧開置無量百千億那由他阿僧祇清淨境 37 中
界積集無量百千億那由他阿僧祇資生妙 38 中
物發甚難得菩提之心行無限施令諸衆生 39 中
住清淨道初中後善生淨信解隨百千億無 40 中
量衆生心之所樂悉令歡喜以大慈悲救護 41 中
一切承事供養三世諸佛為欲成就一切佛 42 中
種修行布施心無中悔增長信根成滿勝行 43 中
念念增進檀波羅蜜菩薩爾時以諸善根如 44 中
是迴向所謂願一切衆生發大乘心悉得成 45 中
就摩訶衍施願一切衆生皆悉能行大會施 46 中
盡施善施最勝施無上施最無上施無等等 47 中
施超諸世間施一切諸佛所稱歎施願一切 48 中
衆生作第一施主於諸惡趣免濟衆生皆令 49 中
得入無礙智道修平等願如實善根得無差 50 中
別證自境智願一切衆生安住寂靜諸禪定 51 中
智入不死道究竟一切神通智慧勇猛精進 52 中
具足諸地莊嚴佛法到於彼岸永不退轉願 53 中
一切衆生設大施會終不疲厭給濟衆生無 54 中
有休息究竟無上一切種智願一切衆生恒 55 中

法至於彼岸故名迴向佛子菩薩摩訶薩如 29 下
是迴向時則為隨順佛住隨順法住隨順智 30 下
住隨順菩提住隨順義住隨順迴向住隨順 31 下
境界住隨順行住隨順真實住隨順清淨住 32 下
佛子菩薩摩訶薩如是迴向則為了達一切 33 下
諸法則為承事一切諸佛無有一佛而不承 34 下
事無有一法而不供養無有一法而可滅壞 35 下
無有一法而可乖違無有一物而可貪著無 36 下
有一法而可厭離不見內外一切諸法有少 37 下
滅壞違因緣道法力具足無有休息佛子是 38 下
為菩薩摩訶薩第六隨順堅固一切善根迴 39 下
向菩薩摩訶薩住此迴向時常為諸佛之所 40 下
護念堅固不退入深法性修一切智隨順法 41 下
義隨順法性隨順一切堅固善根隨順一切 42 下
圓滿大願具足隨順堅固之法一切金剛所 43 下
不能壞於諸法中而得自在爾時金剛幢菩 44 下
薩觀察十方觀察衆會觀察法界已入於字 45 下
句甚深之義修習無量廣大之心以大悲心 46 下
普覆世間長去來今佛種性心入於一切諸 47 下
佛功德成就諸佛自在力身觀諸衆生心之 48 下
所樂隨其善根所可成熟依法性身為現色 49 下
身承佛神力而說頌言 50 下
菩薩現身作國王　於世位中最無等 51 下
福德威光勝一切　普為群萌興利益 52 下
其心清淨無染著　於世自在咸遵敬 53 下

行人共居故為欲令一切眾生具足一切福 76上
智故為欲令一切眾生成就清淨善根故為 77上
欲令一切眾生得善和眷屬故為欲令一切 78上
眾生成就如來清淨法身故為欲令一切眾 79上
生成就次第如理辯才善說諸佛無盡法藏 80上
故為欲令一切眾生永捨一切世俗善根同 81上
修出世清淨善根故為欲令一切眾生淨業 82上
圓滿成就一切清淨法故為欲令一切眾生 83上
一切佛法皆悉現前以法光明普嚴淨故佛 84上
子菩薩摩訶薩能以所愛妻子布施猶如往 85上
昔須達拏太子現莊嚴王菩薩及餘無量諸 86上
菩薩等菩薩爾時乘薩婆若心行一切施淨 87上
修菩薩布施之道其心清淨無有中悔罄捨 88上

勤種植一切善根到於無量功德彼岸願一 56中
切眾生常蒙諸佛之所稱歎普為世間作大 57中
施主功德具足充滿法界遍照十方施無上 58中
樂願一切眾生設大施會廣集善根等攝眾 59中
生到於彼岸願一切眾生成最勝施普令眾 60中
生住第一乘願一切眾生為應時施永離非 61中
時大施究竟願一切眾生成就善施到佛丈 62中
夫大施彼岸願一切眾生究竟常行大莊嚴 63中
施盡以一切諸佛為師悉皆親近興大供養 64中
願一切眾生住清淨施集等法界無量福德 65中
到於彼岸願一切眾生於諸世間為大施主 66中
誓度群品住如來地是為菩薩摩訶薩設大 67中
施會善根迴向為令眾生行無上施究竟佛 68中
施成就善施不可壞施供諸佛施無恚恨施 69中
救眾生施成一切智施常見諸佛施善精進 70中
施成就一切菩薩功德諸佛智慧廣大施故 71中
佛子菩薩摩訶薩布施一切資生之物心無 72中
貪惜不求果報於世富樂無所希望離妄想 73中
心善思惟法為欲利益一切眾生審觀一切 74中
諸法實性隨諸眾生種種不同所用所求各 75中
各差別成辦無量資生之具所有嚴飾悉皆 76中
妙好行無邊施行一切施盡內外施行此施 77中
時增志樂力獲大功德成就心寶常能守護 78中
一切眾生皆令發生殊勝志願初未曾有求 79中

弘宣正法以訓人　普使眾生獲安隱 54下
現生貴族昇王位　常依正教轉法輪 55下
稟性仁慈無毒虐　十方敬仰皆從化 56下
智慧分別常明了　色相才能皆具足 57下
臨馭率土靡不從　摧伏魔軍悉令盡 58下
堅持淨戒無違犯　決志堪忍不動搖 59下
永願蠲除忿恚心　常樂修行諸佛法 60下
飲食香鬘及衣服　車騎床褥座與燈 61下

（大方廣佛華嚴經卷第二十八）133下

成就如来清淨法身故為欲令一切衆
次第如理辯不善說諸佛無盡法藏
令一切衆生永捨一切世俗善根同
清淨善根故為欲令一切衆生淨業
就一切清淨法故為欲令一切衆生
法皆悉現前以法光明普照佛故佛
訶薩能以所愛妻子布施猶如往
子現莊嚴王菩薩及餘無量諸
尒時乘薩婆若心行一切
道真心清淨無

在願一切衆
屬願一切衆
諸三昧相
能學習諸三昧
昧入深禪定終不
着三昧心恒正受不
薩布施一切內宮眷
一切衆生皆得不壞
衆生皆得菩薩眷
悉得滿足佛法故為
智力故為欲令一
欲令一切衆生
衆生得同志
具足一切福
善根故為
一切

願一切
到於彼岸願一切衆
攝度群品住如來地是
施會善根迴向為令衆
施成就善施不可壞施
救衆生施成一切智
施成就一切菩薩功
佛子菩薩摩訶薩布
貪惜不求果報於世
心善思惟法為欲利
諸法實性隨諸衆生
善巧別成辦無量資
妙好行無邊施行一
時增志樂力獲大
一切衆生增

第四十三石

大方廣佛華嚴經卷第二十九）1上
（于闐三藏實叉難陀新譯）2上
（十迴向品第二十五之七）3上

能以一心知一切心以一切善根等迴向故 30下
為令一切眾生常樂積集一切善根安立眾 31下
生於淨智故為令一切眾生得一切智福德 32下
智慧清淨身故為令一切眾生善知一切眾 33下
生善根觀察迴向普成就故為令一切眾生 34下
得一切智成等正覺普圓滿故為令一切眾 35下
生得具足神通智於一處出興一切諸處皆 36下
出興故為令一切眾生得普莊嚴智嚴淨一 37下
眾會一切眾會皆嚴淨故為令一切眾生於 38下
一佛國土普見一切佛國土故為令一切眾 39下
生以一切莊嚴具不可說莊嚴具無量莊嚴 40下
具無盡莊嚴具莊嚴一切諸佛國土普周遍 41下
故為令一切眾生於一切法悉能決了甚深 42下
義故為令一切眾生得諸如來最上第一自 43下
在神通故為令一切眾生得非一非異一切 44下

一心[illegible]一切心以一[illegible]
切衆生常樂積集一切[illegible]安立衆
淨智故為令一切衆生得一切智福德
意清淨身故為令一切衆生善知一切衆
善根觀察迴向普成就故為令一切衆生
得一切智成等正覺普圓滿故為令一切衆
生得具足神通智於一處出興一切諸處皆
出興故為令[illegible]普莊嚴智嚴淨一
衆會一切衆會皆嚴淨故為令一切衆生於
佛國土普見一切佛國土故為令一切衆
生以一切莊嚴具不可說莊嚴具無量莊嚴
具無盡莊嚴具莊嚴一切諸佛國土普周遍
故為令一切衆生於一切法悉能決了甚
故為令一切衆生得諸如来最上第
在神[illegible]為令一切衆生[illegible]

第四十四石

成就此迴向則能摧滅一切魔怨拔諸欲刺 47上
得出離樂住無二性具大威德救護眾生為 48上
功德王神足無礙往一切剎入寂滅處具一 49上
切身成菩薩行於諸行願心得自在分別了 50上

大方廣佛華嚴經卷第二十九 19中
大方廣佛華嚴經卷第三十 20中
十迴向品第二十五之八于闐三藏實叉難陀新譯 21中

可愛樂無礙善根摧伏一切煩惱怨敵願一 42下
切眾生得可愛樂一切智門普於世間現成 43下
正覺佛子菩薩摩訶薩修習如是諸善根時 44下
得智慧明為善知識之所攝受如來慧日明 45下
照其心永滅癡冥勤修正法入諸智業善學 46下
智地流布善根充滿法界以智迴向盡諸菩 47下
薩善根源底以智深入大方便海成就無量 48下
廣大善根佛子菩薩摩訶薩以此善根如是 49下

成就此廻向
得出離樂住
切德王神
切身

可愛樂無礙善根
切衆生得可愛樂
覺佛子菩薩摩訶薩
慧明爲善知識之所
永滅癡冥勤修正法
善根充滿法界以
智深

第四十五石

未來際不捨世間譬如真如一切法中畢竟46上
無盡善根迴向亦復如是於諸眾生迴向無47上
盡譬如真如與一切法無有相違善根迴向48上
亦復如是不違三世一切佛法譬如真如普49上
攝諸法善根迴向亦復如是盡攝一切眾生50上
善根譬如真如與一切法同其體性善根迴51上

住普賢圓滿行願畢竟不動譬如真如是佛46中
境界善根迴向亦復如是令諸眾生滿足一47中
切大智境界滅煩惱境悉令清淨譬如真如48中
無能制伏善根迴向亦復如是不為一切眾49中
魔事業外道邪論之所制伏譬如真如非是50中
可修非不可修善根迴向亦復如是捨離一51中
切妄想取著於修不修無所分別譬如真如52中
無有退捨善根迴向亦復如是常見諸佛發53中
地以普賢行而自莊嚴譬如真如無有斷絕61中
善根迴向亦復如是於一切法得無所畏隨62中
其類音處處演說無有斷絕譬如真如捨離63中
諸漏善根迴向亦復如是令一切眾生成就64中
法智了達於法圓滿菩提無漏功德譬如真65中
如無有少法而能壞亂令其少分非是覺悟66中

菩薩住是不思議　於中思議不可盡59下
入此不可思議處　思與非思皆寂滅60下
如是思惟諸法性　了達一切業差別61下
所有我執皆除滅　住於功德無能動62下

（大方廣佛華嚴經卷第三十）81下

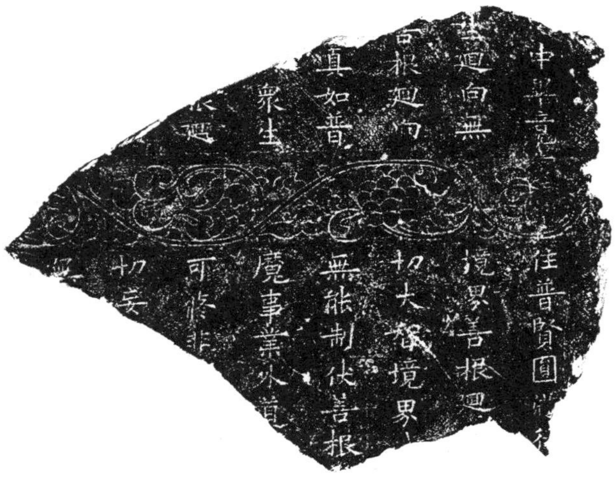
中
迴向無
根迴向
真如普
衆生
迴
住普賢圓
境界善根迴
切大
境界
無能制伏善根
魔事業
可修非
切妄

有斷絶
一切法得無所畏隨
演說無有斷絶譬如真如捨離
迴向亦復如是令一切衆生成就
法圓滿菩提無漏功德譬如真
入此不
如是思
所有

第四十六石

大方廣佛華嚴經卷第三十一 1上
十迴向品第二十五之九于闐三藏實叉難陀新譯 2上
佛子云何為菩薩摩訶薩無著無縛解脫迴 3上
向佛子是菩薩摩訶薩於一切善根心生尊 4上
重所謂於出生死心生尊重於攝取一切善 5上
根心生尊重於希求一切善根心生尊重於 6上
悔諸過業心生尊重於隨喜善根心生尊重 7上
於禮敬諸佛心生尊重於合掌恭敬心生尊 8上
重於頂禮塔廟心生尊重於勸佛說法心生 9上
尊重於如是等種種善根皆生尊重隨順忍 10上
可佛子菩薩摩訶薩於彼善根皆生尊重隨 11上
順忍可時究竟欣樂堅固信解自得安住令 12上
他安住勤修無著自在積集成勝志樂住如 13上
來境勢力增長悉得知見以諸善根如是迴 14上
向所謂以無著無縛解脫心成就普賢身業 15上
以無著無縛解脫心清淨普賢語業以無著 16上
一切佛陀羅尼門恒見十方一切諸佛以無 21上
著無縛解脫心成就解了一切音聲陀羅尼 22上
門同一切音說無量法以無著無縛解脫心 23上
成就普賢一切劫住陀羅尼門普於十方修 24上
菩薩行以無著無縛解脫心成就普賢自在 25上

迴向行願得一切佛清淨身清淨心清淨解 1中
攝佛功德住佛境界智印普照示現菩薩清 2中
淨之業善入一切差別句義示諸佛菩薩廣 3中
大自在為一切眾生現成正覺以無著無縛 4中
解脫心勤修普賢諸根行願得聰利根調順 5中
根一切法自在根無盡根勤修一切善根根 6中
切佛境界平等根授一切菩薩不退轉記大 7中
精進根了知一切佛法金剛界根一切如來 8中
智慧光照金剛焰根分別一切諸根自在根 9中
安立無量眾生於一切智根無邊廣大根一 10中
切圓滿根清淨無礙根以無著無縛解脫心 11中
修普賢行得一切菩薩神力所謂無量廣大 12中
力神力無量自在智神力不動其身普現一 13中
切佛剎神力無礙不斷自在神力普攝一切 14中
佛剎置於一處神力一身遍滿一切佛剎神 15中
力無礙解脫遊戲神力無所作一念自在神 16中
力住無性無依神力一毛孔中次第安立不 17中
可說世界遍遊法界諸佛道場示諸眾生皆 18中
令得入大智慧門神力以無著無縛解脫心 19中
入普賢門生菩薩行以自在智於一念頃普 20中
入無量諸佛國土一身容受無量佛剎獲能 21中
嚴淨佛國土智恒以智慧觀見無邊諸佛國 22中
土永不發起二乘之心以無著無縛解脫心 23中
修普賢方便行入智慧境界生如來家住菩 24中
薩道具足不可說不可說無量不思議殊勝 25中

眾生死甚微細眾生生甚微細眾生住甚微 16下
細眾生處甚微細眾生品類甚微細眾生境 17下
界甚微細眾生行甚微細眾生取甚微細眾 18下
智甚微細菩薩大自在神通三昧智甚微細 31下
菩薩盡未來際廣大行住持三昧智甚微細 32下
菩薩出生無量差別三昧智甚微細菩薩出 33下
生一切諸佛前勤修供養恒不捨離三昧智 34下
甚微細菩薩修行一切甚深廣博無障無礙 35下
三昧智甚微細菩薩究竟一切智地住持行 36下
智地大神通地決定義地離翳三昧智甚微 37下
細如是等一切甚微細悉能了知以無著無 38下

大方廣佛華嚴經卷第三十一
十迴向品第二十五之九　于闐三藏實叉難陁新譯
云何為菩薩摩訶薩無著無縛解脫迴
是菩薩摩訶薩於一切善根□生尊
謂於出生死心生尊重於攝一切善
心生尊重於希求一切善根心生尊重於
諸過業心生尊重於隨喜善根心生尊重
於礼 生尊重於合掌恭敬心生尊
重於頂 塔廟心 生尊重於勸佛說法心生
尊重於如 是等種 種善根皆生尊重隨順□
可佛子菩薩 摩訶薩 於彼 自生尊重 隨
順忍可時究 竟故 堅固信解自在
他安住 在積集成勝志
來境勢力
向所謂
以

迴向行願得
攝佛功德住
淨之業善入
大自在為一
解脫心勤修
根一切法自
切佛境界平等根授一
精進根了知一切佛法
智慧照金剛焰根分別
安立無量眾生於一切智
□圓 根清淨無疑
修習□行
力神力無量自在
剎神力無礙不
佛剎 於一處
疑解脫遊戲神
□神力

生死甚微
眾生處甚微細
界甚微細眾生行

恒具
成就解了一切音
無量法以無著無
住陀羅尼門普於十方修
解脫心成就普賢自在

慧門
賢門生菩薩　普
入無量諸佛國土　身容受無量佛刹獲能
嚴淨佛國土智　智慧觀見無邊諸佛國
土永不發起二　無之心以無著無縛解脫心
修普賢方便行入智慧境界生如來家住菩
薩道具足不可說不可說無量不思議殊勝

生無量
生一切諸佛前勤修
甚微細菩薩修行一
三昧智甚微細菩薩究
智地大神通地決定義
細如是等一切甚微細

第四十七石

分別若善根若迴向不分別若自若他不分1中
別若施物若受施者不分別若菩薩行若等2中
正覺不分別若法若智佛子菩薩摩訶薩以3中
彼善根如是迴向所謂心無著無縛解脫身4中
無著無縛解脫口無著無縛解脫業無著無5中
縛解脫報無著無縛解脫世間無著無縛解6中
脫佛刹無著無縛解脫衆生無著無縛解脫7中

寶座高廣最無等　遍滿十方無量界1下
種種妙相而莊嚴　佛處其上難思議2下
諸佛子衆共圍遶　盡於法界悉周遍3下
開示菩提無量行　一切最勝所由道4下
諸佛隨宜所作業　無量無邊等法界5下
智者能以一方便　一切了知無不盡6下
諸佛自在神通力　示現一切種種身7下
或現諸趣無量生　或現采女衆圍遶8下
或於無量諸世界　示現出家成佛道9下
乃至最後般涅槃　分布其身起塔廟10下
如是種種無邊行　導師演說佛所住11下

大方廣佛華嚴經卷第三十一　43下
大方廣佛華嚴經卷第三十二44下
十迴向品第二十五之十于闐三藏實叉難陀新譯45下

佛[illegible]
行若等
訶薩以
[illegible]脫身
者無
得解
脫

[illegible]無等
稱[illegible]妙相而莊嚴
諸佛子衆共圍繞
[illegible]示菩提無量行
諸佛隨宜所作業
智者能以一方便
諸佛自在神通力
或現諸趣無量生
無量諸世界
[illegible]般涅槃

遊滿十方無量[illegible]
佛處其上難思議
盡於法界悉周遍
一切冣勝所由道
無量無邊等法界
一切了知無不盡
示現一切種種身
或現婇女衆圍繞
示現出家成佛道
分布其身起塔廟
導師演[illegible]

第四十八石

伏其心令他和忍以諸善根調伏其心自離 10上
疑悔亦令他人永離疑悔自得淨信亦令他 11上
得不壞淨信自住正法亦令眾生安住正法 12上
佛子菩薩摩訶薩復以法施所生善根如是 13上

（大方廣佛華嚴經卷第三十二）89下

疑悔亦令
得不

第四十九石

（大方廣佛華嚴經卷第三十三）1上

（十迴向品第二十五之十一于闐三藏實叉難陀新譯）2上

以住法界無量外平等迴向以住法界無量 69中

發起平等迴向以住法界無量深心平等迴 70中

向以住法界無量方便平等迴向以住法界 71中

無量信解平等迴向以住法界無量諸根 72中

平等迴向以住法界無量初中後際平等迴 73中

向以住法界無量業報平等迴向以住法界 74中

無量染淨平等迴向以住法界無量眾生平 75中

善修於法自在心　悉能悟入諸法門 70下

成就甚深妙法海　普為眾生擊法鼓 71下

宣說甚深希有法　以法長養諸功德 72下

具足清淨法喜心　示現世間佛法藏 73下

諸佛法王所灌頂　成就法性智藏身 74下

以住法界無量 善
量深心平等迴 成就
迴向以住法界 宣
法界無量諸根 具
初中後際平等迴
等迴向以住法界
法界無 眾生平

（金剛般若波羅蜜經）

（姚秦天竺三藏鳩摩羅什譯）

生得滅度者何以故須菩提若菩薩有我相 25上二
人相眾生相壽者相即非菩薩 26上二
復次須菩提菩薩於法應無所住行於布施 27上二
所謂不住色布施不住聲香味觸法布施須 28上二
菩提菩薩應如是布施不住於相何以故若 29上二
菩薩不住相布施其福德不可思量須菩提 30上二
於意云何東方虛空可思量不不也世尊須 31上二
菩提南西北方四維上下虛空可思量不不 32上二
也世尊須菩提菩薩無住相布施福德亦復 33上二
如是不可思量須菩提菩薩但應如所教住 34上二
須菩提於意云何可以身相見如來不不也 35上二
世尊不可以身相得見如來何以故如來所 36上二
說身相即非身相佛告須菩提凡所有相皆 37上二
是虛妄若見諸相非相則見如來須菩提白 38上二
佛言世尊頗有眾生得聞如是言 39上二

說章句生實信不佛告須菩提莫作是說如 1上三
來滅後後五百歲有持戒修福者於此章句 2上三
能生信心以此為實當知是人不於一佛二 3上三
佛三四五佛而種善根已於無量千萬佛所 4上三
種諸善根聞是章句乃至一念生淨信者須 5上三
菩提如來悉知悉見是諸眾生得如是無量 6上三
福德何以故是諸眾生無復我相人相眾生 7上三
相壽者相無法相亦無非法相何以故是諸 8上三
眾生若心取相則為著我人眾生壽者若取 9上三

若有法如來得阿耨多羅三藐三菩提然燈 1中三
佛則不與我受記汝於來世當得作佛號釋 2中三
迦牟尼以實無有法得阿耨多羅三藐三菩 3中三
提是故然燈佛與我受記作如是言汝於來 4中三
世當得作佛號釋迦牟尼何以故如來者即 5中三
諸法如義若有人言如來得阿耨多羅三藐 6中三
三菩提須菩提實無有法佛得阿耨多羅三 7中三
藐三菩提須菩提如來所得阿耨多羅三藐 8中三
三菩提於是中無實無虛是故如來說一切 9中三
法皆是佛法須菩提所言一切法者即非一 10中三
切法是故名一切法須菩提譬如人身長大 11中三
須菩提言世尊如來說人身長大則為非大 12中三
身是名大身 13中三
須菩提菩薩亦如是若作是言我當滅度無 14中三
量眾生則不名菩薩何以故須菩提實無有 15中三
法名為菩薩是故佛說一切法無我無人無 15中三
眾生無壽者須菩提若菩薩作是言我當莊 17中三
嚴佛土是不名菩薩何以故如來說莊嚴佛 18中三
土者即非莊嚴是名莊嚴須菩提若菩薩通 19中三
達無我法者如來說名真是菩薩 20中三
須菩提於意云何如來有肉眼不如是世尊 21中三
如來有肉眼須菩提於意云何如來有天眼 22中三
不如是世尊如來有天眼須菩提於意云何 23中三
如來有慧眼不如是世尊如來有慧眼須菩 24中三
提於意云何如來有法眼不如是世尊如來 25中三

（千手千眼觀世音菩薩廣大圓滿無礙大悲心陀羅尼經）下二

（唐天竺沙門伽梵達摩譯）

□□□□□□□ □□□□□持主
□□□□□□□ □□□碎執金剛
□□□□□□□ □識無識眾生類
□□□□□□□ 閻羅鬼怪及畜生
□□□□□□□□云
□□□□□□□讀誦于諸眾生起大慈悲
□□□□□□□如是願
南無大悲觀世音　願我速知一切法
南無大悲觀世音　願我早得智慧眼
南無大悲觀世音　願我速度一切眾
南無大悲觀世音　願我早得善方便
南無大悲觀世音　願我速乘般若船
南無大悲觀世音　願我早得越苦海
南無大悲觀世音　願我速得戒定道　下二
南無大悲觀世音　願我早登涅槃山 1下三
南無大悲觀世音　願我速會無為舍 2下三
南無大悲觀世音　願我早同法性身 3下三
我若向刀山　刀山自摧折　我若向火湯 4下三
火湯自消滅　我若向地獄　地獄自枯竭 5下三
我若向餓鬼　餓鬼自飽滿　我若向修羅 6下三
惡心自調伏　我若向畜生　自得大智慧 7下三

法相即著我人眾生壽者何以故若取非法 10 上三
相即著我人眾生壽者是故不應取法不應 11 上三
取非法以是義故如來常說汝等比丘知我 12 上三
說法如筏喻者法尚應捨何況非法 13 上三
須菩提於意云何如來得阿耨多羅三藐三 14 上三
菩提耶如來有所說法耶須菩提言如我解 15 上三
佛所說義無有定法名阿耨多羅三藐三菩 16 上三
提亦無有定法如來可說何以故如來所說 17 上三
法皆不可取不可說非法非非法所以者何 18 上三
一切賢聖皆以無為法而有差別 19 上三
須菩提於意云何若人滿三千大千世界七 20 上三
寶以用布施是人所得福德寧為多不須菩 21 上三
提言甚多世尊何以故是福德即非福德性 22 上三
是故如來說福德多若復有人於此經中受 23 上三
持乃至四句偈等為他人說其福勝彼何以 24 上三
故須菩提一切諸佛及諸佛阿耨多羅三藐 25 上三
三菩提法皆從此經出須菩提所謂佛法者 26 上三
即非佛法 27 上三
須菩提於意云何須陀洹能作是念我得須 28 上三
陀洹果不須菩提言不也世尊何以故須陀 29 上三
洹名為入流而無所入不入色聲香味觸法 30 上三
是名須陀洹須菩提於意云何斯陀含能作 31 上三
是念我得斯陀含果不須菩提言不也世尊 32 上三
何以故斯陀含名一往來而實無往來是名 33 上三
斯陀含須菩提於意云何阿那含能作是念 34 上三
我得阿那含果不須菩提言不也世尊何以 35 上三
故阿那含名為不來而實無來是故名阿那 36 上三
含須菩提於意云何阿羅漢能作是念我得 37 上三
阿羅漢道不須菩提言不也世尊何以故實 38 上三
無有法名阿羅漢世尊若阿羅漢作是念我 39 上三

有法眼須菩提於意云何如來有佛眼不如 26 中三
是世尊如來有佛眼 27 中三
須菩提於意云何恒河中所有沙佛說是沙 28 中三
不如是世尊如來說是沙須菩提於意云何 29 中三
如一恒河中所有沙有如是等恒河是諸恒 30 中三
河所有沙數佛世界如是寧為多不甚多世 31 中三
尊佛告須菩提爾所國土中所有眾生若干 32 中三
種心如來悉知何以故如來說諸心皆為非 33 中三
心是名為心所以者何須菩提過去心不可 34 中三
得現在心不可得未來心不可得須菩提於 35 中三
意云何若有人滿三千大千世界七寶以用 36 中三
布施是人以是因緣得福多不如是世尊此 37 中三
人以是因緣得福甚多須菩提若福德有實 38 中三
如來不說得福德多以福德無故如來說得 39 中三
福德多須菩提於意云何佛可以具足色身 1 中四
見不不也世尊如來不應以具足色身見何 2 中四
以故如來說具足色身即非具足色身是名 3 中四
具足色身須菩提於意云何如來可以具足 4 中四
諸相見不不也世尊如來不應以具足諸相 5 中四
見何以故如來說諸相具足即非具足是名 6 中四
諸相具足須菩提汝勿謂如來作是念我當 7 中四
有所說法莫作是念何以故若人言如來有 8 中四
所說法即為謗佛不能解我所說故須菩提 9 中四
說法者無法可說是名說法 10 中四
爾時慧命須菩提白佛言世尊頗有眾生於 11 中四
未來世聞說是法生信心不佛言須菩提彼 12 中四
非眾生非不眾生何以故須菩提眾生眾生 13 中四
者如來說非眾生是名眾生須菩提白佛言 14 中四
世尊佛得阿耨多羅三藐三菩提為無所得 15 中四

發是願已至心稱念我之名字亦應專念我本 8 下三
師阿彌陀如來然後即當誦此陀羅尼神呪一 9 下三
怛那怛寫九　南無悉吉栗埵伊蒙阿唎 15 下三
唧十　婆盧吉帝室佛羅嘮馱婆十一　南 16 下三
無那囉謹墀十二　醯唎摩訶皤哆沙 17 下三
咩（羊鳴）十三　薩婆阿他豆輸朋十四　阿遊孕十五 18 下三
薩婆薩哆那摩婆伽十六　摩罰特豆十七 19 下三
怛姪他十八　唵阿婆盧醯十九　盧迦帝二十　迦羅 20 下三
帝二十一　夷醯唎二十二　摩訶菩提薩埵二十三　薩婆 21 下三
薩婆二十四　摩羅摩羅二十五　摩醯摩醯唎馱 22 下三
孕二十六　俱盧俱盧羯懞二十七　度盧度盧罰 23 下三
闍耶帝二十八　摩訶罰闍耶帝二十九　陀羅陀 24 下三
羅三十　地唎尼三十一　室佛囉耶三十二　遮羅遮羅三十三 25 下三
麼麼其中受持罰摩囉三十四　穆帝囇三十五　伊醯移 26 下三
醯三十六　室那室那三十七　阿囉嘇佛囉舍利三十八 27 下三
罰沙罰嘇三十九　佛羅舍耶四十　呼嚧呼嚧摩 28 下三
囉四十一　呼盧呼盧醯唎四十二　娑囉娑囉四十三 1 下四
悉唎悉唎四十四　蘇嚧蘇嚧四十五　菩提夜菩 2 下四
提夜四十六　菩馱夜菩馱夜四十七　弥帝利夜 3 下四
四十八　那囉謹墀四十九　地唎瑟尼那五十　波夜摩 4 下四
那五十一　娑婆訶五十二　悉陀夜五十三　娑婆訶五十四 5 下四
摩訶悉陀夜五十五　娑婆訶五十六　悉陀喻藝五十七 6 下四
室皤囉耶五十八　娑婆訶五十九　那囉謹墀六十 7 下四
娑婆訶六十一　摩羅那羅六十二　娑婆訶六十三 8 下四
悉囉僧阿穆佉耶六十四　娑婆訶六十五　娑婆 9 下四
摩訶悉陀夜六十六　娑婆訶六十七　者吉囉阿 10 下四
悉陀夜六十八　娑婆訶六十九　波陀摩羯悉哆 11 下四
夜七十　娑婆訶七十一　那囉謹墀皤伽囉唧七十二 12 下四

得阿羅漢道即為著我人眾生壽者世尊佛 1 上四
說我得無諍三昧人中最為第一是第一離 2 上四
欲阿羅漢我不作是念我是離欲阿羅漢世 3 上四
尊我若作是念我得阿羅漢道世尊則不說 4 上四
須菩提是樂阿蘭那行者以須菩提實無所 5 上四
行而名須菩提是樂阿蘭那行 6 上四
佛告須菩提於意云何如來昔在然燈佛所 7 上四
於法有所得不世尊如來在然燈佛所 8 上四
於法實無所得須菩提於意云何菩薩莊嚴 9 上四
佛土不不也世尊何以故莊嚴佛土者則非 10 上四
莊嚴是名莊嚴是故須菩提諸菩薩摩訶薩 11 上四
應如是生清淨心不應住色生心不應住聲 12 上四
香味觸法生心應無所住而生其心須菩提 13 上四
譬如有人身如須彌山王於意云何是身為 14 上四
大不須菩提言甚大世尊何以故佛說非身 15 上四
是名大身 16 上四
須菩提如恒河中所有沙數如是沙等恒河 17 上四
於意云何是諸恒河沙寧為多不須菩提言 18 上四
甚多世尊但諸恒河尚多無數何況其沙須 19 上四
菩提我今實言告汝若有善男子善女人以 20 上四
七寶滿爾所恒河沙數三千大千世界以用 21 上四
布施得福多不須菩提言甚多世尊佛告須 22 上四
菩提若善男子善女人於此經中乃至受持 23 上四
四句偈等為他人說而此福德勝前福德 24 上四
復次須菩提隨說是經乃至四句偈等當知 25 上四
此處一切世間天人阿修羅皆應供養如佛 26 上四
塔廟何況有人盡能受持讀誦須菩提當知 27 上四
是人成就最上第一希有之法若是經典所 28 上四
在之處則為有佛若尊重弟子 29 上四

耶佛言如是如是須菩提我於阿耨多羅三 16 中四
藐三菩提乃至無有少法可得是名阿耨多 17 中四
羅三藐三菩提 18 中四
復次須菩提是法平等無有高下是名阿耨 19 中四
多羅三藐三菩提以無我無人無眾生無壽 20 中四
者修一切善法則得阿耨多羅三藐三菩提 21 中四
須菩提所言善法者如來說非善法是名善 22 中四
法須菩提若三千大千世界中所有諸須彌 23 中四
山王如是等七寶聚有人持用布施若人以 24 中四
此般若波羅蜜經乃至四句偈等受持讀誦 25 中四
為他人說於前福德百分不及一百千萬億 26 中四
分乃至算數譬喻所不能及 27 中四
須菩提於意云何汝等勿謂如來作是念我 28 中四
當度眾生須菩提莫作是念何以故實無有 29 中四
眾生如來度者若有眾生如來度者如來則 30 中四
有我人眾生壽者須菩提如來說有我者則 31 中四
非有我而凡夫之人以為有我須菩提凡夫 32 中四
者如來說則非凡夫須菩提於意云何可以 33 中四
三十二相觀如來不須菩提言如是如是以 34 中四
三十二相觀如來佛言須菩提若以三十二 35 中四
相觀如來者轉輪聖王則是如來須菩提白 36 中四
佛言世尊如我解佛所說義不應以三十二 37 中四
相觀如來爾時世尊而說偈言 38 中四
若以色見我 以音聲求我 是人行邪道 不能見如來 39 中四
須菩提汝若作是念如來不以具足相故得 1 中五
阿耨多羅三藐三菩提須菩提莫作是念如 2 中五
來不以具足相故得阿耨多羅三藐三菩提 3 中五
須菩提汝若作是念發阿耨多羅三藐三菩 4 中五
提者說諸法斷滅相莫作是念何以故發阿耨 5 中五

娑婆訶七十三 摩婆利勝羯囉夜七十四 娑婆 13 下四
訶七十五 南無喝囉怛那哆囉夜耶七十六 南 14 下四
無阿唎啷七十七 婆嚧吉帝七十八 爍皤囉夜 15 下四
七十九 娑婆訶八十 唵悉殿都八十一 漫哆囉八十二 般馱 16 下四
□□□□□□ 17 下四
天阿蘇羅藥叉等 來聽法者應志心 18 下四
擁護佛法使長存 各各勤行世尊教 19 下四
諸有聽徒來至此 或在地上或居空 20 下四
常于人世起慈心 日夜自身依法住 21 下四
願諸世界常安隱 無邊福智益群生 22 下四
所有罪業並消除 還離眾苦歸圓寂 23 下四
恒用戒香塗瑩體 常持定服以資身 24 下四
菩提妙華遍莊嚴 隨所住處常安樂 25 下四
敬天修德人所當行之矧俶忝嗣丕圖承平 1 下五
茲久雖未致全盛可不上體祖宗師仰 2 下五
瞿曇氏慈忍力所沾溉耶凡于萬機之暇口 3 下五
不輟誦釋氏之書手不停披釋氏之典者蓋 4 下五
有深旨焉諸宮監尊禮佛螺髻髮猶 5 下五
佛生存不敢私秘宮禁中恭率寶貝創窣波 6 下五
于西湖之滸以奉安之規橅宏麗極所未見 7 下五
極所未聞宮監弘願之始以千尺十三層為 8 下五
率爰以事力未充姑從七級梯旻初志未滿 9 下五
為慊計磚灰土木油錢瓦石與夫工藝像設 10 下五
金碧之嚴通緡錢六百萬視會稽之應天塔 11 下五
所謂許元度者出沒人間凡三世然後圓滿 12 下五
願心宮監等合力於彈指頃幻出寶方信多 13 下五
寶如來分身應現使之然耳顧元度有所不 14 下五
逮塔之成日又鐫華嚴諸經圍繞八面真成 15 下五
不思議劫數大精進幢於是合十指爪以贊 16 下五

爾時須菩提白佛言世尊當何名此經我等 30 上四
云何奉持佛告須菩提是經名為金剛般若 31 上四
波羅蜜以是名字汝當奉持所以者何須菩 32 上四
提佛說般若波羅蜜則非般若波羅蜜是名 33 上四
般若波羅蜜 34 上四
須菩提於意云何如來有所說法不須菩提 35 上四
白佛言世尊如來無所說 36 上四
須菩提於意云何三千大千世界所有微塵 37 上四
是為多不須菩提言甚多世尊須菩提諸微 38 上四
塵如來說非微塵是名微塵如來說世界非 39 上四
世界是名世界 1 上五
須菩提於意云何可以三十二相見如來不 2 上五
不也世尊不可以三十二相得見如來何以 3 上五
故如來說三十二相即是非相是名三十二 4 上五
相須菩提若有善男子善女人以恒河沙等 5 上五
身命布施若復有人於此經中乃至受持四 6 上五
句偈等為他人說其福甚多 7 上五
爾時須菩提聞說是經深解義趣涕淚悲泣 8 上五
而白佛言希有世尊佛說如是甚深經典我 9 上五
從昔來所得慧眼未曾得聞如是之經世尊 10 上五
若復有人得聞是經信心清淨則生實相當 11 上五
知是人成就第一希有功德世尊是實相者 12 上五
則是非相是故如來說名實相世尊我今得 13 上五
須菩提如來說第一波羅蜜非第一波羅蜜 22 上五
是名第一波羅蜜須菩提忍辱波羅蜜如來 23 上五

多羅三藐三菩提心者於法不說斷滅相須 6 中五
菩提若菩薩以滿恒河沙等世界七寶布施 7 中五
若復有人知一切法無我得成於忍此菩薩 8 中五
勝前菩薩所得功德須菩提以諸菩薩不受 9 中五
福德故須菩提白佛言世尊云何菩薩不受 10 中五

歎之塔因名之曰皇妃云吳越國王錢俶拜 17 下五
手謹書於經之尾 18 下五

何以故須菩提若
人相衆生相壽者相即非菩薩
復次須菩提菩薩於法應無所住行
所謂不住色布施不住聲香味觸法
菩提菩薩應如是布施不住於相何
菩薩不住相布施其福德不可思量
於意云何東方虛空可思量不不也世尊
菩提南西北方四維上下虛空可思量不
也世尊須菩提菩薩無住相布施福德亦復
如是不可思量須菩提菩薩但應如所教住
須菩提於意云何可以身相見如來不
世尊不可以身相得見如來何以故
說身相即非身相佛告須菩提凡所
是虛妄若見諸相非相則見如來
菩提白佛言世尊頗有衆生得聞

說章句生實信不佛告□□□□作是說如
來滅後後五百歲有持戒修福者於此章句
能生信心以此為實當知是人不於一佛二
佛三四五佛而種善根已於無量千万佛所
種諸善根聞是章句乃至一念生淨信者須
菩提如來悉知悉見是諸衆生得如是無量
福德何以故是諸衆生無復我相人相衆生
相壽者相無法相亦無非法相何以故是諸
衆生若心取相則為著我人衆生壽者若取
法相即著我人衆生壽者何以故若取非法
相即著我人衆生壽者是故不應取法不應
取非法以是義故如來常說汝等比丘知我
說法如筏喻者法尚應捨何況非法
須菩提於意云何如來得阿耨多羅三藐三
菩提耶如來有所說法耶須菩提言如我解
佛所說義無有定法名阿耨多羅三藐三菩
提亦無有定法如來可說何以故如來所說
法皆不可取不可說非法非非法所以者何

若有法□□□阿耨□□三藐三菩提者然燈
佛則不與我受記汝於來世當得作佛号釋
迦牟尼以實無有法得阿耨多羅三藐三菩
提是故然燈佛與我受記作如是言汝於來
世當得作佛号釋迦牟尼何以故如來者即
諸法如義若有人言如來得阿耨多羅三藐
三菩提須菩提實無有法佛得阿耨多羅三
藐三菩提須菩提如來所得阿耨多羅三藐
三菩提於是中無實無虛是故如來說一切
法皆是佛法須菩提所言一切法者即非一
切法是故名一切法須菩提譬如人身長大
須菩提言世尊如來說人身長大則為非大
身是名大身
須菩提菩薩亦如是若作是□□□滅度無
量衆生則不名菩薩何以故須菩提實無有
法名為菩薩是故佛說一切法無我無人無
衆生無壽者須菩提若菩薩作是言我當
莊嚴佛土是不名菩薩何以故如來說莊嚴

持主
碎執金剛
識無識衆生類
闍羅鬼界及畜生
云
讀誦於諸衆生起大慈悲
如是願
音 願我速知一切法
音 願我早得智慧眼
音 願我速度一切衆
音 願我早得善方便
音 願我速乘般若船
音 願我早得越苦海
音 願我速得戒定道

南無大悲觀世音 願我早登涅槃山
南無大悲觀世音 願我速會無為舍
南無大悲觀世音 願我早同法性身
我若向刀山 刀山自摧折 我若向火湯
火湯自消滅 我若向地獄 地獄自枯竭
我若向餓鬼 餓鬼自飽滿 我若向脩羅
惡心自調伏 我若向畜生 自得大智慧
發是
師

七寶滿尒所……
布施得福多……
菩提若善男子……
四句偈等為他人……
復次須菩提隨……
此處一切世間天……
塔廟何况有人盡能……
是人成就最上第一希……
在之處則為有佛若尊……
尒時須菩提白佛言世尊當……
云何奉持佛告須菩提是經……
波羅蜜以是名字汝當奉持……
提佛說般若波羅蜜則非般若……
般若波羅蜜
須菩提於意云何如来有所……
世尊如来無所說
云何三千大千世界所有微塵……
菩提言甚多世尊須菩提諸微……
非微塵是名微塵如来說世界非……
提……
相觀如来……
佛言世尊如我……
相觀如来尒時……
若以色見我……

……言甚多……
此經……
此福德……
……受持……
……福德……
……至四句偈等當知……
……羅……應供養如佛……
則須菩提當知……
若是經典所……
何名此經我等……
為金剛般若……
者何須菩……
蜜是名……

者修一切善法則得阿耨……
須菩提所言善法者……
……来說非善法是名善……
……多羅三藐三菩提……
……法須菩提若三……
山王如是等七寶聚有人持用布施若人……
此般若波羅蜜經乃至四句偈等受持讀……
為他人說於前福德百分不及一百千万……
分乃至筭數譬喩所不能及
須菩提於意云何汝等勿謂如来作是……
當度衆生須菩提莫作是念何以故實……
衆生如来度者若有衆生如来度者如……
有我人衆生壽者須菩提如来說有……
非有我而凡夫之人以為有我須……
者如来說則非凡夫須菩提於意……
三十二相觀如来不須菩提言……
……来佛言須……

須菩提……
阿耨多……
来不……
来不……
何……
十二……
須菩……
沙等……
提者……
受持四……
多羅三藐……
璇悲泣……
菩提若善……
經典我……
若復有……
經世尊……
勝前……
相當……
福……
……相……
……我今……

都一十……湯吵羅……般默
……来……
……各名……
……行世尊教……
有應……
……地上或居空……
……自身依法住……
……福智善群生……
……雖衆苦歸圓寂……
常持空服以資身……
……生……常安樂……
……我……
……掩讚佛法……
諸有聽徒衆……
……常於人世起慈心……
……世界……
……安隱……
……所有……
……非業……
……除……
……途……

丕嗣[illegible]圖丕平……
祖宗師仰……
萬機之暇口……
氏之典……
蝶……
恭[illegible]稽首……
……檀……所未見……
始以千……十三……為……
……七級揭是初志未……
……與夫工藝……
……六百萬……稽之應天塔……
……出……人間凡三世然後圓覆……
合力於……指……方信……
……現使之然……

菩提
名第一波羅

提言甚多世尊何以故是福德即非福德性
是故如來說福德多若復有人於此經中受
持乃至四句偈等為他人說其福勝彼何以
故須菩提一切諸佛及諸佛阿耨多羅三藐
三菩提法皆從此經出須菩提所謂佛法者
[即非]佛法
須菩提於意云何須陀洹[能作是念我得須]
陀洹果不須菩提言不也世尊何[以故須陀]
洹名為入流而無所入不入色聲香[味觸]法
是名須陀洹須菩提於意云何斯陀含能作
是念我得斯陀含果不須菩提言不也世尊
何以故斯陀含名一往來而實無往來是名
斯陀含須菩提於意云何阿那含能作是念
我得阿那含果不須菩提[言不]也世尊何以
故阿那含名為不來而實無[不]來是故名阿那
含須菩提於意云何阿羅[漢]能作是念我得
阿羅漢道不須菩提[言不]也世尊何以故實
[無有]法名阿羅[漢世尊若]阿羅漢作是念我

如來有肉眼須菩提於意云何如來有[天眼]
不如是世尊如來有天眼須菩提於意云何
如來有慧眼不如是世尊如來有慧[眼須菩]
提於意云何如來有法眼不如是世尊如來
有法眼須菩提於意云何如來有佛眼不如
是世尊如來有佛眼
須菩提於意云何恒河中所有沙佛說是沙
不如是世尊如來說是沙須菩提於意云何
如一恒河中所有沙有如是[沙等]恒河是諸恒
河所有沙數佛世界如是寧為多不甚多世
尊佛告須菩提尒所國土中所有眾生若干
種心如來悉知何以故如來說諸心皆為非
心是名為心所以者何須菩提過去心不可
得現在心不可得未來心不可得須菩提於
意云何若有人滿三千大千世界七寶以用
布施是人以是因緣得福多不如是世尊此
人以是因緣得福甚多須菩提若福德有實
如來不說得福德多以福德無故如來說得
福德多須菩提於意云何佛可以具足色身
見不不也世尊如來不應以具足色身見何
以故如來說具足色身即非具足色身是名
具足色身須菩提於意云何如來可以具足
諸相見不不也世尊如來不應以具足諸相
見何以故如來說諸相具足即非具足是名
諸相具足須菩提汝勿謂如來作是念我當
有所說法莫作是念何以故若人言如來有
所說法則為謗佛不能解我所說故須菩提
說法者無法可說是名說法
尒時慧命須菩提白佛言世尊頗有眾生於
未來世聞說是法生信心不佛言須菩提彼
非眾生非不眾生何以故須菩提眾生眾生
者如來說非眾生是名眾生須菩提白佛言
世尊佛得阿耨多羅三藐三菩提為無所得
耶佛言如是如是須菩提我於阿耨多羅三
藐三菩提乃至無有少法可得是名阿耨多

應如是[生清淨心不應住色生心不應住聲香]
味觸法[生]心應無所住而生其心
有人[身]如須弥山王於意云何[是身為大不須菩提]
言甚大世尊何以故佛[說]非身
須菩[提]如恒河中所有沙數如[是沙等]恒河
是

哪十 婆盧吉帝室佛羅 楞馱婆十二 南
無那囉謹墀十三 醯唎摩訶皤哆沙
咩十四 薩婆阿他豆輸朋十五 阿逝孕十六
薩婆薩哆那摩婆伽十七 摩罰特豆十八
怛姪他十九 唵阿婆盧醯二十 盧迦帝二十一 迦羅
帝二十二 夷醯唎二十三 摩訶菩提薩埵二十四 薩婆
薩婆二十五 摩囉摩囉二十六 摩醯摩醯唎馱
孕二十七 俱盧俱盧羯懞二十八 度盧度盧罰闍
耶帝二十九 摩訶罰闍耶帝三十 陀羅陀
羅三十一 地唎尼三十二 室佛囉耶三十三 遮囉
摩麼三十四 罰摩囉三十五 穆帝隸三十六 伊醯移
醯三十七 室那室那三十八 阿囉嘇佛囉舍利
罰沙罰嘇三十九 佛囉舍耶四十 呼盧呼盧
摩囉四十一 呼盧呼盧醯利四十二 娑囉娑囉四十三
悉唎悉唎四十四 蘇嚧蘇嚧四十五 菩提夜菩
提夜四十六 菩馱夜菩馱夜四十七 彌帝唎夜
那囉謹墀四十八 地唎瑟尼那四十九 波夜摩
那五十 娑婆訶五十一 悉陀夜五十二 娑婆訶
五十三 摩訶悉陀夜五十四 娑婆訶五十五 悉陀喻藝五十六
室皤囉耶五十七 娑婆訶五十八 那囉謹墀五十九
娑婆訶六十 摩囉那囉六十一 娑婆訶六十二
悉囉僧阿穆佉耶六十三 娑婆訶六十四 娑婆
摩訶阿悉陀夜六十五 娑婆訶六十六 者吉囉阿
悉陀夜六十七 娑婆訶六十八 波陀摩羯悉哆
夜六十九 娑婆訶七十 那囉謹墀皤伽囉耶七十一
娑婆訶七十二 摩婆利勝羯囉夜

第七、八連石小塊

《大方廣佛華嚴經》的重刻部分

（大方廣佛華嚴經卷第五）1一栏
（世主妙嚴品第一之五于闐三藏實叉難陀新譯）2一栏
普現一一眾生前　盡與如來平等法 37一栏
復次淨德妙光菩薩摩訶薩得遍往十方菩 38一栏
薩眾會莊嚴道場解脫門普德最勝燈光照 39一栏
菩薩摩訶薩得一念中現無盡成正覺門教 40一栏
化成熟不思議眾生界解脫門普光師子幢 41一栏
菩薩摩訶薩得修習菩薩福德莊嚴出生一 42一栏
佛住真如法界藏　無相無形離諸垢 75一栏
眾生觀見種種身　一切苦難皆消滅 76一栏
復次海月光大明菩薩摩訶薩得出生菩薩 77一栏
諸地諸波羅蜜教化眾生及嚴淨一切佛國 78一栏
土方便解脫門雲音海光離垢藏菩薩摩訶 79一栏
薩得念念中普入法界種種差別處解脫門 80一栏
智生寶髻菩薩摩訶薩得不可思議劫於一 81一栏
切眾生前現清淨大功德解脫門功德自在 82一栏
王淨光菩薩摩訶薩得普見十方一切菩薩 83一栏
初詣道場時種種莊嚴解脫門善勇猛蓮華 84一栏
髻菩薩摩訶薩得隨諸眾生根解海普為顯 85一栏
示一切佛法解脫門普智雲日幢菩薩摩訶 86一栏
薩得成就如來智永住無量劫解脫門大精 87一栏
進金剛齊菩薩摩訶薩得普入一切無邊法 88一栏
印力解脫門香焰光幢菩薩摩訶薩得顯示 89一栏

佛以本願現神通　一切十方無不照 13二栏
如佛往昔修治行　光明網中皆演說 14二栏
十方境界無有盡　無等無邊各差別 15二栏
佛無礙力發大光　一切國土皆明顯 16二栏
爾時如來師子之座眾寶妙華輪臺基陛及 17二栏
諸戶牖如是一切莊嚴具中一一各出佛剎 18二栏
微塵數菩薩摩訶薩其名曰海慧自在神通 19二栏
王菩薩摩訶薩雷音普震菩薩摩訶薩眾寶 20二栏
威力普觀一切道場眾海即說頌言 45二栏
諸佛所悟悉已知　如空無礙皆明照 46二栏
光遍十方無量土　處於眾會普嚴潔 47二栏
如來功德不可量　十方法界悉充滿 48二栏
普坐一切樹王下　諸大自在共雲集 49二栏
佛有如是神通力　一念現於無盡相 50二栏
如來境界無有邊　各隨解脫能觀見 51二栏
如來往昔經劫海　在於諸有勤修行 52二栏
種種方便化眾生　令彼受行諸佛法 53二栏
毗盧遮那具嚴好　坐蓮華藏師子座 54二栏
一切眾會皆清淨　寂然而住同瞻仰 55二栏
摩尼寶藏放光明　普發無邊香焰雲 56二栏
無量華纓共垂布　如是座上如來坐 57二栏
種種嚴飾吉祥門　恒放燈光寶焰雲 58二栏
廣大熾然無不照　牟尼處上增嚴好 59二栏
種種摩尼綺麗窗　妙寶蓮華所垂飾 60二栏

摩尼為柱種種色　真金鈴鐸如雲布 16三栏
寶階四面列成行　門闥隨方咸洞啟 17三栏
妙華繒綺莊嚴帳　寶樹枝條共嚴飾 18三栏
摩尼瓔珞四面垂　智海於中湛然坐 19三栏
摩尼為網妙香幢　光焰燈明若雲布 20三栏
匝樹垂芳無不遍　於道場中普嚴飾 45三栏
汝觀善逝道場中　蓮華寶網俱清淨 46三栏
光焰成輪從此現　鈴音鐸響雲間發 47三栏
十方一切國土中　所有妙色莊嚴樹 48三栏
菩提樹中無不現　佛於其下離眾垢 49三栏
道場廣大福所成　樹枝雨寶恒無盡 50三栏
寶中出現諸菩薩　悉往十方供事佛 51三栏
諸佛境界不思議　普令其樹出樂音 52三栏
如昔所集菩提道　眾會聞音咸得見 53三栏
爾時百目蓮華髻菩薩摩訶薩承佛威力普 54三栏
觀一切道場眾海而說頌言 55三栏
一切摩尼出妙音　稱揚三世諸佛名 56三栏
彼佛無量神通事　此道場中皆現覩 57三栏
眾華競發如纓布　光雲流演遍十方 58三栏
菩提樹神持向佛　一心瞻仰為供養 59三栏
摩尼光焰悉成幢　幢中熾然發妙香 60三栏
其香普熏一切眾　是故其處皆嚴潔 61三栏
蓮華垂布金色光　其光演佛妙聲雲 62三栏
普蔭十方諸剎土　永息眾生煩惱熱 63三栏

現在一切佛始修菩薩行乃至成就智慧聚 90 一栏
解脫門大明德深美音菩薩摩訶薩得安住 91 一栏
毗盧遮那一切大願海解脫門大福光智生 92 一栏
菩薩摩訶薩得顯示如來遍法界甚深境界 93 一栏
解脫門爾時海月光大明菩薩摩訶薩承佛 94 一栏
威力普觀一切菩薩眾莊嚴海已即說頌言 95 一栏
諸波羅蜜及諸地　廣大難思悉圓滿 96 一栏
無量眾生盡調伏　一切佛土皆嚴淨 97 一栏
如佛教化眾生界　十方國土皆充滿 98 一栏
一念心中轉法輪　普應群情無不遍 99 一栏

恒出妙音聞者悅　佛坐其上特明顯 61 二栏
寶輪承座半月形　金剛為臺色焰明 62 二栏
持髻菩薩常圍遶　佛在其中最光耀 63 二栏
種種變化滿十方　演說如來廣大願 64 二栏
一切影像於中現　如是座上佛安坐 65 二栏
爾時雷音普震菩薩摩訶薩承佛威力普觀 66 二栏
一切道場眾海即說頌言 67 二栏
世尊往集菩提行　供養十方無量佛 68 二栏
善逝威力所加持　如來座中無不覩 69 二栏
香焰摩尼如意王　填飾妙華師子座 70 二栏
種種莊嚴皆影現　一切眾會悉明矚 71 二栏
佛座普現莊嚴相　念念色類各差別 72 二栏
隨諸眾生解不同　各見佛坐於其上 73 二栏
寶枝垂布蓮華網　華開踊現諸菩薩 74 二栏
各出微妙悅意聲　稱讚如來坐於座 75 二栏
佛功德量如虛空　一切莊嚴從此生 76 二栏
一一地中嚴飾事　一切眾生不能了 77 二栏
金剛為地無能壞　廣博清淨極夷坦 78 二栏
摩尼為網垂布空　菩提樹下皆周遍 79 二栏
其地無邊色相殊　真金為末布其中 80 二栏
普散名華及眾寶　悉以光瑩如來座 81 二栏
地神歡喜而踊躍　剎那示現無有盡 82 二栏
普興一切莊嚴雲　恒在佛前瞻仰住 83 二栏
寶燈廣大極熾然　香焰流光無斷絕 84 二栏
隨時示現各差別　地神以此為供養 85 二栏
十方一切剎土中　彼地所有諸莊嚴 86 二栏
今此道場無不現　以佛威神故能爾 87 二栏
爾時眾寶光明髻菩薩摩訶薩承佛威力普 88 二栏
觀一切道場眾海即說頌言 89 二栏
世尊往昔修行時　見諸佛土皆圓滿 90 二栏

菩提樹王自在力　常放光明極清淨 64 三栏
十方眾會無有邊　莫不影現道場中 65 三栏
寶枝光焰若明燈　其光演音宣大願 66 三栏
如佛往昔於諸有　本所修行皆具說 67 三栏
樹下諸神剎塵數　悉共依於此道場 68 三栏
各各如來道樹前　念念宣揚解脫門 69 三栏
世尊往昔修諸行　供養一切諸如來 70 三栏
本所修行及名聞　摩尼寶中皆悉現 71 三栏
道場一切出妙音　其音廣大遍十方 72 三栏
若有眾生堪受法　莫不調伏令清淨 73 三栏
如來往昔普修行　一切無量莊嚴事 74 三栏
十方一切菩提樹　一一莊嚴無量種 75 三栏
爾時金焰圓滿光菩薩摩訶薩承佛威力普 76 三栏
觀一切道場眾海即說頌言 77 三栏
佛昔修習菩提行　於諸境界解明了 78 三栏
處與非處淨無疑　此是如來初智力 79 三栏
如昔等觀諸法性　一切業海皆明徹 80 三栏
如是今於光網中　普遍十方能具演 81 三栏
往劫修治大方便　隨眾生根而化誘 82 三栏
普使眾會心清淨　故佛能成根智力 83 三栏
如諸眾生解不同　欲樂諸行各差別 84 三栏
隨其所應為說法　佛以智力能如是 85 三栏
普盡十方諸剎海　所有一切眾生界 86 三栏
佛智平等如虛空　悉能顯現毛孔中 87 三栏
一切處行佛盡知　一念三世畢無餘 88 三栏
十方剎劫眾生時　悉能開示令現了 89 三栏
禪定解脫力無邊　三昧方便亦復然 90 三栏
佛為示現令歡喜　普使滌除煩惱闇 91 三栏
佛智無礙包三世　剎那悉現毛孔中 92 三栏
佛法國土及眾生　所現皆由隨念力 93 三栏

如是所見地無盡　此道場中皆顯現 91 二栏
世尊廣大神通力　舒光普雨摩尼寶 92 二栏
如是寶藏散道場　其地周迴悉嚴麗 93 二栏
如來福德神通力　摩尼妙寶普莊嚴 94 二栏
其地及以菩提樹　遞發光音而演說 95 二栏
寶燈無量從空雨　寶王間錯為嚴飾 96 二栏
悉吐微妙演法音　如是地神之所現 97 二栏
寶地普現妙光雲　寶炬焰明如電發 98 二栏
寶網遐張覆其上　寶枝雜布為嚴好 99 二栏
汝等普觀於此地　種種妙寶所莊嚴 100 二栏

佛眼廣大如虛空　普見法界盡無餘 94 三栏
無礙地中無等用　彼眼無量佛能演 95 三栏
一切眾生具諸結　所有隨眠與習氣 96 三栏
如來出現遍世間　悉以方便令除滅 97 三栏
爾時法界普音菩薩摩訶薩承佛威力普觀 98 三栏

往昔修行諸度海　皆佛相中明了見 67 四栏
如來功德不可量　充滿法界無邊際 68 四栏
及以神通諸境界　以佛力故能宣說 69 四栏
爾時華藏莊嚴世界海以佛神力其地一切六 70 四栏
種十八相震動所謂動遍動普遍動起遍起普 71 四栏
遍起踊遍踊普遍踊震遍震普遍震吼遍吼普 72 四栏
遍吼擊遍擊普遍擊此諸世主一一皆現不 73 四栏
思議諸供養雲雨於如來道場眾海所謂一 74 四栏
切香華莊嚴雲一切摩尼妙飾雲一切寶焰 75 四栏
華網雲無邊種類摩尼寶圓光雲一切眾色 76 四栏
寶真珠藏雲一切寶栴檀香雲一切寶蓋雲 77 四栏
清淨妙聲摩尼王雲日光摩尼瓔珞輪雲一 78 四栏
切寶光明藏雲一切各別莊嚴具雲如是等 79 四栏
諸供養雲其數無量不可思議此諸世主一 80 四栏
一皆現如是供養雲雨於如來道場眾海靡 81 四栏
不周遍如此世界中一一世主心生歡喜如 82 四栏
是供養其華藏莊嚴世界海中一切世界所 83 四栏
有世主悉亦如是而為供養其一切世界中 84 四栏
悉有如來坐於道場一一世主各各信解各 85 四栏
各所緣各各三昧方便門各各修習助道法 86 四栏
各各成就各各歡喜各各趣入各各悟解諸 87 四栏
法門各各入如來神通境界各各入如來力 88 四栏
境界各各入如來解脫門如於此華藏世界 89 四栏
海十方盡法界虛空界一切世界海中悉亦 90 四栏
如是 91 四栏

往修諸度皆圓滿　等於千剎微塵數 55 五栏
一切諸力悉已成　汝等應往同瞻禮 56 五栏
十方佛子等剎塵　悉共歡喜而來集 57 五栏
已雨諸雲為供養　今在佛前專覲仰 58 五栏
如來一音無有量　能演契經深大海 59 五栏
普雨妙法應群心　彼兩足尊宜往見 60 五栏
三世諸佛所有願　菩提樹下皆宣說 61 五栏
一剎那中悉現前　汝可速詣如來所 62 五栏
毗盧遮那大智海　面門舒光無不見 63 五栏
今待眾集將演音　汝可往觀聞所說 64 五栏
爾時十方世界海一切眾會蒙佛光明所開 65 五栏
覺已各共來詣毗盧遮那如來所親近供養 66 五栏
所謂此華藏莊嚴世界海東次有世界海名 67 五栏
所謂此華藏莊嚴世界海東次有世界海名 67 五栏
照耀摩尼王雲復現十種寶焰熾然稱揚佛 88 五栏
名號摩尼王雲復現十種說一切佛法摩尼 89 五栏
王雲復現十種眾妙樹莊嚴道場摩尼王雲 90 五栏
復現十種寶光普照現眾化佛摩尼王雲復 91 五栏
現十種普現一切道場莊嚴像摩尼王雲復 92 五栏
現十種密焰燈說諸佛境界摩尼王雲復現 93 五栏
十種不思議佛剎宮殿像摩尼王雲復現十 94 五栏
種普現三世佛身像摩尼王雲如是等世界 95 五栏
海微塵數摩尼王雲悉遍虛空而不散滅現 96 五栏
是雲已向佛作禮以為供養即於南方各化 97 五栏

帳雲復現十種一切香摩尼帳雲復現十種 54 六栏
寶焰燈帳雲復現十種示現佛神通說法摩 55 六栏
尼王帳雲復現十種現一切衣服莊嚴色像 56 六栏
摩尼帳雲復現十種一切寶華叢光明帳雲 57 六栏
復現十種寶網鈴鐸音帳雲復現十種摩尼 58 六栏
為臺蓮華為網帳雲復現十種現一切不思 59 六栏
議莊嚴具色像帳雲如是等世界海微塵數 60 六栏
眾寶帳雲悉遍虛空而不散滅現是雲已向 61 六栏
佛作禮以為供養即於東南方各化作寶蓮 62 六栏
華藏師子之座於其座上結跏趺坐此華藏 63 六栏
世界海西南方次有世界海名日光遍照彼 64 六栏
世界種中有國土名師子日光明佛號普智 65 六栏
光明音於彼如來大眾海中有菩薩摩訶薩 66 六栏
復現十種無邊色真珠藏蓋雲復現十種出 70 六栏
一切菩薩悲愍音摩尼王蓋雲復現十種眾 71 六栏
妙寶焰鬘蓋雲復現十種妙寶嚴飾垂網鐸 72 六栏
蓋雲復現十種摩尼樹枝莊嚴蓋雲復現十 73 六栏
十種一切寶圓滿光雲遍滿虛空而不散滅 85 六栏
復現十種一切寶焰圓滿光雲復現十種一 86 六栏
切妙華圓滿光雲復現十種一切化佛圓滿 87 六栏
光雲復現十種十方佛土圓滿光雲復現十 88 六栏
種佛境界雷聲寶樹圓滿光雲復現十種一 89 六栏
切瑠璃寶摩尼王圓滿光雲復現十種一念 90 六栏

大方廣佛華嚴經卷第五 92 四栏
（大方廣佛華嚴經卷第六）93 四栏
（如來現相品第二于闐三藏實叉難陀新譯）94 四栏

作帝青寶閻浮檀金蓮華藏師子之座於其 98 五栏
座上結跏趺坐此華藏世界海西次有世界 99 五栏
海名可愛樂寶光明彼世界種中有國土名 100 五栏
出生上妙資身具佛號香焰功德寶莊嚴於 101 五栏
彼如來大眾海中有菩薩摩訶薩名月光香 102 五栏
焰普莊嚴與世界海微塵數諸菩薩俱來詣 103 五栏

中現無邊眾生相圓滿光雲復現十種演一 91 六栏
切如來大願音圓滿光雲復現十種演化一 92 六栏
切眾生音摩尼王圓滿光雲如是等世界海 93 六栏
微塵數圓滿光雲悉遍虛空而不散滅現是 94 六栏
雲已向佛作禮以為供養即於西北方各化 95 六栏
作無盡光明威德藏師子之座於其座上結 96 六栏
跏趺坐此華藏世界海下方次有世界海名 97 六栏
蓮華香妙德藏彼世界種中有國土名寶師 98 六栏
子光明照耀佛號法界光明於彼如來大眾 99 六栏
海中有菩薩摩訶薩名法界光焰慧與世界 100 六栏
海微塵數諸菩薩俱來詣佛所各現十種一 101 六栏
切摩尼藏光明雲遍滿虛空而不散滅復現 102 六栏
十種一切香光明雲復現十種一切寶焰光 103 六栏

莫不影現道場中
其光演音宣大願
本所修行皆具說
衆共依於此道場
念念旨揚解脫門

初諸道場時種種莊嚴解脫門善勇
猛菩薩摩訶薩得隨諸衆生根解海
示一切佛法解脫門普智雲日幢菩
薩得成就如來智永住無量劫解脫

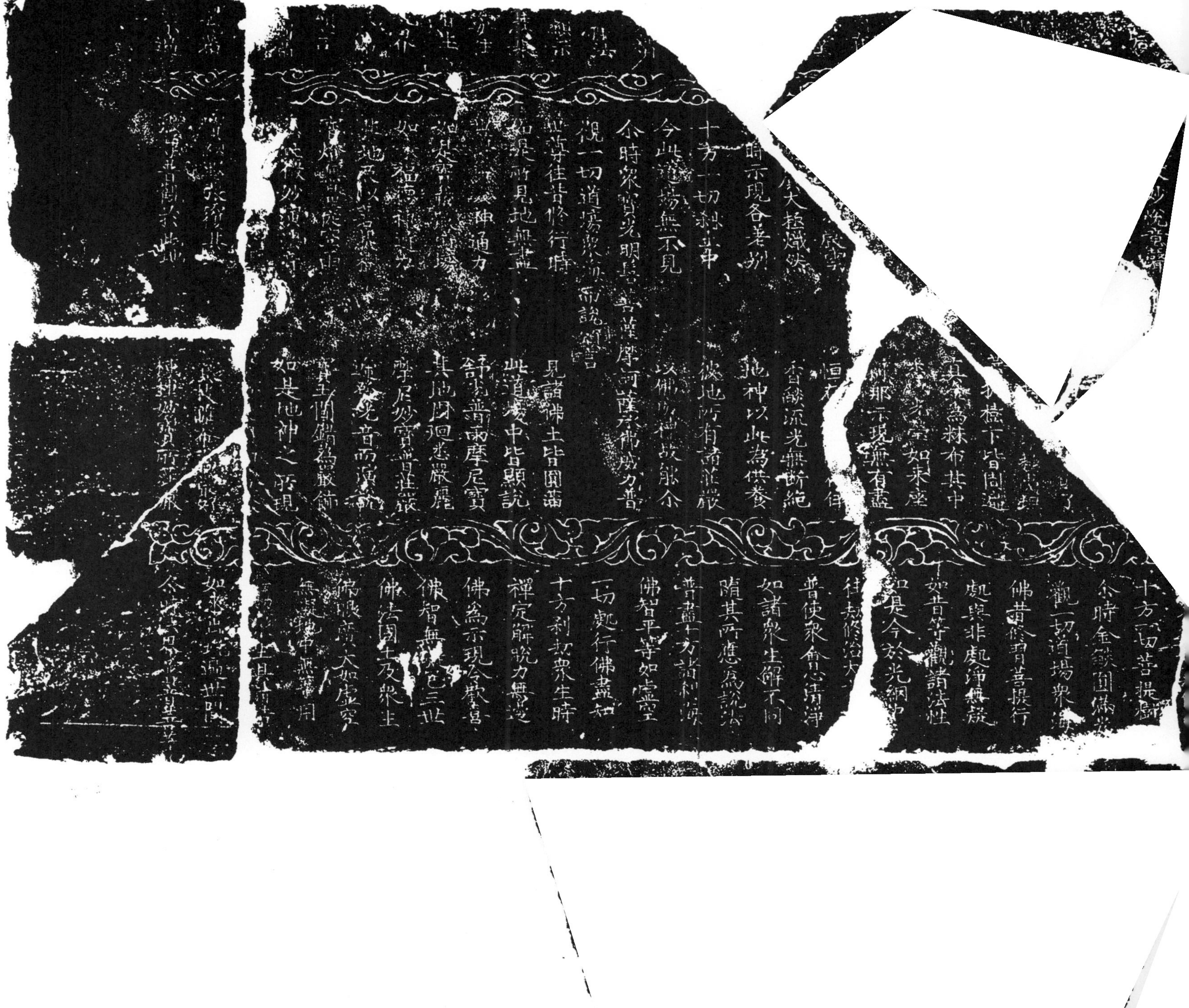
十方一切刹土中
今此道場無不見
爾時衆寶光明髻
觀一切道場衆
世尊往昔修行時
普使衆會心清淨
如諸衆生解不同
隨其所應爲說法
佛智平等如虛空
一切處行佛盡知
十方刹劫衆生時
禪定解脫力無邊
佛爲示現令歡喜
佛眼廣大如虛空
如是地神之所現
爾時金
觀一切道場衆
佛昔修習菩提行
處與非處淨無疑
如昔等觀諸法性
如是今於光網中

現道場中
音宣大願
行皆具說
於此道場
揚解脫門
切諸如來
廣大遍十方
寶中皆悉現
如來功德不可量
種十八相
以佛力故能

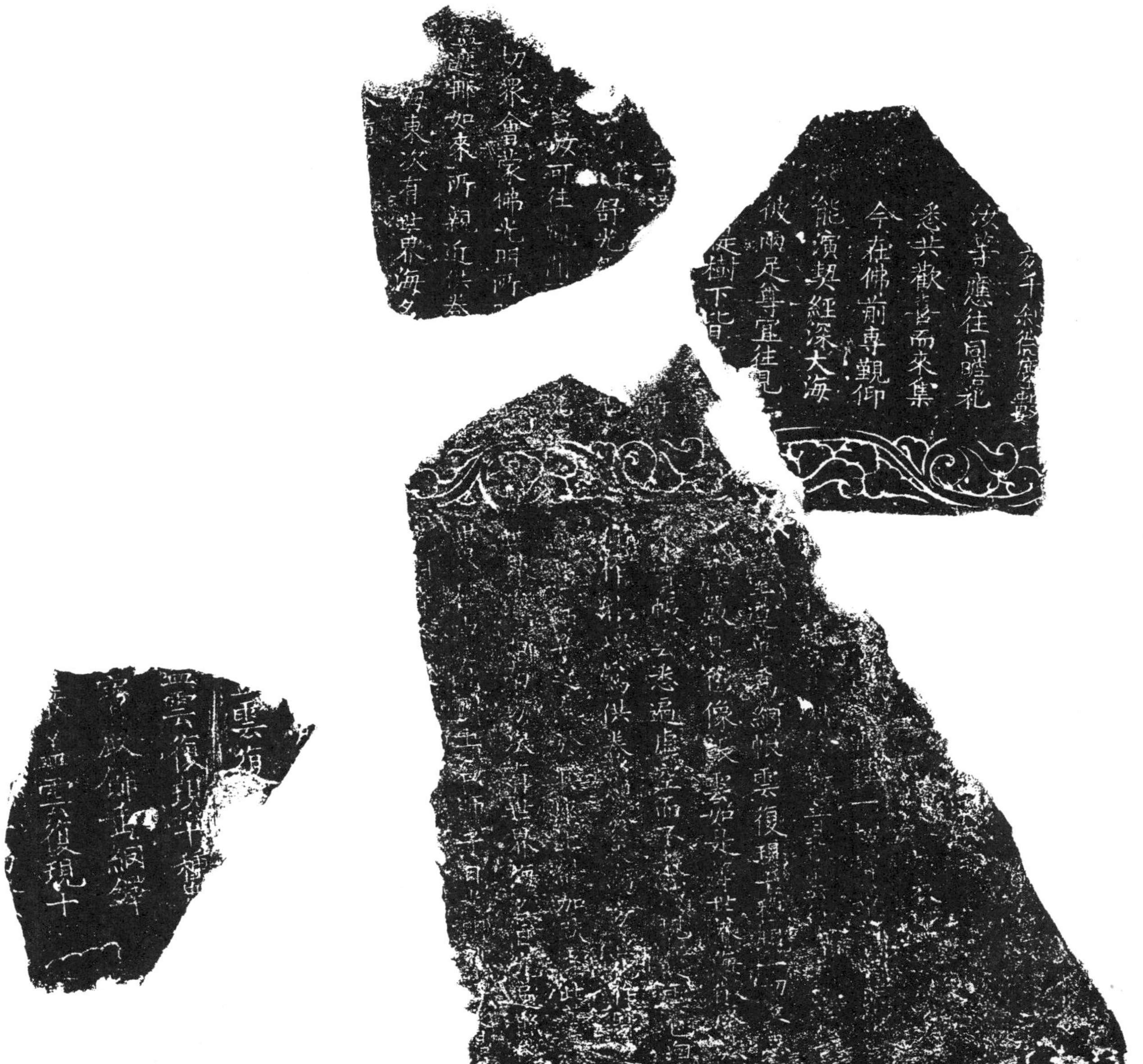

汝等應往同瞻禮
悉共歡喜而來集
今在佛前專覲仰
能演契經深大海
彼兩足尊宜往見
切眾會蒙佛光明所
如來所親近供養
東次有世界海
雲復現十

嚴經
佛
界解明了
來初智力
海皆明徹
方能具演
王數而化
成無智力
諸行各差別
方能如來
切界

一皆現
不周遍如此世界
是供養其
有此王悉亦如是而
悉以如來坐於道場
各所
各各成就
法門各各入如來
境界各各入如來解
海十方盡法界虛

光明嚴雲一切
雲其數無量不可思議
供養雲雨於如來道場衆海靡
一一世主
生歡喜如
一切世界所
一切世界中

現
現
王
名
照
空

種雨一切寶莊嚴具普
雲復現十種寶燄熾然稱揚佛
摩尼王雲復現十種說一切佛法摩尼
復現十種衆妙樹莊嚴道場摩尼
十種寶光普照
化佛摩尼王雲
一切道場莊嚴像摩尼王雲復
燄燈說諸佛境界摩尼王雲復現
佛刹宮
尼王雲復現
如是等世界
現三世佛身像摩尼
塵數摩尼王雲悉遍虛空而不散現
已向佛作礼以爲供養即於南方各化
寶閻浮檀金蓮華藏師子之座於其

十方佛土圓滿光雲復現
種佛境界雷聲寶樹圓滿光雲復現十種一
切瑠璃寶摩尼王圓滿光雲復現十種一念
中現無邊衆生相圓滿光雲復現十種演一
切如來大願音圓滿光雲復現十種演化一
切衆生音摩尼王圓滿光雲如是等世界海
微塵數圓滿光雲悉遍虛空而不散滅現是
雲已向佛作礼以爲供養即於西北方各化
無盡光明
加趺坐
藏世界海下方
藏師子之座於其

種一
圓滿

子光
曜佛号法界光明於彼如來大衆
海中有菩薩摩訶薩名法界光燄慧與世界
海微塵數諸菩薩俱來詣佛所各現十種一
切摩尼藏光明雲遍滿虛空而不散滅復現
切香光明雲復現十種一切寶燄光

雷峰藏經

雷峰藏經

二二〇、二二一

後記

今年是杭州雷峰塔遺址發掘十周年，當年的考古發掘曾引起了社會各界的極大關注。發掘結束後，考古資料開始整理，花費時間最長的工作便是遺址出土石刻佛經的整理，斷斷續續、前前後後一直持續了十年。石經的基本狀況及殘存石刻文字，已發表在二〇〇二年九月和二〇〇五年十二月文物出版社出版的《雷峰遺珍》圖錄、《雷峰塔遺址》考古報告上。如今《雷峰藏經》再次由文物出版社出版，意味著這項整理工作，可以算是了結了。

二〇〇三年十月，作者調至浙江省博物館歷史文物部工作，隨後雷峰塔遺址出土文物整體移交給作者所在的單位，出土石經被存放在教工路臨時整理場地。在陳浩、李剛兩位領導的關心支持下，對石經做了拼接、傳拓、復原工作，最大程度地恢復了石經的原貌以及在塔中的安放位置。『圍繞八面』的一一〇四塊大小不一的石經，《大方廣佛華嚴經》至少刻四十九大塊，按照經文的卷次重新編號為石一～石四十九，十塊缺失；《金剛般若波羅蜜經》有相連的五塊，一塊缺失。雷峰塔底層設八個門道，分隔出十六個壁面，每個壁面放置三大塊石經，按上、中、下三層疊放，每壁三大塊石經陰刻《大方廣佛華嚴經》兩卷經文，這樣，十六壁四十八大塊石經刻完前三十二卷經文。每大塊石經，多由兩石拼合而成，四周有邊欄，經文分上、中、下三欄，邊框、欄間鑿刻花紋帶，每行鐫刻十七字，根據每卷經文的字數差異，每欄以刻九〇～一一〇行者居多，書體前後有較大差異。有部分石經四周邊欄或中間隔欄只刻出邊框，沒刻花紋，有些石面上未刻文字，表明石經的雕刻，因功德主錢俶納土歸宋而未全部完工。前有武則天《大周新譯大方廣佛華嚴經序》，後有吳越國王錢俶親書的跋文。

書中拓片由閆海崗捶拓，趙雪民托裱。同事梁曉豔、梅叢笑、裘琤、顧幼靜、董淑燕、曾昭明、王宣豔等為本書的出版付出了諸多辛勞，謹致謝意！

書名《雷峰藏經》四字輯自《大方廣佛華嚴經》石刻：『雷』為石二十三上欄第十九行之第五字；『峯』為石六中欄第四十七行之倒數第十三字；『藏』為石七下欄第十四行之倒數第四字；『經』為石四十六上欄第一行之第七字。

作者　二〇一一年八月十六日

雷峰藏經